基于移动互联网的经济林产品品牌价值提升问题研究

郭爱云　著

中国农业出版社
农村设物出版社
北　京

图书在版编目（CIP）数据

基于移动互联网的经济林产品品牌价值提升问题研究/郭爱云著. —北京：中国农业出版社，2022.12
ISBN 978-7-109-30518-2

Ⅰ.①基… Ⅱ.①郭… Ⅲ.①经济林—林产品—品牌战略—研究 Ⅳ.①F762.4

中国国家版本馆 CIP 数据核字（2023）第 044922 号

中国农业出版社出版
地址：北京市朝阳区麦子店街 18 号楼
邮编：100125
责任编辑：冀 刚
版式设计：杨 婧　　责任校对：刘丽香
印刷：北京中兴印刷有限公司
版次：2022 年 12 月第 1 版
印次：2022 年 12 月北京第 1 次印刷
发行：新华书店北京发行所
开本：700mm×1000mm 1/16
印张：11.5
字数：208 千字
定价：68.00 元

前　言

我国是世界林产品生产、贸易和消费大国，也是世界林产品生产加工中心。2020年，我国林业总产值达7.55万亿元。“十三五”期间，我国林产品生产、贸易居世界第一位，林产品的进出口额为1 600亿美元。伴随着林产品生产和贸易规模的扩大，各大森工集团和国家重点龙头企业积极进行林产品品牌建设，品牌的集中度逐步提高，品牌核心竞争力不断凸显。人造板、地板、木质家具、木门、松香等林产品加工业已经形成了十分有竞争力的品牌。经过多年建设，经济林产品领域的一些品牌也赢得了一定的市场知名度，但水果、干果、坚果、中药材和森林食品等经济林产品的知名品牌相对较少，品牌效应尚未显现出来，品牌价值相对较低。

品牌是质量和信誉的载体，综合体现着企业、行业乃至国家的竞争力。2014年11月，国家林业局（现为国家林业和草原局）发布《关于加快特色经济林产业发展的意见》，指出推进特色经济林产业化经营，要培养和增强品牌意识，积极创建知名品牌，增强品牌效力。2017年12月，国家林业局发布《关于加强林业品牌建设的指导意见》和《林业品牌建设与保护行动计划（2017—2020年）》，对林业品牌建设提出具体指导意见和工作措施，要求加快培育、提升、壮大林业品牌，发挥品牌引领作用，提升林业产业竞争力，实现林业提质增效。

在互联网快速发展的背景下，以微信公众号等虚拟品牌社区为代表的移动互联网平台，为品牌塑造提供了新的工具和可能，品牌营销和客户管理服务的方式也发生了重大变化。如何在同质化严重、竞争愈发激烈的市场中，通过虚拟品牌社区等移动互联网平台来建立品牌与消费者的连接，强化消费者对品牌参与和联系的强度，发挥品牌效应，长久提升品牌价值，从而获得赢取持续竞争优势的新途径和新方式，已成为包括经济林产品企业在内的各类企业需要关注的重要命题。因此，基于移动互联网发展，探索分析经济林产品企业借助虚拟品牌社区实现消费者品牌契合进而提升品牌价值的路径，有助于经济林产品企业正确认识虚拟品牌社区对品牌价值具有的意义和价值所在，为经济林产品企业在移动互联网背景下的品牌发展和价值提升提供理论探索，从而对其他林业产品的品牌建设提供有益借鉴，推动经济林产业的发展。

本书分为8个部分。第一部分是问题的提出和研究背景，并基于对经济林产品的类别、移动互联网特性以及当前行业发展，提出研究经济林产品品牌价值提升的必要性等。第二部分主要是理论基础与文献综述和评述，介绍了S-O-R理论、社会交换理论、使用与满足理论和服务主导逻辑理论，对经济林产品市场和品牌、社区体验价值和社区认同、消费者品牌契合与品牌价值等相关研究文献进行梳理。第三部分介绍我国经济林产品市场与品牌发展现状。第四部分将S-O-R理论应用到虚拟品牌社区情境，构建移动互联网下经济林产品品牌价值提升模型，并提出相关研究假设。第五部分选择经济林产品中具有代表性的林产干果和虚拟品牌社区中的微信公众号作为实证研究对象，以三只松鼠等3家林产干果企业为例，实证分析移动互联网发展下经济林产品的品牌管理和品牌价值提升的路径与机制。第六部分为基于移动互联网的经济林产品企业品牌价值提升案例分析。选取我国经济林产品企业中具有代表性的三只松鼠和百草味两家林产干果企业作为案例分析对象，梳理了这两家企业的移动互联网渠道与虚拟品牌社区建设情况，分析了这两家企业借助移动互联网提升品牌价值的作用过程。第七部分为结论与启示。根据理论研究和实证分析结果，得出主要研究结论，并提出相关建议。第八部分为研究局限与研究展望，探讨本研究存在的不足和局限，并提出了未来研究需要关注和拓展的方面。

本书在编写过程中，得到了北京农学院经济管理学院及农经系的大力支持，在此表示衷心的感谢。

限于本人研究水平的局限，书中难免存在不当和错误之处，恳请各位同仁和读者批评指正。

著　者

2022年8月

目　　录

1 绪　　论

1.1 问题的提出

目前，我国已成为全球森林资源增长最快和最具影响力的国家，是世界林产品生产、贸易和消费大国，也是世界林产品生产加工中心。“十二五”期间，我国林业产值的年平均增速在20%以上，各类林果、锯材、地板、人造板、松香等林产品的年产量都是居世界第一位。2020年，我国林业总产值达7.55万亿元，“十三五”期间，我国林产品生产、贸易居世界第一位，林产品的进出口额为1 600亿美元。伴随着林产品生产和贸易规模的扩大，各大森工集团和国家重点龙头企业积极进行林产品品牌建设，品牌的集中度逐步提高，品牌核心竞争力不断凸显。林业产业中的人造板、地板、木质家具、木门、松香等林产品加工业已经形成了十分有竞争力的品牌。经济林产品领域的一些品牌也经过多年建设赢得了一定的市场知名度，或品牌产品融资上市，或成为电商平台的主打产品，具有代表性的有枸杞、大枣、蓝莓、木耳、核桃、香榧、榛子、板栗等（王满，2018）。但多数中小型企业以及林产品培育与初加工企业，仍然在探索林产品的品牌建设，还没形成较强的品牌意识和品牌培育能力，知名品牌相对较少，尚未形成品牌效应（石峰，2018）。水果、干果、坚果、茶、中药材和森林食品等经济林产品的知名品牌也相对较少，品牌效应尚未显现出来，品牌价值相对较低。

2014年，国家林业局发布《关于加快特色经济林产业发展的意见》，指出推进特色经济林产业化经营，要培养壮大龙头企业，培养和增强品牌意识，积极创建知名品牌，增强品牌效力。2017年12月，国家林业局为了落实国务院《关于发挥品牌引领作用推动供需结构升级的意见》，推动林业供给结构和需求结构升级，提升林业产业竞争力，实现林业提质增效，提出《关于加强林业品牌建设的指导意见》，发布了《林业品牌建设与保护行动计划（2017—2020年）》。再次强调林业品牌建设的重要性和必要性，指出为了加快林业品牌建设与保护，需要加大林业品牌培育力度，培育林业品牌建设主体，鼓励林业企业等经营主体实施品牌发展规划，加大品牌培育投入，提升品牌核心竞争力。在林业领域发挥品牌引领作用，要鼓励林业经营主体创新品牌营销方式。以互联网、电台、电视台、报刊为平台，构筑林业品牌国内外宣传网络，大力宣传林业品牌，扩大林业品牌美誉度和影响力。

伴随着产品差异化竞争优势的逐渐淡化，市场竞争日益激烈，品牌成为市场竞争的核心。网络传播的交互性和“零距离”传播优势，为品牌通过互联网平台进行推广和营销提供了更多选择。利用互联网平台，可以实现互联网与传统行业的深度融合。

在互联网快速发展的背景下，以微信公众号等虚拟品牌社区为代表的移动互联网平台，为品牌塑造提供了新的工具和可能，品牌营销和客户管理服务的方式也发生了重大变化。如何在同质化严重、竞争愈发激烈的市场中，通过虚拟品牌社区等移动互联网平台来建立品牌与消费者的连接，强化消费者对品牌参与和联系的强度，发挥品牌效应，长久提升品牌价值，从而获得赢取持续竞争优势的新途径和新方式，已成为包括经济林产品企业在内的各类企业需要关注的重要命题。

互联网基础上的品牌建设和发展，有不同的模式。例如，西少爷肉夹馍被称为“互联网思维的肉夹馍”，它的互联网应用主要在于影响线下的销售；女装品牌韩都衣舍，自 2008 年创立以来主要开展线上运营，线下始终没有实体店，直到 2018 年才开出第一家线下快闪店，该店不卖货和推新品，主要提供品牌体验；而经济林产品中的林产水果和干果品牌，是线上线下运营并重的运营模式。尤其是在微信公众号等虚拟品牌社区，消费者用户在微信公众号的体验可以直接转化为购买力。因此，研究经济林产品依托虚拟品牌社区进行品牌建设和品牌价值提升的路径，具有现实意义。对于其他林业产品的品牌建设，乃至所有其他线上、线下同时发展的产品品牌，都具有理论意义。

借鉴 S-O-R 理论、社会交换理论和服务主导逻辑理论等理论，构建移动互联网发展下经济林产品品牌价值提升的路径模型，从移动互联网角度探索经济林产品的品牌建设和品牌价值提升的新途径与新模式，为经济林产品企业提升品牌价值和获取持续竞争优势提供理论分析。对这一问题的研究，将为经济林产品企业和林业企业在“互联网＋”模式上的品牌建设与品牌管理提供理论基础。

1.2 研究背景

我国经济的高速发展，带动了居民收入的快速增长，消费结构也随之升级，消费者开始日益重视品牌消费。

中国商业联合会和中华全国商业信息中心的中国市场商品销售统计结果显示，我国居民食品消费结构升级明显，全国重点大型零售企业的食品消费也呈现出同样的趋势。2017 年，各食品类别中粮油食品、食用油类以及肉类、蛋类、家禽类零售额增速相对较低，而符合人们高品质需求的水产品类、干鲜果品类、奶及奶制品类零售增长较快，同比增速分别为 5.4％、4.8％和 6.5％。

根据国家统计局发布的《2021年居民收入和消费支出情况》，2021年我国居民人均蔬菜、肉禽、奶类和干鲜瓜果类消费量分别增长6.0%、20.5%、10.6%和8.5%。在居民收入增长和消费意愿提升的背景下，消费者关注产品品质，带动了高品质品牌产品需求量的增长。消费者向往更健康、更清洁的生活方式，优先选择水果、蔬菜、坚果、籽实、谷物和其他植物成分产品。2017年，我国经济林产品的产量突破1.8亿吨，经济林种植与采集业的产值高达1.3万亿元，占林业第一产业产值的比重超过50%。到2021年，我国经济林产品的产量超过2亿吨，产值超过2.2万亿元，核桃、油茶、板栗、枣、苹果、柑橘等主要经济林面积和产量均居世界首位。在特色经济林重点县，农民人均纯收入的20%以上是来自经济林收入。增加经济林产品生产供给，不仅能有效解决我国粮油争地的矛盾，为市场提供天然、营养、安全和高品质的产品，满足消费升级后社会居民对高品质产品的消费需求；还能有效提高农村特别是山区农民的收入，促进城乡社会和谐发展，提高国家综合竞争力（英敏特公司，2017）。

尽管随着技术和工艺的进步，我国林业品牌的影响力有了很大提升，以品牌为核心竞争力的大企业逐渐崛起，但是品牌价值与其他行业相比还有较大差距，经济林产品的品牌发展严重滞后于经济发展。为推动供给结构和需求结构升级，促进林业产业发展，需要发挥品牌的引领作用，提升品牌价值。2017年，国家林业局先后发布的《关于加强林业品牌建设的指导意见》和《林业品牌建设与保护行动计划（2017—2020年）》，指出林业品牌建设的重要性和必要性，并提出为了加快林业品牌建设与保护，需要明确林业品牌建设中的主体并积极培育，对品牌产品进行推广宣传和营销等。还要加大林业品牌培育力度，鼓励林业企业等经营主体实施品牌发展规划，加大品牌培育投入，提升品牌核心竞争力。

互联网技术的发展创造出了很多类型的互联网平台，如百度等搜索引擎平台、微信和微博等社交平台、品牌官方网站、新浪等门户网站平台、淘宝等购物平台、爱奇艺等音视频平台等。这些互联网平台扮演着媒体、官方网站、论坛、电商等多种角色，在品牌传播、品牌营销、品牌市场扩展、客户服务和管理等方面发挥着不同作用。互联网快速发展，网络营销从传统品牌社区延伸到线上，消费者以品牌为核心主题汇集在一起产生新的消费者关系网络，形成虚拟品牌社区（Kumar et al.，2010）。面对社会化媒体的飞速发展，为了加强与消费者的联系，越来越多的企业开始创建和运营虚拟品牌社区。虚拟品牌社区为企业、品牌与消费者的沟通和交互、消费者之间的互动交流、消费者的娱乐与社交、消费者与品牌的情感联系等提供了有利条件，也为企业提供了一个高度动态和交互的业务环境，并进一步向资源协作和价值共享延伸，成为企业进行品牌管理、获得市场价值的一种新型平台，在品牌管理方面凸显出巨大优势（郭爱云、杜德斌，2018b）。

因此，本研究基于移动互联网发展，从虚拟品牌社区角度探讨经济林产品品牌管理和品牌价值提升的问题。

1.3 研究目的和意义

1.3.1 研究目的

旨在探索移动互联网发展下，经济林产品品牌价值提升的虚拟品牌社区路径，为经济林产品企业等经营主体利用虚拟品牌社区等移动互联网平台提升品牌价值与进行品牌管理提供数据支持和理论构建。经济林产品“互联网＋”提升品牌价值的成功，有赖于分析经济林产品品牌管理和品牌价值提升过程中的影响因素和作用机理。

（1）寻求经济林产品“互联网＋”过程中品牌价值的培育和提升路径。2017年，我国经济林产品的产量高达1.8亿吨，经济林种植与采集业的产值达到1.3万亿元，占林业第一产业产值的比重超过50％。分析经济林产品品牌价值提升的“互联网＋”模式的成功要素和运营机理，有助于推动其他林产品的“互联网＋”模式，增加林农收入，促进林业产业发展。

（2）研究虚拟品牌社区提升品牌价值的主要路径和调节变量的影响。以国内知名的林产干果品牌企业为例，分析这些企业如何借助微信公众号这种虚拟品牌社区，促进消费者与品牌的关系质量，从而提升品牌价值。同时，企业通过微信公众号提升品牌价值的过程会受到其他变量的调节，本研究还将分析相关变量的调节方向和调节程度。明确林产干果品牌企业基于虚拟品牌社区提升品牌价值的路径和影响因素。

（3）基于移动互联网平台上经济林产品品牌价值提升过程，分析行业内其他企业移动互联网平台选择的关键要素。通过对经济林产品“互联网＋”的品牌关系质量强度和品牌价值的提升过程以及相关影响因素的研究结果，为进一步探讨林产品“互联网＋”的品牌价值提升和品牌管理指出参考路径。

1.3.2 研究意义

我国作为林产品的生产、贸易和消费大国，“十二五”期间，林业产值的年均增速在20％以上，各类林果、锯材、地板、人造板、松香等林产品的年产量都是居世界第一位。“十三五”期间，我国林草产业稳步发展，总产值超过8万亿元，形成了经济林、木材加工、森林旅游3个年产值超万亿元的支柱产业。品牌价值较高的林产品主要集中在家具、造纸、人造板等林产工业领域，林产水果和干果、茶、森林食品、中药材等经济林产品领域的知名品牌相对较少，品牌价值相对较低，尚未形成品牌效应。分析经济林产品“互联网＋”下品牌价值提升的运营机理和路径模式，有助于推动经济林产品的“互联网＋”，促进经济林产业发展。研究这一问题，不仅为经济林产品企业和产业在移动互联网下的发展提供理论探索，还将为其他林产品企业和产业提供经验借鉴，推动林业产业的发展。

（1）理论意义。首先，从经济林产业的研究，聚焦到对于经济林产品企业和品牌的研究。对经济林产品的研究以宏观环境和中观行业的研究为主，或者以区域经济林产业的发展和政策为主，本研究将经济林产品研究的视野聚焦于企业和品牌，对接宏观研究和中观研究的具体微观基础。

其次，推进经济林产品品牌价值的“互联网＋”研究。利用经济林产品中已经形成相对品牌优势的林产干果为例，实证研究林产干果企业通过虚拟品牌社区开展品牌价值创造和提升的问题。基于虚拟品牌社区的消费者与品牌关系和行为的相关研究，为经济林产品企业和其他经营主体的消费者品牌契合与品牌价值提升研究提供了新的视角。

最后，拓展虚拟品牌社区与品牌价值的相关理论研究和组织支持理论的应用范畴。从消费者视角出发，将消费者体验价值的相关研究应用到虚拟品牌社区，为互联网发展下企业借助虚拟品牌社区提升品牌价值的探索提供理论支持。同时，将组织支持理论引入虚拟品牌社区，提出社区支持感的概念及其测量指标，检验社区支持感对消费者品牌契合通过消费者品牌价值创造对品牌价值正向影响过程的调节作用，拓展组织支持理论的应用范畴。

（2）实践意义。分析品牌价值提升路径，为经济林产品经营主体利用移动互联网强化品牌与消费者关系，培育强势品牌提供实践参考。2017 年，我国全国林业产业总产值突破 7 万亿元，2020 年则达到 7.55 万亿元。从 2013 年以来，我国林业总产值的年均增速为 12.1%，在林产品的生产和贸易方面，我国仍然位居全球第一位。随着移动互联网普及率逐步提高，2020 年移动互联网月活跃用户规模达到 11.55 亿，用户月人均单日使用时长达到 6.4 小时，月均打开 App 个数 25.7 个，移动互联网的发展对社会生产生活方式和消费者需求的改变产生很大影响，重构着企业资源、价值、关系等。分析经济林产品企业在移动互联网下有效实现消费者品牌契合，提升品牌价值的运营机理和成功路径，促进经济林产业发展，以及为其他林业企业利用互联网强化品牌与消费者的关系，培育强势品牌，发挥品牌效力，提升林业产业竞争力，实现林业提质增效等提供实践参考。

研究经济林产品品牌价值提升的互联网机制和路径，为移动互联网发展下其他林产品品牌价值提升路径的探索提供参考和经验借鉴。移动互联网平台和渠道类型众多，在品牌传播、品牌营销和管理等方面发挥着不同作用。在互联网的快速发展下，实证分析林产干果企业的微信公众号这种虚拟品牌社区对维系、提高和拓展消费者品牌关系质量的作用，以及提升品牌价值的意义，是企业借助移动互联网平台提高消费者与品牌关系质量和提升品牌价值的路径参考和经验借鉴。有助于经济林产品企业探索增强消费者品牌关系质量强度进而提升品牌价值的互联网路径，推动经济林产品企业以品牌价值为导向，增强赢取持续竞争优势的能力和更多发展空间，推动经济林产品企业和产业的发展。

1.4 研究内容

基于移动互联网发展，探索分析经济林产品企业借助虚拟品牌社区实现消费者品牌契合进而提升品牌价值的路径，帮助经济林产品企业正确认识移动互联网下虚拟品牌社区对品牌价值具有的意义和价值所在，为经济林产品企业在移动互联网下的品牌发展和价值提升提供理论探索和经验借鉴，推动经济林产业的发展。

按照研究主题和技术路线图，研究内容分为 8 个部分。

第一部分为问题的提出和研究背景。基于对经济林产品的类别、移动互联网特性以及当前行业发展，提出研究经济林产品品牌价值提升的必要性。从经济林产品市场现状、移动互联网的发展与品牌管理等方面阐述研究背景，提出研究目的和意义，说明所采用的各种研究方法、制订的研究技术路线、研究内容框架体系安排以及可能的研究创新。

第二部分为理论基础与文献综述和评述。主要介绍本研究依托的 S-O-R 理论、社会交换理论、使用与满足理论和服务主导逻辑理论等，并对经济林产品市场和品牌、社区体验价值和社区认同、消费者品牌契合与品牌价值等相关研究文献进行梳理。

第三部分为经济林产品市场与品牌发展现状。通过数据资料，分析我国经济林产品市场现状和移动互联网下的经济林产品品牌管理状况、林产干果市场现状等，总体把握我国经济林产品的市场发展和品牌管理。

第四部分为移动互联网下经济林产品品牌价值提升模型构建。将 S-O-R 理论应用到虚拟品牌社区情境，结合其他研究成果，提出本研究的基础理论模型；对相关概念进行界定，构建本研究的理论模型，提出相关研究假设。

第五部分为基于移动互联网的经济林产品品牌价值提升的实证分析。选择经济林产品中具有代表性的林产干果和虚拟品牌社区中的微信公众号作为实证研究对象，以三只松鼠等 3 家林产干果企业为例，分析移动互联网发展下经济林产品的品牌管理和品牌价值提升的路径与机制。首先，设计变量测量量表和问卷测量条目，采用专家评分法对量表维度和问卷条目进行筛选，形成预调查问卷；进行问卷预调查，根据问卷预调查得到的数据进行问卷信度和效度检验，删除不合理的测量题项，净化题项，修正问卷得到最终正式问卷；进行问卷正式调查并收集到第一手的数据资料，整理后对数据进行描述性统计分析，并进行量表的信度和效度检验，完成探索性因子分析和验证性因子分析。其次，对理论模型进行实证检验与分析。本部分实证分析提出的问题，用AMOS对理论模型进行检验，根据检验结果修正模型，然后根据最终模型检验结果分析模型所包含的各种研究假设并进行路径分析。探讨社区融入和社区支持感的调节作用，采用 Bootstrap 方法检验中介效应，采用 Bootstrap 方法和 Index 判定指标对调节效应进行检验。

第六部分为基于移动互联网的经济林产品企业品牌价值提升案例分析。选取我国经济林产品企业中具有代表性的三只松鼠和百草味两家林产干果企业作为案例分析对象，梳理了这两家企业的移动互联网渠道与虚拟品牌社区建设情况，分析了这两家企业借助互联网提升品牌价值的作用过程。

第七部分为结论与启示。根据理论研究和实证分析结果，得出主要研究结论，并提出相关建议。

第八部分为研究局限与研究展望。探讨本研究存在的不足和局限，并提出了未来研究需要关注和拓展的方面。

1.5 研究方法和技术路线

1.5.1 研究方法

基于互联网发展背景，应用市场营销、心理学、管理学的相关知识，还涉及统计学、计量经济学等学科领域的知识，采用多种研究方法，分析经济林产品企业借助互联网平台进行品牌管理和提升品牌价值的路径。

（1）文献研究法。通过搜集和梳理国内外与本研究相关的文献，围绕研究主题，界定了虚拟品牌社区体验价值、社区认同、消费者品牌契合、消费者品牌价值创造和品牌价值的内涵与维度构成，以及虚拟品牌社区融入和社区支持感的调节路径，构建了基于移动互联网的经济林产品企业的品牌价值提升路径模型，并提出了相关研究假设。

（2）案例分析法。选取三只松鼠和百草味两家企业为主要研究对象，首先分析其线上的企业网站、App、各大电商旗舰店、微博以及微信公众号与消费者之间的关系；其次，选取微信公众号作为虚拟品牌社区的代表，整理归纳这些企业微信公众号给消费者用户带来的社区体验价值，分析在移动互联网发展条件下，案例企业借助微信公众号虚拟品牌社区提升品牌价值的作用过程。

（3）问卷调查法。采用文献研究，借鉴国内外相关成熟量表，结合微信公众号虚拟品牌社区发展和林产干果市场状况等，通过专家咨询评分，开发设计了林产干果企业微信公众号社区体验价值、消费者品牌契合和品牌价值认知等调查问卷，并进行了问卷预调查。对预调查问卷数据进行信度和效度检验后进行了题项净化，删除了不合格题项，进一步修正和完善问卷，最终得到正式问卷并展开调查，获得第一手数据资料。

（4）定性研究与定量分析。依托文献分析，提出本研究的理论模型和研究假设，然后使用统计分析软件进行定量分析。使用 SPSS 24.0 对问卷数据进行描述性统计分析和预调查问卷数据的信度与效度检验，使用探索性因子分析方法对各测量量表的信度、效度分别进行检验；使用 AMOS 24.0 对调查数据进行验证性因子分析，检验结构方程模型和研究假设，对结构方程模型中各变量间的路径进行检验分析；采用 Bootstrap 方法，检验社区融入和社区支持感的调节作用。

1.5.2 技术路线

根据研究主题、内容和目标，设计本研究的技术路线如图 1.1 所示。

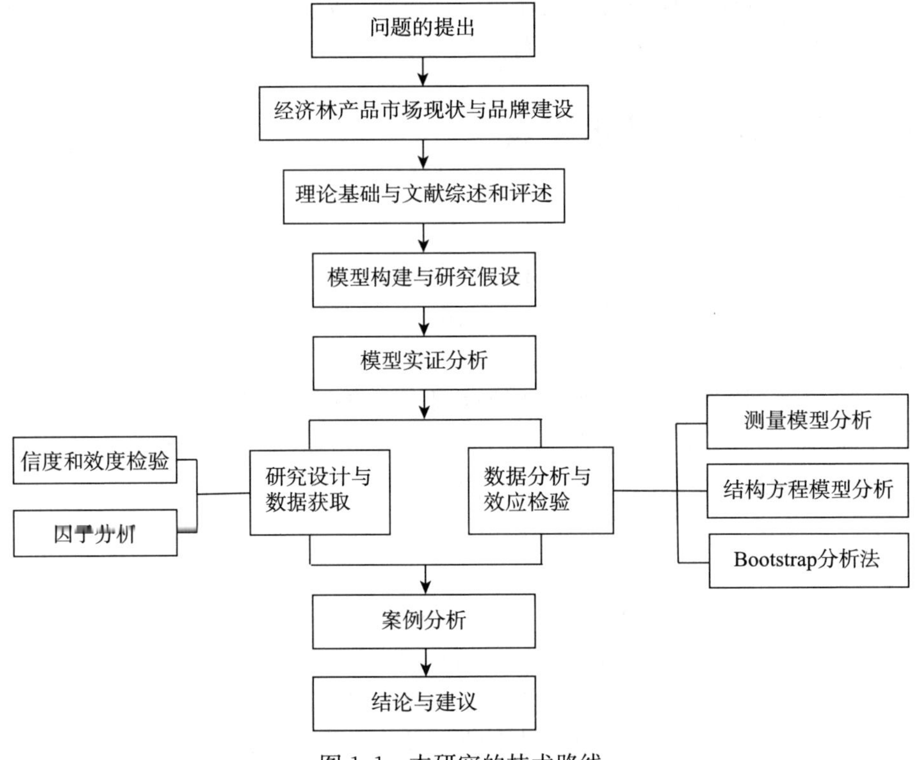

图 1.1　本研究的技术路线

1.6 研究创新

（1）对经济林产品品牌价值提升的全路径研究。以往对品牌价值提升的理解，大多局限在企业改善产品质量、进行品牌营销等方面。互联网开放、分享和共创的思维，改变着品牌价值创造的理念和模式，消费者在品牌价值创造中的重要作用日益凸显。改善和增强品牌与消费者的关系质量，调动消费者的参与度，从而创造和提升品牌价值，已成为企业重要的品牌管理战略。从消费者角度，研究移动互联网下经济林产品品牌管理和品牌价值提升的全过程及其相关影响因素。按照品牌价值链的思路，从消费者角度，将虚拟品牌社区中经济林产品的品牌价值提升过程，划分为虚拟品牌社区体验价值感知、消费者的品牌心理和情绪反应、消费者的品牌价值行为这 3 个大环节，关注虚拟品牌社区等互联网平台中经济林产品消费者与品牌关系的建立、改善和增强，进而带来品牌价值形成和提升的全过程，并以社区融入和社区支持感为调节变量，将相关影响因素引入模型进行分析，探求较为完整和系统地解释互联网平台中经济林产品品牌价值形成与提升的路径及机制，最终形成对移动互联网下经济林产品品牌价值提升的机理和全过程的认识。

（2）研究聚焦在经济林产品品牌价值提升，弥补了已有文献多关注行业和政府政策研究范畴的不足。以往对于经济林产品的研究主要集中于宏观环境、中观行业发展、区域性特色经济林产品和企业-农户之间关系等经济林产品的各种发展模式，或者以某一种经济林产品为主要对象来探讨产业发展。本研究旨在探讨移动互联网下经济林产品的品牌管理和品牌价值提升问题，以经济林产品中“互联网＋”较为成功的林产干果为例，选取三只松鼠等企业进行实证研究，有助于经济林产品企业等经营主体提升品牌价值途径和创新发展模式的探索，弥补了以往经济林产品研究的局限，丰富了经济林产品的研究。本研究是推动经济林产品品牌竞争力的提升，促进经济林产品企业和行业的发展，实现由简到繁理论研究的有益尝试。

（3）基于虚拟品牌社区，研究经济林产品品牌价值提升，拓展了应用“互联网＋”进行经济林产品品牌管理和价值提升的理论支撑。互联网的发展，为品牌管理和品牌价值的提升提供了线上路径和新型平台。虚拟品牌社区以其成本低、与顾客连接性强以及实时互动等优势，在增强消费者品牌关系质量和形成品牌价值行为过程中起着重要作用。已有研究对互联网平台或渠道的分析中，针对虚拟品牌社区对消费者与品牌关系质量的意义，以及对品牌价值所具有价值的文献较少。本研究基于互联网的发展情境，从虚拟品牌社区的视角，分析经济林产品消费者的品牌关系质量增强和品牌价值行为，为经济林产品企业借助虚拟品牌社区促进消费者品牌关系质量，进而提升品牌价值提供理论支撑和实践指导。

2 理论基础与文献综述和评述

2.1 理论基础与应用逻辑

2.1.1 S-O-R 理论

1913 年，华生（John Broadus Watson）提出了行为主义，认为可以采用“刺激-反应”（stimulus-response，简称 S-R）行为研究范式来分析和解释人类的行为。人类行为可分为刺激和反应两部分，刺激是指能引致个体行为的外部环境变化，反应是指肌肉收缩或腺体分泌变化等行为的最基本构成，是随着刺激出现的。该理论认为，外部的刺激会导致行为的发生，以此来解释人类个体的行为形成。S-R 研究范式并没有考虑个体在受到刺激后的内心活动，但其实不同的个体在受到同样刺激时的反应并不相同。

后来，托尔曼（Edward Chase Tolman）针对刺激-反应行为研究范式的不足，提出了 S-O-R 理论模式。其中，S（stimulus）是指引起个体反应的刺激，R（response）是指刺激造成的个体反应，O（organism）是指有机体或反应主体。S-O-R 理论模式指出，个体所处的外部环境或情景、特征，可以刺激个体的情感反应和内在心理状态，形成一定的情感反应和内在心理，进而影响个体的行为决策和结果（夏克特等，2016）。

借鉴 S-O-R 理论，本研究认为，消费者用户所处的虚拟品牌社区等互联网平台这种外部环境或情境，可能对消费者用户形成一定的刺激，尤其虚拟品牌社区提供的各种社区体验会形成消费者的体验价值感知。虚拟品牌社区是依托品牌而开展活动的，虚拟品牌社区的体验价值会刺激消费者用户对品牌产生一定的情感反应和内在心理状态变化，如形成品牌认同、品牌满意和忠诚等，进一步影响消费者用户的品牌行为决策等。因此，使用 S-O-R 理论，分析互联网环境下虚拟品牌社区成员相关品牌行为的形成和结果，可以为经济林产品企业借助互联网平台进行品牌管理和品牌价值的提升提供理论支持。

2.1.2 使用与满足理论

卡茨（1974）提出的使用与满足理论，认为人们选择媒介是出于要满足一定需求的目的。人们接触和使用媒体是基于认知、情感、社会、人际整合、社会整合和缓解压力等方面的需要，关注的是媒体提供的内容能满足需要的方面，并将这一过程总结为“使用与满足”模式。该理论指出，需求动机是对用户参与行为进行解释的关键因素，强调用户需求对其参与行为的激发能力和重要性。因而，人们选择社会媒体是基于个体需要的满足，是主动地、有动机意识地、有目的地选择（Rosengren，1974），选择动机可以分为休闲娱乐、获取社区及事件信息、进行社交和个人身份认同等几类（Ruggiero，2009）。

人们很大程度上是基于媒介提供的内容来判断它是否满足自己的需求。也就是说，人们关注的是从自己所选择的媒介上能获得什么。消费者参与虚拟品牌社区必然是出于一定的价值诉求（郭爱云、杜德斌，2018a）。获取信息、经济、社会交往、娱乐和自我形象等相关价值是消费者参与虚拟品牌社区的根本动机（金立印，2007）。消费体验能给消费者带来享乐、美感或象征性的体验价值（Holbrook and Hirschman，1982），用户能否从品牌社区上获得体验价值是消费者参与社区与否的重要前提。

虚拟品牌社区等互联网平台能提供获取品牌信息、便利购买、分享互动、社交、娱乐放松、自我实现等体验价值，满足用户的需要。因而，消费者是基于互联网平台能带来的体验价值感知而作出是否使用的选择以及决定参与的程度。因此，使用与满足理论能很好地解释消费者关注和参与虚拟品牌社区等互联网平台的动机，能更好地理解消费者用户的互联网平台行为初衷。

2.1.3 社会交换理论

社会交换理论认为，个体的社会行为是一种以期待和换取回报为目的的交换行为，强调个体间、个体与群体之间关系建立的基础是出于社会交换。根据社会交换理论，人类的一切社会行为活动都可以归结为一种交换。人们愿意与其他个体形成社会关系是因为彼此拥有对方所需要的社会资源并愿意互相提供，因此相互间形成吸引而建立起社会交换关系，并在交换过程中不断稳定这种关系。社会交换活动能够给个体带来报酬，报酬可分为乐趣、社会认同、爱和感激等内在性报酬，以及金钱、帮助、服从、邀请等外在性报酬两大类（布劳，1988）。

在虚拟品牌社区中，消费者是组成社区的主体，消费者在社区中的行为是按照报酬交换的互惠原则展开的，理性的消费者应追求在社区中获得最大利益。微信公众号社区中的消费者同样遵循互相交换报酬的原则。消费者从微信公众号社区中获得信息和便利、情感交流和社会交往等众多体验，使消费者感知到较高的微信公众号社区体验价值，能满足他们心理、情感和社会的需求。需求的满足使微信公众号社区对消费者形成吸引，产生对社区的强烈兴趣，激发参与社区的积极性，认为关注和参与社区是值得的，形成回报意识，通过踊跃参与社区活动、增加互动交流、主动生成社区内容等行为对社区予以积极正向回报，形成对社区的认同（Dholakia et al.，2004），积极融入社区。

基于报酬互惠，这些互惠行为的出现和增加将会进一步强化消费者与社区、消费者与社区内其他消费者之间的社会交换关系，将有助于消费者与品牌社区之间的互相促进，在消费者与微信公众号社区、品牌之间建立起密切的情感联系，从而推动了消费者主动传播品牌、推荐品牌和进行品牌知识创造、影响其他消费者等品牌价值创造行为，增强消费者与品牌关系的质量，扩大品牌美誉度，形成超额收益和品牌延伸的潜在收益。本研究认为，消费者微信公众号社区认同、微信公众号社区融入、品牌契合和消费者品牌价值创造行为都是消费者基于微信公众号社区体验价值的获得，而对微信公众号和品牌给予的一种报酬回报行为的表现（郭爱云、杜德斌，2018a）。

2.1.4 服务主导逻辑理论

服务主导逻辑理论关注的不是交换价值，而是使用价值。价值是能被使用者感知和确定的，是由企业和消费者共同创造，而不是由生产者创造后再提供给消费者。传统商品主导逻辑理论认为，自然资源、有形资源是商品生产的来源，有形商品构成了社会财富。价值是由企业创造的，消费者只是价值的被动接受者。后来人们发现，物质资源以外的无形资源，尤其是知识和技能，在社会财富的创造中发挥着重要作用。服务主导逻辑调整了这一认识，强调商品是资源载体，是由企业发起价值主张，知识和技能等操作性资源是决定生产行为的关键性资源，在价值创造中具有重要作用，而自然资源等对象性资源需要在操作性资源的帮助下实现其价值（Vargo and Lusch，2004）。因此，消费者不仅是企业所创造价值的接受者，更是价值创造的主体，参与到价值创造的过程中。服务主导逻辑理论强调操纵性资源在价值创造过程中发挥决定性作用，认为操纵性资源（如知识、技能、经验等无形资源）是竞争优势的源泉。而消费者是操纵性资源的拥有者，是竞争性服务产品的共同生产者，他们把自己拥有的无形资源投入价值创造过程，价值则通过整合利用各方资源由企业与消费者共同创造，价值来源于企业、消费者、利益相关者和合作伙伴之间的服务体验（Vargo，2011）。

随着信息技术的发展，消费者拥有更为丰富的产品信息，能积极主动地选择商品和服务，彼此间建立起密切的联系，对企业产品设计、生产流程开发、营销策略选择等方面的参与越来越多，成为形成企业能力的新型来源（Prahalad and Ramaswamy，2000）。因此，消费者与企业在创造价值的过程中形成合作，动员消费者进行生产合作就成为价值创造的关键所在。创造价值的轨迹将不可避免地从产品和服务转移到“体验环境”。在企业和消费者社区网络的支持下，个体消费者共同创造他们独特的价值会带来企业盈利的增长（Prahalad and Ramaswamy，2003）。

因此，本研究认为，服务主导逻辑理论能合理解释虚拟品牌社区等互联网平台中消费者用户的互动交流、参与平台社区活动、传播品牌、回答其他用户的问题等品牌价值创造行为，更好地理解互联网环境中品牌管理和品牌价值提升的着力点。

2.2 文献综述

2.2.1 经济林产品市场和品牌的相关研究

国内外针对经济林产品和产业的研究，有整体性的行业或产业研究，也有针对某一种经济林产品的研究，分别从不同角度进行了分析。

世界经济的全球化发展和全球性环境问题的日益突出，进一步加快了林业的国际化进程，使得我国林业产业面临的国际竞争日益严峻，发展充满新挑战（绿供，2018）。中国林产品在原材料采购、市场占有、技术创新和外贸出口等方面，已经形成一定的国内和国际市场的优势和地位，并形成一定规模的产业体系。林产品品牌集中度逐年提升，已形成以品牌为核心竞争的竞争格局。但仍存在品牌质量不高、品牌培育不够等问题，要将品牌建设战略纳入产业创新和升级体系中，加强林产品品牌建设，发挥品牌引领作用（石峰，2017）。

目前，居民的经济林产品消费量相对较少，对经济林产品营养价值的认知有待提高。经济林产品中，木本水果的消费意向最高，木本油料的消费意向相对较低，居民的经济林产品消费意向表现出增大的趋势（卢素兰、刘伟平，2013）。我国市场开放以后，经济林产品的生产和流通出现了重大变化。龚梦、祁春节（2013）以经济林产品中的柑橘为例，对我国经济林产品市场的整合程度进行研究，发现在市场综合影响下，我国经济林产品市场的运行良好，各市场基本上呈现出长期整合趋势和明显的短期整合趋势。提高可食用特色经济林产品的竞争力，要通过品牌营销等来实现（肖立新、徐波，2012）。

针对茶的研究，管曦等（2017）利用我国主要茶叶交易市场的年度数据，拟合出我国茶叶消费需求的年度变化，再结合历年茶叶产量、进出口量等，分析了2013年以来我国茶产业的供求缺口。发现我国茶产业的扩张迅速，供求缺口持续扩大。要从供给侧结构性改革入手，凭借“一带一路”倡议的实施带动茶叶出口和培育茶叶消费新群体来提高市场需求。2017年，我国茶叶产业发展呈现出生产规模增速放缓、茶类结构继续调整、国内外市场同步回暖、价格刚性增长、消费热点逐渐明晰、产业融合趋势明显等特点（胡林英等，

2018）。茶产业具有显著的区域性分布特征，茶叶的区域品牌对消费者选择具有较大影响。提高茶叶的区域品牌价值有助于提升区域茶产业竞争力，而品牌忠诚度是品牌价值的核心。例如，消费者的茶叶知晓度、品质体验、文化体验和对武当文化的感知对消费者忠诚度有直接或间接的影响，应从加强产品质量和丰富品牌文化内涵方面着手，提升武当道茶区域品牌价值（胡振涛等，2015）。我国茶文化源远流长，茶品牌的推广离不开茶文化，打造茶叶品牌，必须借助文化的力量，提升茶叶经济水平，促进茶文化与经济融合（杨红，2015）。

木本油料产业的发展，能有效促进农业产业结构的调整，推动山区经济发展和农民收入增长，具有显著的生态效益和经济效益（陈威、郑军海，2015）。云南是我国重要的木本油料基地，食用木本油料产业的发展，不仅要重视食用木本油料的种植和加工，还要研发高附加值的产品，建设产品的营销网络（靳丹娅，2014）。

对整个林果业（不区分鲜果和干果）的研究，通常选取某一区域为研究范围展开。例如，姚永军（2007）提出，新疆林果业要以市场为导向，通过特色化、产业化和生态化整合资源优势和社会优势，形成新的比较优势；许云霞（2010）认为，新疆特色林果业品牌竞争力的增强，要通过加强品牌有效整合、拓宽品牌推广渠道、加强科技研发和营销渠道创新等来实现；顾景枝等（2015）分析了新疆地区红枣等 7 种特色林果作物的生产风险；谭明交等（2015）研究突出的是对新疆特色果品产业的资源禀赋及区域比较优势的分析；程凌燕（2016）则研究了河南林果业循环经济的发展优势、问题和发展趋势。

针对林产干果产品的研究，胡明形等（2004）分析了我国加入 WTO 后的贸易变化对林产干果等主要林产品进出口的影响；卢素兰、刘伟平（2013）研究发现，社会大众对经济林产品的消费意向有增大的趋势；肖立新、徐波（2012）认为，林产干果等可食用特色经济林产品市场竞争力的提高，可以通过实施全过程标准化和品牌营销等来实现。Kayalar 等（2015）认为，土耳其在干果生产和世界贸易方面具有比较优势，干果在出口额中所占的份额相对较高。企业通过实施创新活动，实现产品和服务、生产管理过程和市场营销等方面的差异化，使他们在市场竞争中取得成功，并且能提高出口业绩，在复杂多变的竞争环境中获得可持续的成功。Alavijeh、Naseri（2017）对影响伊朗坚果和干果行业国际市场细分的因素进行研究并排序，发现市场潜力、法律环境和基础设施分别排在第一至第三位，而文化视角对国际市场细分的影响最小，市场周期、客户需求和特定竞争对手的重要性最高。

针对单一品类的林产干果，张有林等（2015）基于我国核桃发展战略分析了核桃加工业，提出了促进我国核桃加工业发展的战略思考。政策、技术、市场和组织是山核桃产业发展的促进因素，通过龙头企业的培育和品牌化战略的实施，以及技术的不断创新和应用，可显著提升山核桃产业发展水平（吕秋菊等，2012）。董敏等（2016）对云南农户核桃销售渠道的实证研究发现，种植农户、初级商贩和村代理、不同规模的加工商以及省外客商是核桃销售渠道中的商品链直接参与者；核桃产业中受益最大的仍是种植农户，“中间商”是核桃产品销售渠道中的关键力量。王瑞波等（2010）从经济效益、社会效益和生态效益等方面，对北京板栗产业的循环农业模式进行了评价，为北京选择和推广板栗产业循环农业模式提供参考依据。

2.2.2 社区体验价值和社区认同的相关研究

（1）虚拟品牌社区体验的研究。消费体验和感知是决定价值的根本性力量（Vargo and Lusch，2013）。在消费体验过程中，消费者基于内心感受对产品或服务作出价值判断就是体验价值，是消费者与产品互动的结果，与消费情境有关，具有一定的偏好性，更多地产生于消费体验过程（Holbrook and Hirschman，1982）。Mathwick 等（2001）则将体验价值界定为在特定消费情境下由互动形成的对产品或服务的感知偏好，这种偏好有助于或阻碍消费者的目标达成。消费者对体验中获得的利益与成本代价权衡比较后的评价结果就形成了体验价值的判断（姜忠辉、王梦晓，2012）。可见，体验价值是一个复杂的感知结果，具有多元化的内涵（张凤超、尤树洋，2010）。

在体验价值维度的划分上，不同学者的划分结果是不一样的。Holbrook、Hirschman（1982）将体验价值按外在价值、内在价值、主动价值和被动价值分为 4 个象限。外在价值是对产品功效的感知和评价；内在价值则强调消费体验本身能带来的价值；主动价值突出消费者与营销方合作中创造的价值，突出消费者的主动参与；被动价值则是消费者在一定消费情境下的反应（Holbrook and Hirschman，1982）。Mathwick 等（2001）则根据情境关联模型的不同将体验价值分为美感、乐趣、消费者回报和服务的优越性等。Michie、Gooty（2005）将体验价值划分为实用性价值、享乐性价值和象征性价值，这种区分突出的是消费者对产品或服务的功能效用、娱乐效用和群体归属等象征性作用的感知与判断。张凤超、尤树洋（2010）认为，共同制造组织模式下的体验价值有功能价值、情境价值、情感价值、认知价值和社会价值 5 种类型。而马颖杰、杨德锋（2014）则将体验价值分为功能性体验价值、情感性体验价值和社会性体验价值，用来反映消费者对产品或服务的功能属性、带来的情感体验以及对消费者社会认同和自我认同影响的价值评判。

虚拟品牌社区能够为社区成员提供财务价值、信息价值、社交价值、娱乐价值和形象价值等，影响着用户社区意识的形成、社区忠诚度和品牌行为意向等（金立印，2007；王新新、薛海波，2010）。也有学者将消费者对虚拟品牌社区的感知价值划分为信息价值、财务价值、社交价值、娱乐价值等（李先国等，2017）。这些研究强调的是虚拟品牌社区的价值，未作具体虚拟品牌社区类型的价值维度界定和区分，实证研究主要是从论坛社区展开的。也有专门针对企业微博这种特定形式虚拟品牌社区价值的研究，如胡磊、高迎（2014）发现，社区成员参与企业微博是为了获取信息价值、工具价值、娱乐价值、经济利益等；或者社区成员得到信息价值、财务价值、娱乐价值、便利价值和美感价值5种价值（徐健等，2002）；也有学者把消费者将企业微博价值归纳为目的价值、社交价值和娱乐价值3个方面（黄京华等，2016）。

（2）虚拟品牌社区认同的研究。社区认同概念来源于社会认同理论。Tajfel（1978）的社会认同理论，将社会认同界定为个体对自身归属于某个特定群体及这一成员身份具有的情感和价值方面的意义。社会认同包括了认知、情感和评价3个方面：认知是指个体对自身属于某个社群组织的身份认知，即自我分类；情感是指个体与社群的情感联系，即情感承诺；评价是指个体对社群成员身份的价值评价，即群体自尊（Ellemers et al.，1999）。显然，个体寻求社会认同是为了得到正面的自我评价和降低主观上的不确定性（Hogg and Terry，2000），对某个群体的归属意识会对个体的知觉、态度和行为产生强烈影响。

品牌社区认同是指用户认为自己是社区的一员，赞同社群规范、目标、传统、习惯、仪式等，能感受到与其他成员拥有相同的特征，从而与其他非群体成员进行区分。另外，这种群体认同还意味着成员愿意进行社群推广等情感投入。品牌社区认同体现出社区成员对社区拥有的归属感，包括对自身社区用户身份以及身份具有的情感、价值意义感知（Algesheimer et al.，2005）。可见，品牌社区认同是指社区成员对品牌社区的接受、认可。消费者基于某些兴趣加入品牌社区，能满足自我差异性、独特性等自我界定的需求，还能与其他社区成员建立联系进行互动，实现归属感、情感依赖需求的满足，根据社区原则、规范等进行自我身份判断和匹配，然后通过遵守社区规范和履行社区要求等实现身份的维护和强化（黄敏学等，2017），是成员感知与社区连接的心理状态。对自己所认同的群体，个体会给予积极正面的评价（豪格、阿布拉姆斯，2011），个体也以这种方式来表达个体身份（Madrigal，2001）。

虚拟社区是由一群拥有共同理念的人们聚集在一个虚拟的空间中分享信息、参与话题讨论、进行情感交流等形成一种新的社会关系网络（Rheingold，2000）。虚拟社区具有这些核心特征：社区成员拥有共同的理念，有社区归属感；社区成员参与社区活动并互动；共有的社区资源和资源使用规则；社区成员间共享信息、支持和服务等（Preece，2001）。可见，虚拟社区的成员往往拥有相同特征或某些相同爱好，能够感受到自身对群体特征的符合程度。对这些相同之处的感知，有助于成员对社区目标、规范等持有认同意见，形成群体认同感。企业微信公众号是一种新型的虚拟品牌社区，微信公众号社区认同就是消费者用户对微信公众号社区的认同。品牌消费者借助微信公众号平台分享相同的价值观，相互间具有强烈的认同感（王秀村、饶晨，2015）。

2.2.3 消费者品牌契合和品牌价值创造的相关研究

（1）消费者品牌契合的相关研究。品牌契合是与品牌使用相关的、令人满意的思想反映（Dwivedi，2015），突出体现了消费者与品牌互动中特定的情感、认知水平以及行为活动，能够描述消费者动机、品牌相关和情境支撑的心理状态（Hollebeek，2011）。后来这一概念得到扩展，被定义为一种与品牌互动、共同创造客户体验下产生的心理状态，包括消费者之间的互动、参与、对话、共同创造和分享与品牌相关的价值及内容。品牌契合表现为一种具有动态、重复性的过程，在服务关系的影响网络中发挥核心作用，而且在不同的情境下，品牌契合程度表现是不一样的（Gambetti，et al.，2012）。品牌契合代表一个多维概念，包括相关的认知、情感、行为等维度，描述了消费者与品牌互动中对品牌的思考、获得的积极情感和对品牌的投入等（Hollebeek et al.，2014），反映着消费者对品牌参与和联系的强度（李晓明、张辉，2017），传递出消费者对品牌持续的心理联系和行为参与，拥有比品牌忠诚、品牌喜爱、品牌满意和品牌涉入等概念更为丰富的内涵（Brodie，2011）。有研究认为，消费者品牌契合仅指消费者在某种动机驱动下对某一品牌产生的非交易性行为（Van，2011）。也有研究认为，品牌契合还应包括消费者的交易行为，也包括了非交易性行为（Kumar et al.，2010）。本研究认为，消费者对品牌的良好认知和情感等有可能会催生对品牌产品的购买、消费等交易性行为，也会促使消费者品牌分享、评价、传播、推荐，甚至与企业互动、参与产品创造等非交易性行为。因此，品牌契合不仅包含了消费者的交易行为，还涵盖了非交易性行为，要从消费者的行为参与角度和消费者对品牌具有的持续心理联系等方面去理解。

（2）消费者品牌价值创造的相关研究。一直以来，对消费者价值的衡量和管理，都集中在发展和保留消费者以及消费者产品支出的增长方面，关注的是消费者与企业之间的交易行为，强调的是消费者通过购买对企业具有的价值。但是，网络技术的发展，为消费者分享他们的看法、喜好、经验等创造了虚拟场所，也为企业提供了口碑营销的便利条件（Kumar et al.，2010）。价值创造的过程正快速转移到更加个性化的消费者体验、服务提供、无形资源、共同创造和关系上。信息化、网络化、授权和活跃的消费者日益参与企业共同创造（Prahalad and Ramaswamy，2004）。

消费者除了购买，还能通过推荐行为、口碑传播、提供新产品理念或参与新产品开发过程、共同创造、对现有产品和服务创新与改善的反馈等各种非交易方式为企业创造价值。因此，在品牌契合状态下，消费者能为企业创造出消费者终身价值、消费者推荐价值、消费者影响价值和消费者知识价值。消费者终身价值就是消费者与企业维持商业关系的时间中产生未来利润的现值，即消费者继续购买该品牌产品对企业交易上的经济贡献；消费者推荐价值是指消费者通过企业发起和积累的推荐活动向潜在消费者等他人推荐品牌产品而获得新消费者产生的价值；消费者影响价值是指消费者通过影响其他人的购买行为而为企业创造的价值，如向新消费者展示怎样更好地使用产品、口碑传播以说服和吸引潜在消费者转化为消费者、降低购买者的懊悔、鼓励现有客户增加钱包份额等。消费者还可以通过帮助理解消费者偏好和参与知识形成过程来为公司增加价值（Joshi and Sharma，2004）。消费者对企业提供产品或服务创新和改进思路等有所贡献就形成了消费者知识价值，这种价值不仅有助于新产品或服务的创新，而且对质量或服务的改善也是至关重要的。最主要是通过消费者参与新产品的生产过程来实现（Kumar et al.，2010）。

2.2.4 品牌价值的相关研究

对消费者市场的研究表明，品牌通常是与形象效益、信息成本和风险降低联系在一起。在全球化、信息化的时代，品牌是竞争中最为重要的手段。品牌能帮助消费者提高信息收集和处理的效率，有助于企业实现产品市场的差异化和提供附加价值，增强竞争优势。强势品牌是企业赢取可持续的竞争优势的关键所在，是一种重要的资产（Backhaus et al.，2011）。

在很多文献中，品牌价值是等同于品牌资产的概念，是指因品牌名称而使产品具有的附加价值（Park and Srinivasan，1994）。品牌价值是一种能在将来营销活动中带来现金流入的利益（Styles and Ambler，1997），这是因为品牌而形成未来现金流的增加量（Simon and Sullivan，1993），能增加或减少产品对消费者和企业具有的价值（Aaker，1991）。品牌价值意味着品牌产品能比非品牌产品带来更大的销售额和利润，使品牌产品较非品牌产品具有更强和更久的差异化优势。

Keller（1993）认为，品牌之所以对企业和经销商具有价值，是因为品牌对消费者有价值。基于消费者的品牌价值是指消费者拥有的品牌知识使其对品牌营销形成差别化反应带来的效益。品牌只有获得消费者的认知并有为该品牌支付溢价的意愿时，品牌价值才能实现。从消费者态度层面来测量品牌价值，消费者对品牌的喜欢程度、品牌联想的强度以及品牌的独特性等决定了品牌价值。体现为品牌为消费者创造的利益集合，可通过消费者对品牌支付溢价的意愿来衡量品牌价值大小（唐玉生等，2013），可归纳为功能型价值和情感型价值两类（Leek and Christodoulides，2012），或者实用价值和享乐价值（张竹梅、吕巍，2016）。因此，品牌对于消费者而言，反映的不仅是他们对产品质量、功能等的信任，更传递了一定的生活态度。

也有文献从企业视角来界定品牌价值，如 Ailawadi 等（2013）就将基于企业的品牌价值，界定为企业能从消费者的品牌营销反应中获取的经济利益。从企业角度来看，品牌价值就是企业通过品牌的营销活动赋予产品的附加价值，具体体现在品牌为企业带来的长期超额收益、品牌对消费者心理和行为的影响、品牌使用范围的扩展为企业创造的潜在收益三个方面（范秀成，2000）。品牌价值能使企业获得超过无品牌产品收益的额外收益，是企业的一项资产。

基于消费者角度，品牌价值是消费者从品牌具有的功能价值、情感价值等体验中，对品牌形成认可、信任并产生忠诚；而基于企业财务角度，品牌价值是相比无品牌，品牌为企业在产品销售中形成的溢价收益。消费者角度的品牌价值是企业品牌价值的必要前提（Keller and Lehmann，2006）。本质来说，品牌价值体现为对消费者购买决策的影响程度，是以消费者为基础的。供应商品牌能为采购商带来财务价值、顾客价值和管理价值，这对企业间的品牌信任和品牌承诺具有正向影响，能促进采购商重购意向的提高（李桂华、卢宏亮，2010）。

品牌除了对消费者的购买、品牌认知和态度、企业的产品市场绩效等产生影响，还会通过产品市场上的绩效影响资本市场上企业的融资成本等，从而对企业的股价产生正向影响（韩慧林等，2017），影响到股东能够获得的回报（黎小林、王海忠，2010）。

品牌为营销者提供了强大的利益，并被广泛使用。普遍认为，产品和企业的品牌是取得成功业绩的关键因素，这是竞争优势的来源（Michell et al.，2001）。

建立一个强大的品牌能产生许多营销优势，如提升广告效果、帮助建立起稳定的销售渠道、促进品牌的延伸等（Hoeffler and Keller，2003）。产品的质量和独特性常常可用品牌来进行间接评价，制造商的品牌能为经销商带来财务、客户和管理方面的利益。这会对经销商与制造商的品牌关系产生影响，形成满意、依赖、合作、承诺和信任等（Glynn et al.，2007）。

2.2.5 社区融入和社区支持感的相关研究

（1）虚拟品牌社区融入的研究。品牌社区是顾客所处的关系结构，关键的关系包括客户与品牌之间、客户与公司之间、客户与正在使用的产品之间以及其他客户之间的关系（Mcalexander et al.，2002）。

品牌社区帮助参与者感受到与他人更多地融入和联系。众所周知，人们在社区环境中成长，这种团结而不是孤立，对参与者和整个社会都是有益的。理解消费者为什么会融入一个品牌社区是很有价值的信息，因为人们普遍知道和接受的，对品牌会有积极的结果（Clark et al.，2017）。

品牌在消费者的购买决策中扮演着越来越重要的角色。消费者与品牌社区的融入，可以体现出消费者与品牌之间的最终联系程度（Millán and Díaz，2014）。品牌社区融入程度越高，参加未来社区活动的意愿越强。成员通过与品牌的在线互动，进一步增强了品牌社区融合（Warren et al.，2013）。如果消费者认为社区与个人相关，他们就更有可能融入品牌社区。

（2）社区支持感的相关研究。长期以来，组织支持感知一直被认为是研究的主要变量。工作自主性、工作保障和员工培训与组织支持感成正相关（Alvi et al.，2017）。

员工的组织支持感显著影响着员工对上级和组织的信任、组织承诺和顾客导向（Ahn，2010）。员工所感知到的组织支持与员工对组织的承诺密切关联（Settoon et al.，1996）。感知组织支持会导致员工形成情感承诺，良好的工作条件通过感知组织支持进一步增强情感承诺，进而减少员工的离职行为（Rhoades et al.，2001）。另外，领导者与成员之间的交流和组织支持感会影响心理契约的违约，而这又进一步影响到情感承诺、离职意向和创新工作行为（Agarwal and Bhargava，2014）。

对更投入工作的员工来说，组织支持感知与组织公民行为之间的关系更强。组织如果要追求员工的组织公民行为，应以组织支持感作为主要目标之一（Afsar and Badir，2016）。

虚拟社区中，消费者对企业支持的感知主要包括社区价值、企业对成员的支持和重视成员贡献等（Kim et al.，2008）。虚拟品牌社区中，消费者感知支持包括了感知企业提供高质量内容的支持、培养社区成员嵌入的支持以及促进社区内成员间互动的支持三个方面。也有学者将虚拟品牌社区中的感知组织支持分为感知情感性支持和感知工具性支持（王秀村、牛席席，2016）。

2.3 文献评述

（1）现有涉及经济林产业和经济林产品的文献，其研究内容可以分为两种情况：一是主要对整个经济林产业的发展态势、品牌建设、供求预测、市场整合等方面展开研究；二是针对某一类经济林产品行业或某一种具体的经济林产品进行市场、行业、消费行为等研究。例如，针对整个林果业（不区分干果和鲜果）发展、林产干果的国际贸易和市场消费行为以及林产干果中某一品类产业发展等方面的研究。总体来说，无论是对整个经济林产业，还是单品类经济林产品产业的研究都相对较为缺乏，尤其缺乏对经济林产品企业品牌管理方面的深度研究，仅有的少量研究也是从政策、品牌管理规划等宏观层面展开，缺乏从消费者等微观层面开展的产品品牌管理研究。

（2）消费者品牌契合的相关研究，缺乏以经济林产品企业为样本的分析，未能对互联网下经济林产品企业如何促进消费者品牌契合的形成以及品牌价值提升的路径等相关问题进行理论探索。尤其是在所掌握的文献中，未发现关于经济林产品企业消费者品牌契合和品牌价值的相关研究。

（3）消费者与品牌关系质量等的研究，主要集中在品牌线上官方论坛、企业微博等虚拟品牌社区的消费者与品牌信任、品牌忠诚、承诺等方面，而对品牌契合的研究相对较少，尤其是缺乏基于虚拟品牌社区的消费者品牌契合与品牌价值的研究。

（4）不同用户在虚拟品牌社区中的融入程度是有差异的，感知到的社区支持程度也不完全相同，这些差异会导致用户对虚拟品牌社区的态度和行为表现等的不同。准确界定虚拟品牌社区融入和社区支持感的概念内涵和外延，有助于解释这两个变量在虚拟品牌社区体验价值对消费者品牌契合和品牌价值影响机制的调节作用。

3 经济林产品市场与品牌发展现状

3.1 经济林产品市场发展现状

3.1.1 经济林产品生产供给状况

根据2014年国家林业局发布的《关于加快特色经济林产业发展的意见》，"经济林是以生产果品、食用油料、饮料、调料、工业原料和药材等为主要目的的林木，是森林资源的重要组成部分。"

2011—2016年，我国经济林产品的种植与采集产值逐年上升。2016年，按照当年价格计算的经济林产值占按当年价格计算的农林牧副渔业总产值的比例为12.03%。从2016年的产值总规模上来看，水果种植的产值占比最高，其他依次为坚果、含油果和香料作物种植，茶及其他饮料作物种植，森林食品种植，林产品采集，森林药材种植，见表3.1。

表3.1 2011—2016年我国经济林产品的种植与采集产值（按不变价格计算）

单位：万元

项目	2011年	2012年	项目	2013年	2014年	2015年	2016年
经济林产品的种植与采集	63 198 661	75 554 357	经济林产品的种植与采集	88 037 215	99 913 784	109 746 796	115 938 892
（1）水果及干果	41 551 549	49 164 099	（1）水果种植	43 960 885	51 157 294	54 536 947	58 108 408
（2）茶及其他饮料	5 521 051	7 003 793	（2）坚果、含油果和香料作物种植	13 745 528	16 219 549	18 555 774	19 692 138
（3）林产中药材	4 087 909	4 949 727	（3）茶及其他饮料作物种植	8 231 342	9 277 715	10 090 546	10 598 997
（4）森林食品	6 772 578	8 707 409	（4）森林药材种植	5 687 680	6 375 540	7 707 295	8 229 684

（续）

项目	2011年	2012年	项目	2013年	2014年	2015年	2016年
			（5）森林食品种植	8 384 564	9 064 442	9 990 583	9 748 963
			（6）林产品采集	8 027 215	7 819 243	8 865 650	9 560 703

数据来源：《中国林业统计年鉴》（2011—2016）。
注：所有数据均已按照2011年价格进行调整。

表3.2具体展示了2015年和2016年全国主要经济林产品的生产产量情况。2015年各类经济林总量为154 447 684吨，2016年各类经济林总量为180 240 072吨。除了下述品种外，其他种类的产量都有所增长：水果类别里的杏，干果类别里的山杏仁、榛子和松子，林产调料产品类别里的桂皮，森林食品类别里的食用菌，森林药材类别里的山茱萸和五味子。

表3.2　2015—2016年全国主要经济林产品生产情况

单位：吨

项目	2015年	2016年	项目	2015年	2016年
一、水果产量	135 113 544	152 087 281	3. 枣（干重）	4 175 519	6 249 339
1. 苹果	35 294 977	42 880 392	4. 柿子（干重）	1 073 287	1 147 479
2. 柑橘	28 723 704	31 730 327	5. 仁用杏	80 726	114 589
3. 梨	17 466 385	18 639 024	6. 山杏仁	219 996	136 781
4. 葡萄	12 547 424	14 044 204	7. 银杏（白果）	125 776	148 423
5. 桃	12 951 342	14 072 329	8. 榛子	137 144	129 824
6. 杏	2 678 186	2 625 970	9. 松子	130 512	123 872
7. 荔枝	2 180 354	2 499 704	10. 其他干果	546 141	862 606
8. 龙眼	1 671 709	1 773 700	三、林产饮料产品（干重）产量	2 100 878	2 282 052
9. 猕猴桃	1 037 652	1 782 525	1. 毛茶	1 800 604	2 030 584
10. 其他水果	20 561 811	22 039 106	2. 咖啡	104 425	—
二、干果产量	11 481 017	14 847 295	3. 其他林产饮料产品	195 849	251 468
1. 核桃	2 713 741	3 645 170	四、林产调料产品（干重）产量	646 296	738 676
2. 板栗	2 278 175	2 289 212	1. 花椒	350 938	399 250

（续）

项目	2015 年	2016 年	项目	2015 年	2016 年
2. 八角	150 302	170 866	7. 五味子	63 817	37 240
3. 桂皮	113 651	93 006	8. 其他森林药材	955 075	1 404 341
4. 其他林产调料产品	31 405	75 554	七、木本油料产量	—	2 353 375
五、森林食品（干重）产量	3 396 609	3 542 437	1. 油茶籽	—	2 164 440
1. 竹笋干	653 240	770 505	2. 油橄榄	—	38 767
2. 食用菌	2 101 739	1 958 496	3. 油用牡丹籽	—	23 184
3. 山野菜	373 541	400 348	4. 其他木本油料	—	126 984
4. 其他森林食品	268 089	412 888	八、林产工业原料产量	—	1 875 942
六、森林药材产量	1 709 340	2 513 014	1. 生漆	—	21 934
1. 杜仲	182 984	206 615	2. 油桐籽	—	408 518
2. 黄檗	48 386	56 181	3. 乌桕籽	—	26 204
3. 厚朴	183 094	219 396	4. 五倍子	—	21 647
4. 山茱萸	46 394	45 796	5. 棕片	—	60 782
5. 枸杞	229 590	360 873	6. 松脂	—	1 328 877
6. 沙棘	—	182 572	7. 紫胶（原胶）	—	7 980

数据来源：《中国林业统计年鉴》（2015、2016）。

由表 3.3 可知，2014—2016 年，经济林产品总体产值的算数平均增长率较高，为 9.66%。不同类别经济林产品算数平均增长率都在 5%以上，增速相对较高，反映出较快的市场发展态势。

表 3.3　2014—2016 年经济林产品产值环比增速及算数平均增长率

单位：%

经济林产品的类别	2014 年	2015 年	2016 年	算数平均增长率
总量	13.49	9.84	5.64	9.66
（1）水果种植	16.37	6.61	6.55	9.84
（2）坚果、含油果和香料作物种植	18.00	14.40	6.12	12.84
（3）茶及其他饮料作物种植	12.71	8.76	5.04	8.84

（续）

经济林产品的类别	2014 年	2015 年	2016 年	算数平均增长率
（4）森林药材种植	12.09	20.89	6.78	13.25
（5）森林食品种植	8.11	10.22	−2.42	5.30
（6）林产品采集	−2.59	13.38	7.84	6.21

数据来源：《中国林业统计年鉴》（2014—2016）。

注：由于2012年之前的统计口径与当前不一致，故无法按照当前统计口径计算更长时期的增长率。

“经济林产业，是集生态效益、经济效益、社会效益于一身，融一、二、三产业于一体的生态富民产业，是生态林业与民生林业的最佳结合”（国家林业局，2014）。上述数据显示，我国经济林产品无论是从产值还是从产量上来看，都是在逐步提高的。

2014 年，国家林业局发布的《关于加快特色经济林产业发展的意见》中指出，力争到 2020 年，特色经济林新增种植面积 810 万公顷，经济林总面积比 2010 年增加 24%，达到 4 100 万公顷；新增产量 5 000 万吨，其中，木本油料新增 1 100 万吨，总产量比 2010 年增长 40%，达到 1.76 亿吨，木本油料占国内油料产量比重提高到 10%。

《林业发展“十三五”规划》也指出，“十三五”期间，特色经济林产业要建设杏、山楂、松子、榛子、蓝莓、樱桃、杨梅、花椒、八角、杜仲、辣木、枸杞、金银花等一批特色杂果、木本调料、木本药材基地，推进规模化、产业化、标准化生产，到 2020 年，种植面积达到 667 万公顷。林下经济产业要发展林菌、林药、林禽、林畜等林地立体复合经营，促进林下种植养殖业、采集与景观等资源共享、协调发展，林下种植面积达到 1 800 万公顷。

2015 年 1 月，国务院办公厅发布的《关于加快木本油料产业发展的意见》中指出，力争到 2020 年，建成 800 个油茶、核桃、油用牡丹等木本油料重点县，建立一批标准化、集约化、规模化、产业化示范基地，木本油料种植面积从现有的 1.2 亿亩发展到 2 亿亩* ，年产木本食用油 150 万吨左右。在我国，种子含油量在 40%以上的木本油料树种就有 150 多种，资源非常多。

由此可见，我国经济林产品的生产规模整体较大，具有较大幅度的增长，产量和市场供给也在进一步扩大。

3.1.2　经济林产品市场需求状况

按照《中国林业统计年鉴》的统计口径，我国经济林产品有 8 大类 50 种

* 亩为非法定计量单位。1 亩=1/15 公顷。

之多，在现有的资料文献中，没有针对全部经济林产品市场需求的统计数据。因此，本研究选取产量规模较大的、有代表性的经济林产品，通过分析这些经济林产品来了解我国经济林产品的市场需求情况。

随着生活水平的大幅提高，我国居民消费升级，对健康生活的关注度日益提升，由此带来水果和干果、营养丰富的原生态森林食品、咖啡等经济林产品的需求不断增长。根据观研天下发布《2018 年中国水果种植行业分析报告——市场深度分析与投资前景研究》，2016 年我国水果消费量达到了 2.76 亿吨，2017 年随着进口水果数量不断增长，消费量突破了 3 亿吨。根据中国农业科学院的预测，2024 年我国水果市场规模将达到 3.24 万亿元。而自带健康属性的坚果，符合休闲零食行业发展趋势，在零食市场中占有很大份额。我国坚果类产品 2017 年的终端市场规模为 276.84 亿元，同比增长 11.5%，保持了连续 5 年 10%以上的增速。

随着我国国民经济的发展，食用植物油的总消费量稳定增长，需求量自 2008 年以来保持着年均 4.38%的增速，但原材料对进口的依赖较大。2016—2017 年度，我国食用植物油对进口的依赖程度为 66%，我国食用植物油需求稳步增长。根据智研咨询预估，到 2026 年，我国人均食用植物油的年消费量达到 23.7 千克。而且，随着国民经济的发展和消费者消费观念的变革，我国食用植物油的产量和需求量不断上升，消费结构不断升级，以茶油为代表的高档优质油在整个食用植物油消费量中的比例逐渐增加，茶油等木本油料产品的市场需求日益旺盛。因此，需要大力增加健康优质食用植物油供给，切实维护国家粮油安全。

茶作为一种健康的消费品，是我国的“国饮”。尽管我国是茶叶生产和出口大国，但是一直都不是茶叶消费大国。根据中国茶叶流通协会发布的《2017 中国茶叶消费市场报告》，2016 年，我国茶叶产量达到 244 万吨，年增长率 7.14%；茶叶年消费量达到 181 万吨，年增长 9 万吨，增长率达到 5.2%。尽管 2016 年我国茶叶消费群体已达 4.78 亿人，但我国茶叶消费内生增长动力不足，生产增速仍高于消费与出口。同时，随着消费者生活水平的提高和对咖啡文化认知程度的增长，我国咖啡产业总体呈上升趋势。根据中国（上海）自由贸易试验区咖啡交易中心的数据，2017 年我国咖啡消费量接近 25 万吨，产量只有 12.6 万吨，缺口 12 万吨，缺口达到消费量的近 50%；2017 年全球咖啡消费量达到创纪录的 951 万吨，比 2016 年增加 9.78 万吨，库存减少 16.5 万吨，消费需求增长旺盛，市场呈现供不应求的趋势。根据前瞻产业研究院发布的《咖啡行业市场需求与投资规划分析报告》数据显示，我国的咖啡消费增速高达 15%，远超 2%的全球平均增速。预计到 2025 年，我国咖啡消费市场将增长至 1 万亿元的规模，咖啡市场呈现出巨大的发展潜力。

受加工业的影响，除天然橡胶外，工业原料类的市场需求增长缓慢。木本药材多数是大宗的常用药材，在正常年份下，市场对其需求量都是增长态势。在一些特殊时期，如暴发“非典”“甲流”时，木本药材（如金银花和连翘），会因供给小于需求的严重缺口而带来价格大幅度上涨（侯长红，2013）。2016年，我国10大中药材出口品种分别为人参、枸杞、茯苓、地黄、党参、半夏、川芎、菊花、白术、当归。10大中药材出口品种总出口金额为50 047万美元，占总中药材出口的48.73%。2016年，我国枸杞出口数量为12 625 335千克，同比增长28.84%；出口金额为110 003 594美元，同比增长2.27%。

3.2　互联网下的经济林产品品牌管理

3.2.1　经济林产品品牌发展现状

品牌是企业的无形资产，反映着企业的创新能力、研发能力和服务能力，是企业竞争力的体现。企业参与市场竞争时，品牌是其核心的要素资源，是企业整体经营能力的体现。只有获得消费者的认可，品牌才具有强大的市场竞争力，才能长久地生存，具有品牌价值。面对激烈的市场竞争，很多企业通过品牌增强竞争力，提高市场的占有率。

生产加工技术和工艺水平的提升，推动了我国林业品牌影响力的较大提高，一些大企业也形成了依托品牌的核心竞争力。但是，林业品牌建设还存在着品牌保护意识不强、品牌建设制度不完善等问题，品牌价值还有待提升，品牌建设和管理尤为迫切。

世界品牌实验室是全球领先的品牌评估机构，应用“品牌附加值”评估方法来计算品牌的当前价值，评估结果受到国际上的普遍认可。根据其发布的2015—2018年中国500最具价值品牌，整理后得到涉及林产品的企业品牌排行榜，见表3.4。

表3.4　2015—2018年中国500最具价值品牌排行榜（林业企业品牌）

品牌名称	产品	2015年		2016年		2017年		2018年	
		品牌价值（亿元）	排名	品牌价值（亿元）	排名	品牌价值（亿元）	排名	品牌价值（亿元）	排名
金隅	家具木业	336.59	72	406.85	71	510.18	69	601.75	67
圣象	木地板	180.82	142	235.92	143	345.68	106	415.62	104
大自然	木地板	234.26	98	279.35	106				
金龙鱼	橄榄油	156.57	174	220.72	169	268.64	149	318.79	153

（续）

品牌名称	产品	2015年		2016年		2017年		2018年	
		品牌价值（亿元）	排名	品牌价值（亿元）	排名	品牌价值（亿元）	排名	品牌价值（亿元）	排名
福临门	橄榄油、山茶油	166.21	153	232.84	153	261.48	157	318.52	155
云南白药	中成药、中药材等	134.97	187	198.58	178	233.29	177		
鲁花	橄榄油	99.76	276	142.06	233	165.46	230	205.32	233
世友	木地板	116.58	211	147.37	222	149.05	262	189.92	251
掌上明珠	家具	93.68	297						
白云山	中药材、中成药	86.46	325	139.72	245	162.66	243	195.26	247
王朝	葡萄酒	106.82	234	134.36	255	156.39	251	187.24	258
张裕	葡萄酒	95.79	287	115.36	288	132.56	289	159.07	292
汇源	果汁	95.13	289	112.81	292	132.37	290	158.84	293
饶山	造纸	89.85	315	101.97	320	112.75	324	135.36	324
心相印	生活用纸	86.99	324	101.45	324	140.59	282	168.71	288
大亚人造板	人造板					108.36	328	125.86	327
维达	生活用纸					95.82	345	120.72	343
顾家家居	家具			51.91	397	91.56	360		
美克家居	家具	45.36	398	76.25	364	94.55	354	116.68	349
顺清柔	生活用纸					92.85	357	115.71	351
源安堂	中药制药	60.21	366	51.81	399	91.05	361		
三只松鼠	坚果、干果等食品							101.98	371
通化	葡萄酒	74.91	343	83.29	347	80.11	377	97.85	378
柔然	家具、木材	43.92	399	51.95	396	61.65	395	73.92	394
洽洽	坚果、干果等食品							77.82	406
A家家居	板木、实木家居							71.58	416
露露	杏仁饮料	33.11	469	46.72	471	48.86	468	65.15	435
威龙	葡萄酒	34.39	456	42.45	460	50.97	456	61.16	449
金太阳	造纸	34.21	458	41.65	463	49.98	460	60.83	450
晚安	家居			41.28	466				
晨鸣	造纸	33.14	468	40.84	469	48.97	466	58.76	458
圣奥家具	家具							58.72	459

（续）

品牌名称	产品	2015 年		2016 年		2017 年		2018 年	
		品牌价值（亿元）	排名	品牌价值（亿元）	排名	品牌价值（亿元）	排名	品牌价值（亿元）	排名
九芝堂	中药等					32.68	478	56.87	465
春伦	茶叶							51.89	472
诗尼曼	家具					42.58	483	51.36	474
方家铺子	坚干果、菌菇、茶等							42.18	478
神蜂科技	蜂产品							41.76	484
亿合	原木门等							40.36	488
宁夏红	枸杞产品			39.81	477	47.77	472		
椰树	椰汁等食品			25.94	499	27.65	498	28.51	493
左右家私	家具	21.38	499	22.65	500	23.26	499	24.17	494

数据来源：1. 王雨，李忠魁，2018. 林业品牌评价方法研究［J］. 中国质量与标准导报（3）：66-70.
2. 根据公开资料整理。

由表 3.4 可以看出，我国涉及林业原材料和林产品的企业品牌价值还很低，整体排名较为落后，大部分品牌价值排名在 200 位之后。品牌价值较高的企业主要集中在家具、造纸、人造板等林产工业领域，水果、干果、坚果、茶、中药材等经济林产品的品牌价值相对较低。

上榜的（涉）林产水果、干果等深加工企业品牌中，“张裕”“王朝”“威龙”“通化”是葡萄酒品牌，“汇源”是果汁饮料品牌，以橙子、苹果、梨、猕猴桃、核桃、杏仁、红枣等各种林产水果和干果为原料的果汁产品以及果蔬汁为主，这些品牌价值相对较高，但多年来也基本都排在 250 位之外甚至更低。“椰树”品牌以椰汁产品为主，2016 年上榜以来，一直徘徊在 490～500 位。“露露”品牌主打杏仁露，是以杏仁为原料的林产干果加工产品，排名也一直在 400 多位。枸杞深加工产品品牌“宁夏红”，2016 年和 2017 年均上榜，但排名都接近最后。2018 年，两家主要生产和销售坚果、干果等休闲零食的企业品牌“三只松鼠”和“洽洽”首次进入榜单，品牌价值分别为 101.98 亿元和 77.82 亿元，分别排在第 371 位和第 406 位。另一个以坚果、干果、菌菇等南北干货和粮油米面、滋补健康等产品为主的品牌“方家铺子”，也是 2018 年首次出现在榜单中，品牌价值为 42.18 亿元，排在第 478 位。国内市场上，知名的林产水果和干果品牌还较少，许多产品是有产地品牌或地域品牌，如烟台苹果、赣南脐橙、库尔勒香梨、蒙自石榴、宁夏枸杞等，但极少有商业品牌。较为常见的“佳沛”奇异果是在我国市场知名度较高的新西兰品牌，“褚橙”

作为国产水果品牌，品牌知名度较高。也有企业已专注打造旗下水果品牌，如我国果业的领航企业佳沃鑫荣懋集团打造的“欢乐果园”是广东著名品牌，“佳沃蓝莓”已发展成行业品牌。“好想你”枣业品牌是我国红枣行业的龙头企业，品牌知名度也比较高，企业也已上市，但这些品牌在上述榜单上并未出现，反映出这些果品还需要加强品牌建设和管理，进一步提升品牌价值，发挥品牌效应。

“白云山”“九芝堂”“源安堂”“云南白药”等生产销售中成药、中药材的医药品牌中，2015—2017 年品牌价值最高的是“云南白药”，但该品牌企业的产品类别较多，不仅仅有林产中药材加工和制药产品，还有其他产品系列，而且该品牌 2018 年已在榜单上消失。茶产品品牌“春伦”是 2018 年新上榜品牌，排名为第 472 位，是上榜品牌中唯一的茶叶行业品牌。“鲁花”“金龙鱼”“福临门”等食用油品牌价值尽管较高，排名也较靠前，但这些品牌产品中木本油料产品很少，并未在木本油料产品领域形成较大的品牌影响力。

由此可见，我国经济林产品的知名品牌较少，品牌价值相对较低，品牌竞争力相对较弱。

3.2.2 互联网发展与经济林产品品牌管理

互联网的普及和社会化媒体的高速发展，为传统行业提供智能化服务的基础。企业的发展理念更加丰富，发展空间更加复杂多维。社交成为互联网用户的核心使用行为，传统电商的市场正在逐渐被社交电商挤占，从改变消费者个体行为演进到改变行业生态环境。越来越多的企业借助移动互联网在研发、营销及服务等多环节上，实现与用户的互动分享，深度挖掘客户需求，以实现实时感知、快速响应和及时满足的服务目标。

在互联网时代，品牌仍然具有非常强大的力量，不仅能够进行信息提供、消费者情感需求满足和产品购买意义提供等，更主要的是能向用户进行品牌价值的传达（Jens and Rasmus，2014）。当前，我国品牌互联化的趋势越来越明显，中小长尾品牌借助互联网塑造和传播品牌，取得了较高的品牌增长率，而且还创造出新的商业模式（谢治春，2016）。互联网大数据的挖掘分析使用，互联网基用户基础属性、偏好、使用产品时间、标签喜好等大数据的搜集和分析，能快速获得潜在目标客户的信息资源，洞察用户需求，推动了精准营销的发展和品牌管理的创新，线上的品牌管理成为很多企业关注的焦点所在。

2017 年 12 月，国家林业局发布的《关于加强林业品牌建设的指导意见》指出，鼓励林业经营主体创新品牌营销方式，大力发展电子商务等新型营销模式，实现线上线下结合，生产、经营、消费无缝链接。以互联网、电台、电视台、报刊为平台，构筑林业品牌国内外宣传网络，大力宣传林业品牌，扩大林业品牌美誉度和影响力。这都为经济林产品的互联网品牌管理提出了要求。

3.3 林产干果市场发展现状

3.3.1 林产干果的界定

3.3.1.1 现有文献和统计数据中的干果与坚果概念

干果和坚果是比较容易混淆的两个概念，而在不同的领域，这两个概念也出现了不同的定义。根据北京林学院（现为北京林业大学）主编的《林木学》中的界定，坚果是果实的一种，是具有一颗种子的干果，果皮坚硬，由合生心皮的下位子房形成，如板栗、榛子，并常有总苞包围。这个概念里没有区分干果和坚果，并且暗含着坚果也是一种干果。根据《食品安全国家标准 坚果与籽类食品》（GB 19300—2014），“坚果是具有坚硬外壳的木本类植物的籽粒，包括核桃、板栗、杏核、扁核桃、山核桃、开心果、香榧、夏威夷果、松子等”。《干果食品卫生标准》（GB 16325—2005）定义的干果是以新鲜水果（如桂圆、荔枝、葡萄、柿子等）为原料，经晾晒、干燥等脱水工艺加工制成的干果食品。根据《中国林业统计年鉴》（2015）的数据，在全国主要经济林产品生产情况的统计口径中，干果主要分为10项，包括核桃、板栗、枣（干重）、柿子（干重）、仁用杏、山杏仁、银杏（白果）、榛子、松子及其他干果。但同样是在《中国林业统计年鉴》（2016）中，在主要林产干果进出口情况统计表中，又区分了干果和坚果：坚果包括核桃、板栗、松子仁、开心果共4种，干果包括梅干及李干、龙眼干、龙眼肉、柿饼、红枣、葡萄干6种。由此可以看出，在树木学分类中，坚果等同于干果；在食品卫生标准方面，坚果和干果不同；在林业统计年鉴的生产指标方面，干果包括了坚果，或者说等同于坚果；但同样是林业统计年鉴中的进出口统计口径中，坚果和干果又分开讨论。

3.3.1.2 林产干果的内涵与外延

有鉴于上述干果和坚果概念界定和统计口径上的分歧，在不引起歧义的前提下，将干果和坚果的界定综合起来，采用“林产干果”这一概念，并引用食品安全国家标准的定义，将林产干果界定为：具有坚硬外壳的木本类植物的籽粒（包括核桃、板栗、杏核、扁核桃、山核桃、开心果、香榧、夏威夷果、松子等），以及以木本类的新鲜水果（如桂圆、荔枝、葡萄、柿子、枣等）为原料，经晾晒、干燥等脱水工艺加工制成的干果食品。

之所以突出林产干果，是因为在所有的概念界定和统计口径中，都没有包括瓜子和花生等草本果实。也就是说，在所有概念的举例中，瓜子和花生都没有包括进干果或坚果。为了避免概念上的混淆，干果前面加上“林产”二字，有助于突出干果是木本植物的果实，也就有助于理解本书所界定的干果概念。当然，林产干果概念的界定，与上述定义在逻辑上是一致的，并没有根本上的矛盾。

因此，本书依据《中国林业统计年鉴》的统计口径来界定干果，将木本类的干果和坚果统称为林产干果，主要包括核桃、板栗、仁用杏、山杏仁、银杏(白果)、榛子、松子、梅干及李干、龙眼干（肉）、柿饼、红枣、葡萄干、夏威夷果、巴旦木、碧根果、开心果、腰果等。对于这一界定，在设计的问卷中进行列示，在问卷调查过程中加以说明。

3.3.2 林产干果的生产供给状况

《中国林业统计年鉴》（2016）将经济林产品分为8个类别，分别是水果、干果、林产饮料产品、林产调料产品、森林食品、森林药材、木本油料和林产工业原料。其中，林产干果种植收入占经济林产品种植收入的近20%。在经济林产品中，干果是除水果类产品之后的第二大类经济林产品。

随着社会经济水平的提升，人们越来越关注健康，对于富含各种不饱和脂肪酸的林产干果的消费数量逐渐提高，生产数量也越来越大。从2015年、2016年我国经济林产品生产情况可以看出，干果产量占经济林产品总量的比重分别为7.25%和8.23%，干果的生产数量分别是水果产量的8.5%、9.8%，考虑到干果较高的单价，其所产生的销售收入可能更是大于这一比例。干果产量分别是林产饮料产品（干重）的546.5%、650.6%，林产调料产品（干重）的1 776.4%、2 009.9%，森林食品的338%、419%，森林药材的671.7%、590.8%。可见，干果在我国各类经济林产品生产总量中的比重以及相比其他经济林产品产量的比重都在上升。具体数据见表3.2。

表3.5显示，2011年以来，我国干果产量逐年增加（2015年改变了统计口径，将核桃、山杏仁和银杏计入其他类别，为了历史比较，将其数据加总到干果总产量）。每年产量增长速度分别为2012年6.5%、2013年10.3%、2014年5.4%、2015年22.5%、2016年为5.6%。

表3.5　2011—2016年我国各干果品种生产情况

单位：吨

干果类型	2011年	2012年	2013年	2014年	2015年	2016年
总产量	9 272 963	9 873 247	10 894 136	11 481 017	14 059 713	14 847 295
1. 核桃	1 655 508	2 046 904	2 325 010	2 713 741	3 331 703	3 645 170
2. 板栗	1 896 603	1 979 583	2 132 301	2 278 175	2 342 054	2 289 212
3. 枣（干重）	3 467 874	3 668 119	4 315 602	4 175 519	5 401 925	6 249 339

（续）

干果类型	2011 年	2012 年	2013 年	2014 年	2015 年	2016 年
4. 柿子（干重）	1 073 312	1 143 513	1 025 745	1 073 287	1 151 519	1 147 479
5. 仁用杏	80 729	102 347	115 341	80 726	116 240	114 589
6. 山杏仁	156 328	165 251	172 393	219 996	176 900	136 781
7. 银杏（白果）	72 885	89 611	119 956	125 776	115 945	148 423
8. 榛子	79 622	89 453	114 971	137 144	125 827	129 824
9. 松子	120 425	80 774	88 518	130 512	105 941	123 872
10. 其他干果	669 677	507 692	484 299	546 141	1 191 659	862 606

数据来源：《中国林业统计年鉴》（2011—2016）。

注：2015 年统计口径发生改变：核桃在木本油料科目下；山杏仁和银杏在森林药材类别下。2015 年、2016 年总产量数值为当年统计口径下的干果产量加上核桃、山杏仁和银杏的产量之和。2015 年、2016 年不含核桃、山杏仁、银杏的总产量数值分别为 10 435 165 吨、10 916 921 吨。

按照 2016 年的统计口径，各地区及各单位的干果产量见表 3.6。新疆、陕西、新疆生产建设兵团和河北是产量最大的 4 个区域，大力发展干果产业，对于实现产业脱贫的目标会起到积极作用。

表 3.6 2015—2016 年我国各地区及各单位干果产量

单位：吨

地区	2015 年	2016 年	地区	2015 年	2016 年	地区	2015 年	2016 年
全国合计	10 435 165	10 916 921	上海	—	—	重庆	25 513	29 547
北京	77 579	72 083	江苏	73 738	69 667	四川	602 809	70 572
天津	1 365	1 385	浙江	105 285	87 076	贵州	72 496	85 032
河北	1 101 805	1 148 139	安徽	144 364	132 953	云南	308 284	363 918
山西	615 132	1 554 412	福建	264 088	171 406	西藏	—	21
内蒙古	48 318	50 766	江西	37 919	31 857	陕西	1 174 266	1 098 793
内蒙古森工集团	9 174	2 744	山东	949 114	828 720	甘肃	217 376	202 298
辽宁	750 302	507 361	河南	376 291	395 115	青海	—	—
吉林	31 296	52 045	湖北	474 157	474 311	宁夏	66 877	136 812
吉林森工集团	1 418	1 876	湖南	132 418	136 062	新疆	2 548 496	2 854 794
长白山森工集团	3 228	7 306	广东	59 975	64 203	新疆生产建设兵团	1 014 746	1 126 176

（续）

地区	2015 年	2016 年	地区	2015 年	2016 年	地区	2015 年	2016 年
黑龙江	19 443	24 914	广西	234 662	252 403	大兴安岭林业集团公司	1 409	1 599
龙江森工集团	8 577	8 744	海南	462 917	18 657			

数据来源：《中国林业统计年鉴》(2015、2016)。

在现有的各种统计资料里，尚无法找到干果的产值和销售额状况。2012 年之前，经济林产品的种植和采集统计中，将水果及干果作为第一项。但在经济林产品的种植与采集产值统计中，按照 2013 年以来的统计口径，包括以下 6 类：①水果种植；②坚果、含油果和香料作物种植；③茶及其他饮料作物种植；④森林药材种植；⑤森林食品种植；⑥林产品采集。上述分类改变了 2012 年之前的水果和干果种植与采集合为一项从而无法单独计算的统计方法。尽管仍然无法单独计算本研究所界定的干果产值，但由表 3.1 数据来看，坚果、含油果和香料作物种植的产值占水果种植的产值比例为 50.3%；2013—2016 年，坚果、含油果和香料作物种植的产值占水果种植的产值比例从 31.3%上升到 33.9%。

3.3.3 林产干果的进出口状况

干果进出口规模也越来越大，表 3.7 的数据是 2006—2016 年主要林产干果进出口金额。图 3.1 为 2006—2016 年进口额和出口额的变动情况，数据显示，我国干果出口额基本是平稳上升，而进口额在 2013—2015 年有明显下降情况。目前，没有发现有资料解释这一下降情况，也许是国内产量的提高，或者是原材料进口成本提高，导致了进口额的下降。2016 年，我国主要干果进口额大幅度提高，远超出口额。2012 年 4 月至 2017 年 3 月，澳洲坚果对中国的出口量增长 11 倍；2016 年底，中国成为亚洲甚至全球最大的澳洲坚果进口国，有望成为最大的优质坚果进口市场之一（第一财经，2017）。

表 3.7 2006—2016 年主要林产干果进出口金额

单位：千美元

项目			2006 年	2007 年	2008 年	2009 年	2010 年	2011 年	2012 年	2013 年	2014 年	2015 年	2016 年
	核桃	出口	56 691	53 887	60 224	19 849	24 536	47 654	54 660	63 087	71 524	60 735	30 301
		进口	6 324	6 218	12 624	28 502	48 596	55 204	73 373	61 000	62 120	42 335	31 916
	板栗	出口	57 404	62 244	62 981	68 208	73 434	75 865	85 864	84 255	82 517	77 858	76 939
		进口	20 264	18 304	18 531	18 108	22 090	17 893	26 937	24 578	18 360	10 504	15 222
坚果	松子仁	出口	103 081	81 610	47 675	142 974	159 277	153 902	174 671	212 315	234 068	258 135	272 137
		进口	63	1 091	6 955	7 875	5 619	21 990	22 467	26 953	53 440	64 841	88 809
	开心果	出口	5 488	5 906	13 098	5 622	7 334	10 889	35 959	28 830	13 482	10 306	9 956
		进口	14 664	43 178	76 554	77 461	203 136	116 623	134 940	80 886	66 195	75 964	118 898

（续）

项目			2006年	2007年	2008年	2009年	2010年	2011年	2012年	2013年	2014年	2015年	2016年
干果	梅干及李干	出口	970	2 136	1 942	2 311	3 844	4 943	6 766	6 479	4 235	2 294	2 405
		进口	1 071	1 500	1 783	2 865	4 942	8 274	9 718	9 745	4 251	3 267	6 282
	龙眼干、肉	出口	1 079	1 018	1 005	1 249	1 742	1 674	1 868	1 535	1 657	2 392	1 905
		进口	32 991	52 849	53 530	88 737	64 630	86 455	82 020	86 062	56 678	26 565	606 513
	柿饼	出口	12 105	15 983	10 630	9 098	13 896	11 100	16 040	13 476	14 826	8 830	11 904
		进口	37	18	—	—	—	1	—	—	—	—	2
	红枣	出口	10 717	10 709	12 187	17 399	17 447	22 611	26 808	24 638	28 535	35 320	37 290
		进口	5	3	14	20	90	58	70	8	8	4	16
	葡萄干	出口	30 880	36 329	47 225	65 311	69 960	102 067	73 901	83 392	74 344	56 891	62 245
		进口	15 695	17 917	19 686	18 340	23 010	34 943	4 1525	37 881	37 952	50 952	55 113

数据来源：《中国林业统计年鉴》（2006—2016）。

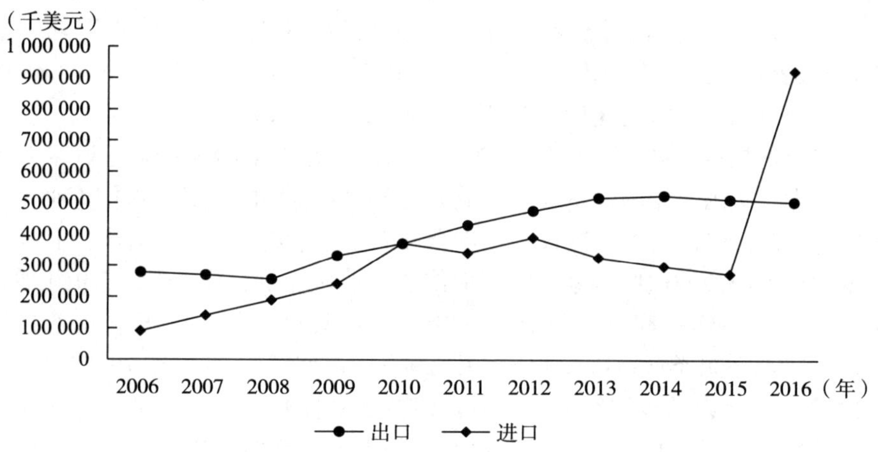

图 3.1　2006—2016 年我国主要林产干果进出口额变动情况
数据来源：《中国林业统计年鉴》（2006—2016）。

2021 年，全国经济林种植面积继续保持在 6 亿亩以上，年产量超过 2 亿吨，产值超过 2.2 万亿元，核桃、油茶、板栗、枣、苹果、柑橘等主要经济林面积和产量均居世界首位。

按照上述数据，可以预计今后我国林产干果市场的产品供给总量会进一步扩大。

3.3.4 林产干果的市场需求状况

干果是日常饮食全部纤维和可溶性纤维的重要来源，具有较低的血糖生成指数，能够在代谢性疾病预防的不同方面发挥重要作用。除了提供膳食纤维，干果是全球日常饮食中钾含量最高的饮食来源。干果含有一系列越来越重要的生物活性酚类化合物以及特定的维生素和矿物质，其健康保护作用正逐步为人所知。干燥的水果比新鲜的水果更有营养，每单位重量上热量更集中。在同样重量的情况下，干果比鲜果能提供更多的热量。一般来说，干果可以被认为是一种加工程度非常轻的加工食品。干果和坚果被认为是健康的零食，在土耳其日常饮食中经常放在一起食用（Kamiloglu et al.，2014）。某些以水果和干果为突出特点的饮食模式能降低糖尿病和心血管疾病的风险。美国成年人消费的报告指出，干果消费量远低于推荐数量，大约只有 6.9％成年人消费干果，消费林产坚果的人甚至更少。林产坚果是一种营养丰富的食物，含有丰富的生物活性化合物和健康的脂肪酸。干果消费与降低心血管疾病风险密切相关。据统计，5.5％～8.4％的美国成年人食用林产坚果或林产坚果黄油，有证据表明，增加干果和水果消费可能有助于改善美国人的营养状况和降低慢性疾病的风险（Carughi et al.，2016）。相比不吃干果的人群，干果消费者改善了他们的“食物摄入金字塔”，使得固体脂肪酸/醇/添加糖的摄入量较低，体重下降和腰围变小，总的健康饮食指数明显要高。干果消费与改善营养摄入、较高的整体饮食质量评分和减肥方法是相关的（Keast et al.，2011）。

具有与鲜果相当的营养价值的科学证据，也使干果出现在阿根廷、澳大利亚、加拿大、法国、德国、意大利、瑞典、英国和美国的正式饮食推荐中，为这些国家政策制定者改善饮食建议和促进全球人口健康提供了解决方案。其他国家的政策制定者应该向这些国家学习，把传统干果如红枣、葡萄干、西梅干等，也像水果和蔬菜一样一起纳入饮食建议中，推荐其摄入量。中国居民膳食指南（2016）推荐将坚果类食物列入居民每天的膳食中，推荐每人每天食用 25～35 克。

随着我国社会进步和经济的发展，消费水平提升带来消费结构不断优化升级，人们对自身健康的关注度日益提升。坚果等带有健康概念的食品，在淘宝上的销售量逐渐增长。坚果炒货、糕点点心和蜜饯果干三大品类贡献了 50％的整体线上零食销售额。坚果炒货连续 3 年成为零售的第一大子品类，年均销售额占比约为 23％（第一财经，2017）。

林产干果瓜子类零食凭借营养、美味和方便食用成为目前我国市场上份额最大的零食品类。消费升级带动了林产干果逐渐成为消费者最喜欢的零食。在天猫和京东等网络销售平台上，林产干果类零食的浏览量、访问量和销量都远超其他零食种类。

近年来，我国居民人均可支配收入稳步增长，从 2014 年的 20 167 元增长到 2017 年的 25 974 元，2017 年的增速高达 9%。相应地，居民消费支出也获得较快增长，从 2014 年人均消费支出的 14 491 元增长到 2017 年的 18 322 元，每年增速保持在 7%左右（图 3.2）。2021 年，我国居民人均可支配收入35 128 元，比 2020 年名义增长 9.1%，扣除价格因素，实际增长 8.1%；比 2019 年增长 14.3%，2 年平均增长 6.9%。2021 年，我国居民人均消费支出 24 100 元，比 2020 年名义增长 13.6%，扣除价格因素影响，实际增长 12.6%；比 2019 年增长 11.8%，2 年平均增长 5.7%，扣除价格因素，2 年平均实际增长 4.0%。随着收入和支出的增长，居民消费也随之升级，休闲食品市场迎来高速增长，其中坚果市场的增速尤为突出。

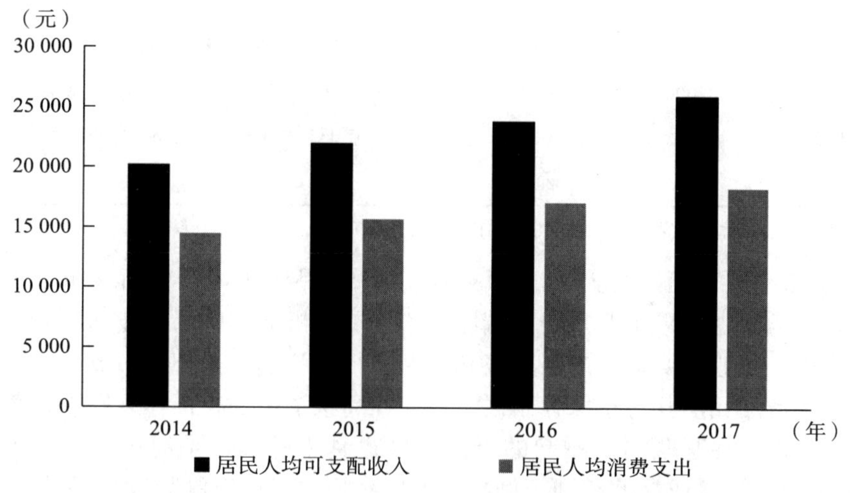

图 3.2　2014—2017 年我国居民人均可支配收入和消费支出

数据来源：国家统计局。

据 Frost & Sullivan 数据，2016—2020 年，我国休闲食品行业市场规模从 8 224 亿元增长至 12 984 亿元，年复合增长率达 12.09%；预计 2025 年我国休闲零食行业零售额将达到 11 014 亿元，2020—2025 年的年复合增长率有望达到 7.3%，增长保持稳健；作为休闲食品中的新兴品类，坚果炒货 2020—2025 年市场规模年合增长率将达到 9.0%。

由表 3.8 可见，2016 年我国休闲食品行业销售额头部企业中，除了专注于单品类的绝味鸭脖、周黑鸭、溜溜果园等品牌企业外，其他企业的产品均包括了坚果和干果类产品。坚果类产品因其具有的健康营养元素、美味和方便食用，已发展成为目前我国市场上份额最大的零食品类，正成为消费者休闲零食的购买热选产品。

表 3.8　2016 年我国休闲食品行业销售额头部企业

企业品牌	成立年份	年销售额（亿元）	主要产品
良品铺子	2006	60	饼干糕点、果干果脯、坚果炒货、糖果等
三只松鼠	2012	44.2	坚果、干果、茶叶、休闲零食
洽洽食品	2001	35.77	炒货坚果类、焙烤类和薯片类休闲零食
绝味鸭脖	2005	32.7	休闲卤制食品
来伊份	1999	31.8	坚果炒货、果脯蜜饯、肉制水产、糖果糕点
周黑鸭	2008	28.2	鸭类、鹅类产品和素食产品等熟卤制品
百草味	1997	20.7	红枣类、坚果炒货、糕点糖果、果干、肉脯
溜溜果园	2011	13	溜溜梅等果干
天喔	1999	11.51	蜜饯、坚果炒货、南北干货、麦片
楼兰蜜语	2006	9	枣类、坚果、果干、零食、水果
盐津铺子	2005	6.8	豆干、蜜饯果干、糕点、坚果炒货等
合计		293.68	

数据来源：根据亿欧智库《2017 中国休闲零食行业研究报告》和公开资料整理。

“一带一路”倡议的实施，为国外林产干果品牌进入国内市场带来了巨大商机，也为国内坚果企业采购高端原材料创造了机会，坚果行业面临着巨大的市场商机，企业需要加快产品升级和不断进行品牌创新来把握市场机会。

干果产品凭借其易于保存、便于运输和高频消费的特征，互联网销售的规模不断增加，在互联网上崛起的干果品牌也越来越多，是经济林产品中实行“互联网+”比较成功的类别。例如，干果品牌“三只松鼠”从 2012 年正式进入天猫开始创业，到累计实现 100 亿元销售额，仅用了 5 年的时间，与美的、格力、小米一起，成为天猫百亿俱乐部的新成员（中国经济网，2017），正加速向数字化供应链平台企业转型。

3.4　移动互联网下的林产干果品牌管理

3.4.1　林产干果品牌发展现状

根据全球领先的国际市场研究咨询公司英敏特咨询公司发布的《中国 2017 年零食消费趋势》报告显示，有 40%的消费者比半年前消费了更多的坚果。但根据亿欧智库发布的《2017 中国休闲零食行业研究报告》，我国消费者的人均坚果消费量低于世界平均水平，也远远低于欧美国家，仅为美国的 3.2%。就单品类产品来看，2017 年，我国核桃的人均消费量略高于世界平均水平，而杏仁、腰果、夏威夷果和碧根果等产品的人均消费量均低于美国、日本和全球平均水平，见图 3.3。目前，我国休闲食品市场份额中，坚果占比为 2.7%，集中度较低，品牌对林产干果品类的占有尚不明显，尚未形成强势品牌。

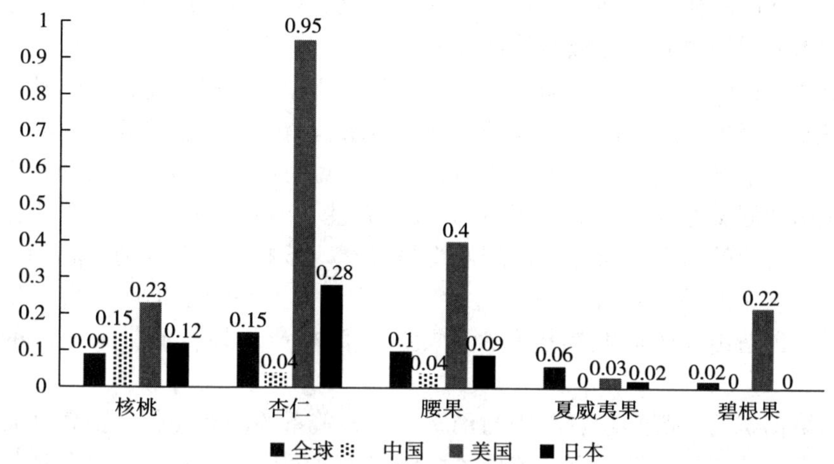

图 3.3　2017 年主要林产干果消费者量［单位：千克/（人・年）］

数据来源：中国产业信息网。

根据世界品牌实验室公布 2015—2018 年中国 500 最具价值品牌排行榜，整理后得到涉及林产品的企业品牌排行榜（表 3.4），其中上榜的林产干果品类的产品品牌较少，仅有的几家上榜品牌的排名都比较靠后，品牌价值不是很高。例如，“露露”品牌主打杏仁露，是以杏仁为原料的林产干果加工产品，尽管 2015—2018 年均上榜，但排名一直在 400 多位以外。枸杞深加工产品品牌“宁夏红”，2016 年和 2017 年均上榜，但排名都靠后。2018 年，两家主要生产和销售坚果、干果等休闲零食的企业品牌“三只松鼠”和“洽洽”首次进入榜单，品牌价值分别为 101.98 亿元和 77.82 亿元，分别排在第 371 位和第 406 位；另一个以坚果、干果、菌菇等南北干货和粮油米面、滋补健康等产品为主的品牌“方家铺子”，也是 2018 年首次出现在榜单中，品牌价值为 42.18 亿元，排在第 478 位。到 2021 年，世界品牌实验室公布的“2021 年中国 500 最具价值品牌排行榜”中，“三只松鼠”品牌价值为 128.32 亿元，排名第 388 位；“好想你”品牌价值为 116.35 亿元，排名第 407 位；“洽洽”品牌价值为 108.67 亿元，排名第 433 位。

由此可知，我国林产干果产品领域的知名品牌较少，更多的是行业品牌，如“好想你”枣业品牌；或者地域品牌，如东北的松子和榛子，新疆的葡萄干、核桃、巴旦木等，知名的产品品牌不多，尚未形成强大的品牌效应和品牌竞争力，品牌价值普遍较低。

3.4.2 移动互联网发展与林产干果品牌管理

随着智能手机的广泛应用，移动设备使用的便捷性得到显著提高，推动了我国移动互联网的快速发展。以品牌官方论坛、微博、微信公众号等为代表的虚拟品牌社区的快速发展，为传统产业的发展提供了新的切入点和发展途径。随着应用能力的提升，虚拟品牌社区为林产干果企业、农民专业合作社，甚至农户个体，提供了一个高度动态和交互的业务环境。这使企业、合作社、农户等可以通过虚拟品牌社区有效地挖掘用户需求、消费习惯和偏好等，向用户推送更精准的信息，进行品牌内容传播和发起针对用户需求的营销活动，更近距离地触达和服务精准用户。实现消费者与企业、专业合作社、农户的直接对接，打破行业的信息不对称性，降低交易成本，影响消费者的消费心理和行为决策过程（宁连举、刘茜，2017）。这为林产干果产品线上推广销售提供了便捷途径，创造出新的商业销售和消费模式，为林产干果行业带来全新的商业模式。

网络消费的兴起影响着品牌与消费者之间关系的动态变化，消费者日益重视对品牌的认知和理解，企业需要了解消费者之间的社会关系，以及他们如何影响和揭示彼此的偏好。林产干果属于休闲零食，主要消费群体为18～35岁的年轻人。年轻人对社交平台的接受度高，网络社交是他们的日常必需品。随着“80后”“90后”等中青年人成为该市场的主流消费群体，生活水平提升和移动互联网浪潮推动下的年轻消费群体表现出较强的个性化消费需求和分享精神，更喜欢新鲜、奇特、娱乐化的消费，更关注产品的品牌以及追求产品的附加价值，如营养价值、个性包装、独特的情感诉求或者有趣的可玩性，注重全方位的消费体验，林产干果消费呈现出品牌化、个性化、多元化和娱乐化的消费趋势。电商渠道、社交平台等能够满足年轻消费者个性化、自由化的需求，线上消费和分享、传播成为新潮流。在此背景下，要准确了解和把握年轻消费者的兴趣点和需求，品牌需要紧跟社交网络的发展。

3.5 小结

以《中国林业统计年鉴》中有关经济林产品和林产干果的统计数据为基础，结合公开数据资料，从生产供给、市场需求等方面描述统计分析了我国经济林产品市场和林产干果市场的发展情况，以及我国经济林产品和林产干果的品牌化水平现状，根据互联网发展提出经济林产品和林产干果品牌管理的要求。

（1）经济林产品市场状况和品牌化水平现状。我国经济林产品市场呈现出生产供给增长、整体市场需求旺盛的状况。相较经济林产品市场的良好发展态势，经济林产品的品牌发展滞后。相关数据表明，我国品牌价值较高的林产品主要集中在家具、造纸、人造板等林产工业领域，经济林产品的知名品牌较少，品牌价值相对较低，品牌竞争力相对较弱。

（2）林产干果市场发展状况与品牌化水平现状。2016 年，我国林产干果种植收入占经济林产品种植收入的近 20%。2011 年以来，国内干果产量逐年增加，进口规模也越来越大。但我国消费者的人均坚果消费量低于世界平均水平和欧美国家，收入增长和消费升级推动了林产干果消费量的快速增长，消费需求还有较大的提升空间。品牌对林产干果品类的占有尚不明显，尚未形成强势品牌，品牌效应和品牌竞争力较弱。

（3）互联网发展与经济林产品和林产干果的品牌管理需要。在互联网时代，品牌仍然具有非常强大的力量，是市场竞争的核心。移动互联网的发展创新了品牌管理的模式，线上的品牌管理成为当前很多企业关注的焦点所在。为提升林业产业竞争力，推动经济林产业的发展，需要以移动互联网等为平台，创新品牌营销方式，创建经济林产品和林产干果知名品牌，发挥品牌引领作用。

4 移动互联网下经济林产品品牌价值提升模型构建

已有研究探讨了品牌支持、品牌社群、互动体验、企业激励等对消费者品牌契合形成和提高的积极影响，也证实品牌契合能够显著提升品牌关系质量，促进消费者的品牌忠诚和重复购买行为，提高消费者钱包份额等，为研究微信公众号社区消费者品牌契合的形成及与品牌价值的关系提供了理论基础。

4.1 基础理论模型

S-O-R（刺激-机体-反应）理论模式指出，个体所处的外部环境或情景、特征，可以刺激个体的情感反应和内在心理状态，影响个体的行为决策和结果，具体如图 4.1 所示。

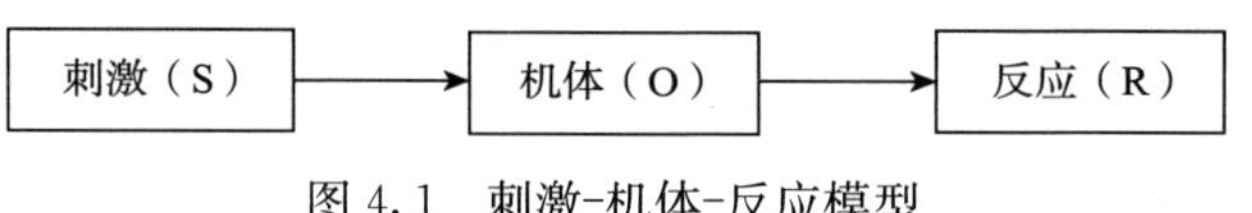

图 4.1 刺激-机体-反应模型

本研究认为，在移动互联网环境中，如虚拟品牌社区能提供获取品牌信息、便利购买、分享互动、社交、娱乐放松、自我实现等体验价值，满足消费者的需求。这些社区体验价值是一种刺激因素，是消费者关注和参与社区以及决定参与程度的重要诱因，会引发社区成员对虚拟品牌社区及其依托的品牌形成一定的心理状态变化和情绪反应。按照社会交换理论，消费者用户作为虚拟品牌社区的主体，其在社区中的行为是按照报酬交换的互惠原则展开的。消费者受到社区体验价值获得的刺激，形成对社区和品牌给予报酬回报的行为，表现为社区认同、对品牌产生良好的认知和情感等。社区消费者用户对品牌的心理和情绪的变化会引致其后续的品牌行为，如品牌产品的购买和品牌传播，以及在虚拟品牌社区中使用操纵性资源进行品牌价值的创造等。

因此，将 S-O-R 模型引入移动互联网发展下的虚拟品牌社区情境中，结合社会交换理论、服务主导逻辑理论等来研究消费者从虚拟品牌社区体验中获得的价值感知，如何影响消费者的品牌内在心理状态和情感反应，进而影响消费者的品牌行为决策和企业的品牌价值。基于此，提出本研究的基础理论模型，见图 4.2。

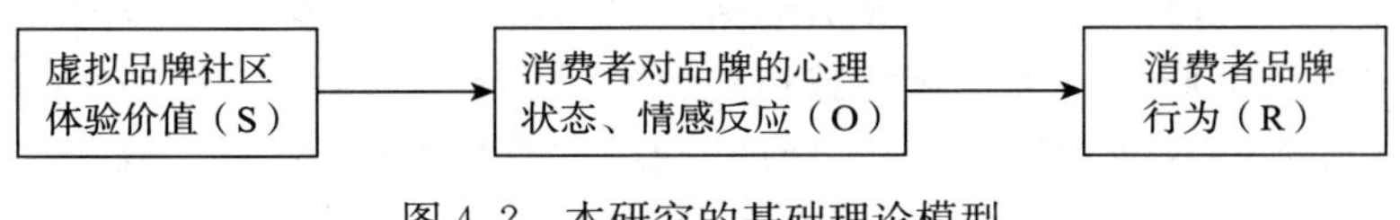

图 4.2 本研究的基础理论模型

4.2 概念界定

4.2.1 虚拟品牌社区体验价值的概念

体验价值是消费者在消费体验过程中根据内心感受对产品或服务作出的价值判断，是消费者与产品互动的结果（Holbrook and Hirschman，1982）。这种价值判断是用户对体验中获得的利益与成本代价权衡比较后的评价结果（姜忠辉、王梦晓，2012），可以用来综合权衡微信公众号对用户需求的满足及超出期望的程度。

基于使用与满足理论，根据虚拟品牌社区内容和功能等，本研究将虚拟品牌社区体验价值界定为消费者用户对从虚拟品牌社区中获得的美感、功能、享乐、符号、情感、社交等方面体验的价值判断，分为功利体验价值、情感体验价值、社交体验价值和学习体验价值 4 种类型。

功利体验价值包括功能和利益两方面的价值感知和判断，是最基础的价值维度，是指用户对微信公众号虚拟品牌社区中有关产品优惠、有奖活动等经济利益体验和信息获取、便捷购买等功能便利体验形成的价值感知与判断。微信公众号的用户绝大多数是企业产品的消费者，产品折扣优惠、有奖活动等反映了消费者能获得的经济利益；满足用户浏览的微信公众号功能设计和开发决定了用户体验的好与差，如消息推送内容的精准性说明了对用户需要的挖掘，避免了信息过载或不当推送给用户造成的烦扰。

情感体验价值是用户对微信公众号虚拟品牌社区上获得的各种情感体验的价值感知和判断。林产干果等休闲零食作为享受型的食物，被看作是生活质量的标志。它所具有的享乐性属性让消费者在微信公众号上的购买消费、晒单、留言等行为都具有了享乐意味，能带给消费者心理上的轻松、愉悦和满足感。此外，一些栏目内容或活动设计本身就具有很强的娱乐性，还有以品牌为主题的漫画、视频、游戏、表情包等，带有萌宠、有趣等属性，让消费者感受到轻松、愉快。

社交体验价值是指用户对通过微信公众号虚拟品牌社区进行社会交往获得

的价值感知。微信公众号依托微信的社交媒体属性，为用户的社会交往创造了分享、互动的机会和途径，具有良好的社交氛围，如购买产品后晒单、参加吃货部落的点赞和留言以及参与微信公众号发起的各种活动，认识其他用户，使用户间的联系密切，强化自我概念，形成良好的社交氛围，寻找到具有共同理念意识的群体，有助于用户培养具有共同理念意识的群体归属感，满足其社会交往的需求。

学习体验价值是指用户在微信公众号虚拟品牌社区上学习认知有关知识、技能而获得的价值。微信公众号栏目中有关品牌产品的健康饮食知识、美食教程以及与产品相关的人文历史知识，实际上是在“教你吃”“教你做”，能储备和增长用户知识。学习体验价值中没有包含用户从有关品牌、产品以及优惠促销活动、有奖活动等信息中获得的价值感知，而将感知的信息资讯价值纳入功利体验价值。信息价值和认知学习价值更多都是以信息、知识为载体体现出来的，在现有的研究中并没有细分，通过对三只松鼠、百草味、良品铺子等林产干果企业微信公众号不同板块内容的分析后发现，用户从微信公众号品牌社区中能获得品牌、产品相关信息以及优惠促销活动、有奖活动等有价值的信息，也能从一些板块栏目中获取到有关健康饮食、美食搭配、美食教程等相对专业的知识，以及一些从产品中延伸出的科学知识和人文历史知识。如果把这些信息和知识统称为信息知识，将其对用户的价值界定为信息价值的话，似有偏颇。这是因为信息和知识不是一个相同的概念，虽然两者具有某些相似的方面，也经常被混为一谈，但对接受者来说，信息是一目了然、显而易见的，是不需要消耗时间、精力去消化和吸收的东西，而知识是需要耗费精力、时间来学习从而得以消化、吸收的东西。信息的这种接收并被瞬间理解的特征，决定了信息的基本作用是作为认识媒介使主体能够了解客体或从信息中得到某种感受；而知识则是认识的成果，对主体的行为具有指导作用（刘运哲，1998；张翠华、岳玉霞，1999；伍振华，2003；刘洪伟等，2009）。品牌和产品的相关信息、优惠促销活动信息、有奖活动信息等，对用户来说不是什么复杂难懂的东西，一触即明，而且常常具有较强的时效性；而健康饮食文章、美食教程以及有关的科学常识和人文历史知识等，不是信息的简单积累，是需要消耗时间和精力学习后才能吸收与掌握，并指导以后行为实践的知识。用户通过学习就可从中获取知识经验和掌握某些技能（如美食制作），能形成知识储备，养成新习惯，改变自己现在或将来的行为。因此，按照信息和知识的特性，本研究将用户信息体验创造的价值列入功利体验价值，而将知识学习为用户创造的价值纳入学习体验价值，以准确判断这些价值对消费者用户的社区认同、品牌契合等具有的影响作用。

4.2.2　虚拟品牌社区认同的概念

品牌社区认同是指用户认为自己是社区的一员，赞同社群规范、目标、传统、习惯、仪式等，能感受到与其他成员拥有相同的特征。品牌社区认同体现出社区成员对社区拥有的归属感，包括对自身社区用户身份以及身份具有的情感、价值意义的感知（Algesheimer et al.，2005）。虚拟品牌社区是以企业品牌为主题创建的，品牌是社区的标志性符号（刘新、杨伟文，2012），关注虚拟品牌社区是消费者信任品牌的重要承诺。品牌将消费者汇集到虚拟社区中，企业围绕品牌开发社区内容，发起活动，用户分享品牌体验、参与互动活动。品牌为用户赋予了社区身份，用户获得的体验价值使其对微信公众号形成良好评价，促进用户对所加入的虚拟品牌社区身份的认同。

综合文献分析，本研究认为，虚拟品牌社区认同是指用户对虚拟品牌社区的接受、认可，赞同虚拟品牌社区的习惯、规范等，对自身属于这一社区和这种社区身份具有的情感、价值意义的感知，是用户感知与虚拟品牌社区连接的一种心理状态。

4.2.3　消费者品牌契合的概念

相比参与等传统概念，消费者品牌契合被认为更全面地反映了消费者之间特定的互动品牌关系的本质。消费者品牌契合界定为消费者在与之相关的关键消费者或品牌互动过程中，对品牌形成积极的认知、情感和行为活动。品牌契合包括认知、情感和行为等方面。认知是消费者在一个特定的消费者与品牌互动中，有关品牌的思考和阐释；情感是指在特定消费者与品牌互动中，消费者和品牌有关情感的积极程度；行为是在一个特定的消费者与品牌互动中，消费者花费在一个品牌上的精力、努力和时间等（Hollebeek et al.，2014）。

本研究沿用 Hollebeek 等（2014）对消费者品牌契合概念的界定，认为消费者对品牌的良好认知和情感等有可能会催生对品牌产品的购买、消费等交易性行为，也会促使消费者品牌分享、评价、传播、推荐，甚至与企业互动、参与产品创造等非交易性的行为。因此，消费者品牌契合不仅包含了消费者的交易行为，还涵盖了非交易性的行为（Kumar et al.，2010），要从消费者的行为参与角度和消费者对品牌具有的持续心理联系等方面去理解。

4.2.4　消费者品牌价值创造的概念

企业不仅能提供价值主张，还能通过影响消费者的体验、感知，促进消费者品牌价值创造。消费者不仅仅是价值的被动接受者，而且能成为价值的共同创造者，参与到价值创造中（Ramani and Kumar，2008）。

消费者在微信公众号社区中，使用社区内的资源和平台，结合自身需要投入知识、劳动等，自主构思或协助创造自己期望的产品，成为企业产品的共同创造者或协助创造者，主导或参与价值的创造过程。因而，在营销领域，不应该仅依据购买行为来评价消费者的价值，还应关注其通过其他方式为企业作出了多少贡献（Kumar et al.，2010）。

综合相关文献研究，结合本研究的研究主题和目标，本研究认为，消费者品牌价值创造是指消费者通过购买、口碑传播、推荐、影响他人购买决策和提供产品创意与想法等各种方式为企业品牌创造的价值。

4.2.5 品牌价值的概念

现有的研究大多是从消费者和企业财务角度来界定品牌价值。从消费者角度来看，品牌价值主要反映消费者对品牌的心理反应，如消费者的品牌态度、品牌联想、品牌忠诚和品牌关系等（Aaker，1998；Keller，2003）。品牌价值影响着消费者的认知以及最终的品牌绩效（张婧、邓卉，2013）。消费者角度的品牌价值是消费者基于品牌具有的功能、情感等价值，形成对品牌的认同、信任和忠诚；企业财务角度的品牌价值是指企业产品销售时，品牌相较无品牌能为企业带来的溢价收益（Keller and Lehmann，2006）。Keller（1993）认为，品牌之所以对企业和经销商具有价值，是因为品牌对消费者有价值。基于消费者的品牌价值是指消费者拥有的品牌知识使其对品牌营销形成差别化反应带来的效益，通常包含品牌认知度、品牌联想、品牌态度、品牌情感和品牌活动等（Keller，1993、2001）。Leek、Christodoulides（2011）的研究发现，品牌价值不仅包括功能利益，还具有情感利益，如降低风险感知、增强信心和满意等。可见，对品牌价值的内涵研究，不仅包含品牌对消费者具有的功能利益、溢价收益等绩效，还关注了消费者与品牌关系等品牌的情感价值。

从企业角度来看，品牌价值就是企业通过品牌的营销活动赋予产品的附加价值，具体体现在品牌为企业带来的长期超额收益、品牌对消费者心理和行为的影响、品牌使用范围的扩展为企业创造的潜在收益 3 个方面（范秀成，2000）。品牌价值能使企业获得超过无品牌产品收益的额外收益，是企业的一项资产。品牌对企业的价值可以通过品牌的市场绩效得以反映，从品牌溢价、品牌市场占有率、品牌盈利能力和品牌延伸力等方面进行测量（王海忠，2008）。

已有文献研究了品牌价值基于消费者和基于企业的绩效结果（王海忠，2008），如符国群（1999）就认为，品牌价值反映着品牌与消费者的长期关系，品牌对消费者形成吸引和感召，从而带给企业额外收益。

也有研究从资本市场视角探讨品牌价值对企业的股价影响。例如，韩慧林等（2017）认为，品牌价值积极影响着企业价值的提高；品牌价值能增加企业的现金流，提高盈利水平，显著影响股东价值（黎小林、王海忠，2010）。

品牌首先具有消费者价值，然后在此基础上为企业创造价值，使企业比竞争对手在产品开发和定价、品牌延伸等方面更具有优势，能更好地满足消费者需求，甚至参与国际市场的竞争。对消费者和企业有价值的品牌，能形成差别化的竞争，为企业带来持久的超额收益以及其他潜在收益。品牌带来的这些超额收益和潜在收益，向资本市场释放出的是有关企业的积极信号，会带来企业股价的升高、股东获得超额回报等，从根本上说是品牌市场绩效的转化结果，都可以归属到品牌对企业具有的价值。

因此，本研究认为，品牌价值是品牌在消费者价值基础上对企业具有的价值，是消费者基于品牌具有的功利、情感等利益而对品牌形成的情感偏好、态度以及由此产生的品牌溢价、品牌延伸或扩张能力等。最终体现为品牌为企业带来的收入、市场份额增加，甚至获得超额利润的能力和潜力。

4.2.6 虚拟品牌社区融入的概念

McAlexander 等（2002）认为，品牌社区以消费者为中心，形成消费者与产品、品牌、企业和其他消费者等不同的关系网络，由此产生的协同效应就是品牌社区融入，这一概念可以反映成员参与社区活动、社区融入的程度，也能衡量消费者与产品、品牌、企业和其他消费者之间的关系。品牌社区融入指的是消费者受到品牌社区的吸引而对其产生浓厚兴趣或情感依托的一种状态（任枫，2014），是成员对身处品牌社区的心理感受的描述。

本研究借鉴品牌社区融入的概念，并将其引入虚拟品牌社区，本研究认为虚拟品牌社区融入是指消费者用户根据内在需要、价值和兴趣，认识到虚拟品牌社区的相关性而对其产生的强烈兴趣和情感依托，反映用户融入虚拟品牌社区的程度，体现出用户与虚拟品牌社区之间的关系密切程度。

4.2.7 社区支持感的概念

组织支持感是指员工对组织是否重视其贡献和关心他们幸福感的总体感受与评价（Eisenberger et al.，1986），表现为员工获得公平、领导支持、组织奖励和良好的工作条件等（Rhoades and Eisenberger，2002）。

基于消费者契合背景，消费者还兼有营销者的身份，成为企业某种意义上的兼职员工（王秀村、牛席席，2016）。消费者也能够同企业传统员工一样，参与到企业产品开发、营销和服务创新等过程中，从而为企业创造出影响价值、推荐价值和知识价值等。基于此，Bettencourt（1997）认为，消费者与企业员工一样，可以参与产品开发、服务供给和营销服务等过程中，从而对企业创造出推荐价值、影响价值、知识价值等。后来，王秀村等（2015）将员工的组织支持感应用到企业，转换为顾客对企业支持的感知，并证实顾客感知支持能积极影响顾客承诺及顾客契合行为。

虚拟品牌社区是一个品牌消费者汇集的虚拟平台，也需要通过为社区成员提供各种支持，以促进社区成员的管理和品牌关系质量（王秀村、饶晨，2015）。因此，本研究借鉴已有研究成果，将员工组织支持感引入虚拟品牌社区，提出消费者社区支持感的概念，用来反映消费者对从虚拟品牌社区获得的情感性、工具性和经济性支持的感知。情感性支持是指消费者对从社区获得的关心、尊重、归属、回应、认同等，以及对其社区行为和贡献所给予的精神奖励等支持的感知，如根据消费者社区签到、内容生成情况而授予的权限、社区虚拟地位及荣誉等；工具性支持是指消费者对社区为消费者提供参与社区活动、自我表达、信息获取、知识学习、与社区或其他消费者交流互动的方式和途径等支持的感知；经济性支持是指社区对消费者社区参与和行为活动给予的物质或经济支持，如对消费者信息反馈、内容生成、活动参与等提供的购买折扣及优惠券等。

4.3 研究模型构建

基于前面的分析，本研究结合社会交换理论、使用与满足理论和服务主导逻辑理论等理论，按照 S-O-R 理论模式，将虚拟品牌社区的体验价值视作刺激因素（S），将消费者用户对虚拟品牌社区的认同、融入和支持感知，以及与虚拟品牌社区所依托的品牌契合等作为有机体的情绪反应和心理状态等（O），消费者的品牌价值创造和品牌价值行为视作反应（R），构建了本研究的理论模型，目的是了解移动互联网发展下企业如何借助虚拟品牌社区促进消费者与品牌的契合及提升品牌价值，见图 4.3。

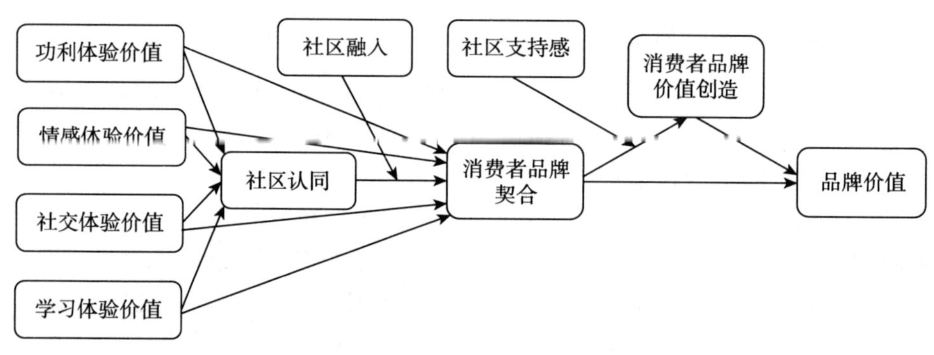

图 4.3　本研究理论模型

4.4 研究假设

4.4.1 虚拟品牌社区体验价值与品牌契合的关系

基于相同的品牌爱好，消费者加入虚拟品牌社区（McAlexander et al.，2002）。在社区中，消费者可以获取品牌产品相关信息知识、分享品牌产品使用经验和交流情感（李晓明、张辉，2017），以互动形式参与社区（McAlexander et al.，2002），获得社区归属感（Flanagin and Waldeck，2004）和其他消费者的帮助，享受到乐趣，得到奖励、折扣和抽奖等经济报酬等。

根据社会交换理论，消费者关注企业微信公众号成为用户后，其行为活动受到社会交换活动的支配。消费者在社区内与其他消费者交流、分享品牌及产品知识，寻求报酬，如奖励、折扣和抽奖等经济报酬，或者获得群体认同从而实现自我提升以及得到其他消费者的帮助、获得乐趣，或者通过互动、参与等行为进行社会交往。社区对消费者的品牌契合具有积极的影响作用（Tiensuu，2014），满足社交性需求和自我提升需求是消费者参与社区交流互动的重要动机，而这正是消费者品牌契合的一种行为表现（邵景波等，2017）。消费者从社区中获得的价值感知会影响其对品牌的认知和使用方式，以及与品牌之间的互动关系，进而影响品牌契合（张辉等，2015）。微信公众号的页面设计、内容、交流和环境氛围等刺激会引起消费者感觉、感情、认知和行为反应并获得体验价值。信息和内容在微信公众号与消费者之间双向甚至链式传播，为互动和参与表达创造了良好条件。消费者不仅是媒体内容的接受者和传播者，还是内容的创建者，自我表达、品牌构建等有了实现的可能，交流、信息、娱乐和自我形象塑造等方面的需求都能得到满足，从中获得的报酬将促进消费者形成对品牌的良好认知和情感，信任甚至依恋品牌，产生持续购买的意愿（Armstrong and Hagel，1996；Park et al.，2013）。这意味着微信公众号社区体验价值对消费者的品牌认知、情感联系和投入行为都具有积极影响，形成品牌契合的正向促进。

企业微信公众号是一种虚拟品牌社区，通常都是用户主动参与虚拟品牌社区，双方之间不存在雇用合同关系和由此产生的制约，如果用户不适应社区或从社区中无法获得价值，就可能会选择离开社区（Bateman et al.，2011）。因此，成员对社区认同的形成需要其形成自身社区身份认知且感知自己能从社区中获得价值（黄敏学等，2015），成员从社区感知和获得价值后就会产生对社区的认同（Dholakia et al.，2004）。社区体验中感知到的价值决定了成员对社区认同的程度，如果成员能获得较高的社区体验价值，社区对成员也就具有了较强的影响力和吸引力（李先国等，2017）。

虚拟品牌社区把消费者知识需求与品牌产品知识结合起来，能提高消费者的品牌产品知识储备、使用技巧和方法等，能够满足消费者对品牌产品相关知识的需求，有助于消费者更好地使用该产品以实现产品的价值，促进消费者与品牌的关系（廖俊云等，2016）。获取品牌信息知识和分享品牌体验是消费者加入虚拟品牌社区的目的，社区成员参与社区的重要行为就是互动（McAlexander et al.，2002）。

产品相关信息的搜寻与情感交流是消费者参与虚拟社区的动机和目的（Rheingold，2000），而虚拟品牌社区设计、组织和促进互动的活动有助于社区成员获得社区归属感（Flanagin and Waldeck，2004）。消费者基于共同的品牌爱好加入虚拟品牌社区，在社区互动中形成对社区的认同（Sicilia and Palazón，2008）。企业微信公众号对用户的点赞、留言等内容贡献和话题讨论、活动参与等社交互动给予积极回应与反馈等，如优惠券、可兑换产品的虚拟币等物质激励，或是吸纳成员进入名人堂、成为“部落酋长”、授予虚拟勋章等精神激励。这些积极的回应和反馈传递出友好、赞同甚至鼓励，能激发用户的情感共鸣和获得心理满足感，使其更好地理解微信公众号平台的运行秩序和传递的价值规范，让用户认为自己的参与和付出有了回报，是有价值的，在微信公众号上的参与、互动是值得持续的行为（Lampe and Johnston，2005），应该努力保持与微信公众号一致的价值规范和理念，从而鼓励和刺激成员持续关注微信公众号，积极参加活动等社交互动，从微信公众号体验中获得更多价值，满足甚至超出了用户期望，才会让其认同甚至完全信任，成为微信公众号的忠实用户。因此，提出以下假设。

假设 1a：功利体验价值对消费者品牌契合具有正向影响。

假设 1b：情感体验价值对消费者品牌契合具有正向影响。

假设 1c：社交体验价值对消费者品牌契合具有正向影响。

假设 1d：学习体验价值对消费者品牌契合具有正向影响。

4.4.2 虚拟品牌社区认同在体验价值与消费者品牌契合之间的中介作用

卡茨（1974）提出的使用与满足理论认为，人们选择媒介是出于要满足一定的需求，并把人们对社会媒体的使用行为概括为一个“社会因素＋心理因素→媒介期待→媒介接触→需求满足”的过程。人们接触和使用媒体是基于认知、情感、社会、人际整合、社会整合、缓解压力等方面的需要，关注的是媒体提供的内容能满足需要的方面。消费者关注和参与微信公众号，能满足其线上购买、获取信息和沟通交流、知识学习、与其他消费者交流互动、参与微信公众号活动构建和拓展社会交往，以及在微信公众号上分享、评论、娱乐消遣、自我表达等各种体验中得到需求的满足，获得体验价值。

社会交换理论强调社会交换是个体之间、个体与群体之间以及社区成员之间关系的基础，认为人们的社会行为是一种以期待和换取回报为目的的交换。消费者参与虚拟社区的目的是搜寻和获取品牌信息知识和分享品牌体验（McAlexander et al.，2002）以及情感交流（Rheingold，2000）。社区中有关品牌产品的知识能促进消费者对社区价值的认知（Kim et al.，2008），成员之间交流分享品牌产品的使用体验和品牌认知，在这个过程中获得自己需要的信息，会对社区产生依赖（李雪茹、李夕冉，2017）。社区设计、组织和促进互动的活动有助于消费者获得社区归属感（Flanagin and Waldeck，2004），对社区产生认同（廖俊云等，2016）。根据社会交换理论，这会鼓励和刺激用户积极参加活动与社交互动，以获取更多的虚拟品牌社区体验价值等交换报酬，满足甚至超出了用户期望，促进其对虚拟品牌社区的认同。

成员对社区认同的形成需要其感知自己能从社区中获得价值（黄敏学等，2015），社区体验中获得的价值决定了成员对社区认同的程度，如果成员能获得较高的社区体验价值，社区对成员也就具有了较强的影响力和吸引力（李先国等，2017），成员从社区感知和获得价值后就会产生对社区的认同（Dholakia et al.，2004）。虚拟品牌社区中有关品牌产品的知识，能帮助社区成员掌握更多产品知识并对产品有更充分的认知，获取有价值的内容，促进成员的社区价值认知（Kim et al.，2008），并提高社区成员参与社区活动的能力和融入社区的意愿，进而对社区产生认同意识（廖俊云等，2016）。微信公众号上不同风格的栏目设置和内容推送提供了多样化的选择与体验，使得用户能够快速、方便地访问各种各样的人和资源，实现用户参与社区的价值（Armstrong and Hagel，1996）。基于微信公众号的栏目设置、资源获取、知识学习等良好体验创造的价值，会促使用户形成对微信公众号的赞赏和认同等积极态度。

社区认同感会让社区成员产生掌握了很多品牌知识的主观判断，寻找自己在社区中的身份，与社区产生情感联系和依赖（Bergkvist and Bech-Larsen，2010），促进消费者持续积极参与社区活动，推动用户的品牌认知和评价（Füller et al.，2010），对自身的社区身份作出正向评价，强化自己与品牌的联系并希望长期保持（马向阳等，2017）。

社区认同促进用户持续积极参与社区活动，推动用户的品牌认知和评价（Füller et al.，2010）。微信公众号社区认同意味着用户满意微信公众号提供的体验价值和传递的品牌理念。个体越赞同所属群体组织，就越会强化组织的价值，并增进彼此间的情感连接（Netemeyer et al.，1997），并促进消费者将这种情感迁移投射到品牌上（Zhou et al.，2012），影响到社区成员对品牌的认知、口碑评价和参与等品牌契合活动（Tajfel，1978）。出于交换报酬的目的，消费者会积极参与微信公众号活动，加强与微信公众号平台、其他消费者的联系和互动，分享信息知识，生成自创内容等，由此形成对品牌的良好认知和评价，积极进行口碑传播以及持续购买等品牌契合行为。因此，提出以下假设。

假设 2a：社区认同在功利体验价值与品牌契合之间具有中介作用。

假设 2b：社区认同在情感体验价值与品牌契合之间具有中介作用。

假设 2c：社区认同在社交体验价值与品牌契合之间具有中介作用。

假设 2d：社区认同在学习体验价值与品牌契合之间具有中介作用。

4.4.3 消费者品牌契合与品牌价值

企业如何保持长期持续的竞争优势，成功往往取决于其留住和培养客户的能力。企业需要建立品牌与消费者的连接（Van，2011），寻求消费者对品牌的情感承诺和至爱（Kozinets，2014），关注消费者对品牌参与和联系的强度，如良好的品牌口碑传播、品牌新产品的共同创造等。基于此，反映消费者对品牌参与和联系强度的品牌契合（brand engagement），成为营销领域的重要研究主题（Brodie，2011），也取代品牌忠诚成为品牌与消费者关系质量的评价标准（李晓明、张辉，2017），被认为是测量品牌绩效的一个新的关键度量（Bowden，2009；Desai，2012）和提升品牌价值从而打造企业竞争优势的重要战略考虑（Brodie，2011）。

消费者品牌契合总结了从品牌偏好到品牌购买的不同消费决策维度，反映的是使用品牌和消费者之间所有可能的现实与虚拟接触点获取消费者需求及期望的品牌能力，表现为友谊、亲密行为以及合作关系 3 个递进的关系型阶段（Gambetti et al.，2012）。因此，品牌契合不能仅从消费者行为角度去理解，还必须要有消费者对品牌持续的心理联系和行为参与（张辉、陈晔，2017），而且在不同的情境中表现程度不同，是一个动态的循环过程（Brodie，2011），强调了关于特定的消费者品牌关系的本质和动力，能全面和准确地解释消费者行为。

在互联网环境下，消费者的消费行为具有互动、分享、自驱动的表现，形成搜索、购买、分享推荐、互动、重复购买的过程。在这一过程中，企业依托品牌社区与用户展开契合，培养长期、深度用户关系（宁连举、刘茜，2017）。契合行为会影响消费者的认知、态度和行为（Van et al.，2010）。契合程度高的消费者，契合行为的延展更为积极，如在虚拟社区中积极发表评论。契合行为带给消费者经济收益和情感收益，如推荐奖励、参加慈善活动等，还能建立和强化其社会认同，获取知识和更符合需求的服务（朱翊敏、于洪彦，2014）。从品牌上获得的愉悦体验、成就感知和自我实现的提升等，会推动消费者参与价值创造。例如，消费者对品牌产品的推荐、分享、口碑传播等契合行为，能吸引潜在消费者，提高企业品牌声誉（宁连举、刘茜，2017）。

消费者是品牌价值的根本驱动力，消费者对品牌形成的认知、联想和情感等，会通过购买行动等反映出来，进一步影响品牌产品的品牌溢价、盈利能力和品牌延伸能力等市场表现，对企业资本市场表现产生决定性影响（齐永智、闫瑶，2018）。消费者与品牌的契合，通过影响消费者的品牌认知、偏好，引致购买行为和品牌口碑传播，吸引新的消费者，促进消费者忠诚，推动品牌推介和收入增加，参与价值创造（Keller and Lehmann，2006；张竹梅、吕巍，2016），创造出经济价值、社会价值和功能价值（Piligrimiene et al.，2015）。因此，提出以下假设。

假设 3：消费者品牌契合对品牌价值具有正向影响。

4.4.4 消费者品牌价值创造在品牌契合与品牌价值关系中的中介作用

消费者与品牌的契合影响着消费者的认知、态度和行为（Van et al.，2010），积极促进消费者黏性的形成（Zhang et al.，2016），驱使消费者参与社区内容生成、个性化产品和服务设计、品牌新产品的共同创造、产品流通等过程（宁连举、刘茜，2017），能带来品牌满意、信任、忠诚以及形成企业赋能授权等，显著影响消费者钱包份额（Tiensuu，2014），促进品牌绩效（Bowden，2009；Desai，2012），为企业创造价值（Kumar et al.，2010；Kuvykaite and Piligrimiene，2014；Piligrimiene et al.，2015）。

互联网快速发展下，消费者的一些自发行为对企业具有重要意义，如消费者的网络分享行为能起到产品促销作用，消费者的评论有助于产品的改进和设计，甚至网络上的互助行为能部分代替产品售后服务业务（Groth，2005）。消费者拥有的知识资源被视为一种操作性资源，企业和消费者可以共同使用来直接创造价值（孙永波等，2018）。

虚拟品牌社区为价值共同创造提供了平台，消费者契合是价值共同创造的实现基础（简兆权、令狐克睿，2018）。品牌契合能为消费者带来愉悦、特定需求满足和社会服务的情感价值、功能价值、社会价值（Kuvykaite and Piligrimiene，2014），影响到消费者的心理和行为表现。一直以来，对消费者的品牌价值贡献，更多的是关注消费者购买企业产品的支出数额。实际上，除了购买行为带来的价值贡献，消费者还可以通过其他方式为企业创造价值，如消费者通过自己的交易、推荐行为和口碑传播等影响及鼓励其他消费者的购买，对企业创新作出积极反馈，提供产品新理念或改进主意（Rhoades and Eisenberger，2002）。价值和价值创造的过程正快速转移到更加个性化的消费者体验、服务提供、共同创造上（Vargo and Lusch，2004）。消费者通过购买品牌产品、向潜在消费者推荐、影响其他人的购买决策以及提供品牌创意等表现出其终身价值、推荐价值、影响价值和知识价值（Rhoades and Eisenberger，2002）。

虚拟品牌社区中，消费者参与、与企业和其他产品创造人员的互动，直接影响产品质量和产品重复购买行为、口碑等（Joshi and Sharma，2004），也会促使消费者提供新产品开发等品牌建议、参与产品测试检验等，为企业获取一线消费者信息和产品知识提供便利（Schau et al.，2009），促进企业服务质量的改善和工作效率的提高（朱翊敏、于洪彦，2014）。而且，消费者参与品牌价值创造活动，能强化其对品牌的认知和质量感知，影响其品牌满意度和品牌承诺（朱丽叶等，2018），对品牌价值产生显著的积极影响（李朝辉等，2014）。可见，消费者品牌契合不仅能通过消费者创造价值，为消费者带来价值收益，而且通过消费者品牌价值创造为企业带来价值收益，影响企业品牌绩效（Van，2011）。因此，提出以下假设。

假设 4：消费者品牌价值创造在品牌契合与品牌价值关系中发挥着中介作用。

4.4.5 虚拟品牌社区融入和社区支持感的调节作用

4.4.5.1 虚拟品牌社区融入的调节作用

（1）虚拟品牌社区融入调节变量的选择。Andersen（2005）根据品牌社区成员的社区表现，将品牌社区成员分为浏览者/消费者、爱好者、贡献者和较少浏览者 4 种类型。浏览者/消费者（browsers/consumers）是指经常访问社区以寻求信息的成员，但是他们不参与社区活动，如参加主题讨论等；爱好者（enthusiasts）是指对社区具有高度承诺和忠诚，积极参加讨论和以其他形式参与的成员，希望能从社区得到一定回馈；贡献者（contributors）是深度参与社区，具有重大贡献的成员，但并不经常参加社区活动，他们可能会尝试或定期参与；较少浏览者（light browsers）通常是新用户或年轻的品牌使用者。在决定是否和如何更多地参与品牌社区之前，无论是作为浏览者还是爱好者，他们会观察和试用社区，对社区活动并不积极，也没有太多投入和贡献。很显然，这 4 种成员在品牌社区中的表现和参与程度不大相同，与品牌社区的心理、行为关系等连接状态是有差异的。

互联网技术的推动下，品牌社区也在线上发展起来，微博、微信公众号等新型虚拟品牌社区蓬勃发展。在虚拟品牌社区运营中，不断获取新增用户，保持高数量的用户规模等是头等重要的大事，甚至有“得粉丝者得天下”的网络说法，“吸粉”“涨粉”的技巧、方法、途径等是虚拟品牌社区运营者非常关心的问题。但是，消费者从不知道企业或品牌的某种类型的虚拟社区，到成为社区的用户或粉丝后，他们在社区内的表现是不一样的。根据关系表现的差异，虚拟品牌社区用户可分为不同类型。有的是僵尸粉，有的是潜水用户，有的是社区的闲逛者，还有的是积极参与社区活动的活跃粉丝甚至狂热粉丝，造成这种关系表现差异的是用户社区融入程度。

社区融入程度反映了消费者用户与虚拟品牌社区形成的心理、关系连接等状态，会对其认知、情感和行为等产生影响。当消费者用户与虚拟品牌社区的关系密切、情感依托强烈、互动频繁、活跃度高、价值贡献大时，融入社区的程度就比较高；反之，则是融入程度低。当用户拥有较高的社区融入度时，其参与社区内活动则较为积极，与社区内其他用户的互动联系更为密切，对社区所依托的品牌认知更为全面、情感更强烈、行为上更积极。虚拟品牌社区融入度是一个因个体不同的差别变量，用户的意愿和行为等会因其社区融入度的不同而存在差异。因此，本研究以虚拟品牌社区融入作为调节变量，以区分不同类型的社区用户，分析他们对品牌认知、情感和行为等方面的差异，进一步丰富对消费者品牌契合形成过程的研究。

（2）虚拟品牌社区融入的调节作用。在品牌社群中，消费者融入社区可获得心理、情感等众多消费体验，并与其他消费者建立起联系，形成一定的社会关系，形成消费者对社区体验的较高价值判断，进而增强其与社区、品牌的关系（Stokburger-Sauer，2010）。消费者融入品牌社区，有助于从社区中获取更多的社区、品牌信息，加深其对社区和品牌的深入认识，更容易与社区和品牌形成紧密持久的关系（薛海波，2011）。

消费者只有成为社区成员用户，建立起两者间的关系后，才可能产生融入。虚拟品牌社区融入是对用户社区融入程度的衡量。社区对消费者用户的影响，必须以消费者用户融入社区为前提。不同社区中的成员用户，表现出不同程度的社区融入。如果消费者只是注册或关注虚拟品牌社区而成为社区成员，很少或甚至不浏览社区，不参与社区活动，与其他社区成员之间没有互动交流等，属于社区的“沉睡用户”或“僵尸粉”，那么社区对其就无法产生影响。

融入程度越高，社区成员间的互动越频繁，效应越强，对成员社群行为的影响越大（范志国、柴海静，2016）。融入程度的差异决定了消费者对虚拟品牌社区呈现的信息内容的加工处理方式不同。当社区融入程度较高时，消费者对品牌社区的内容、活动规则、价值表达等了解得更全面，能更好地感知自身需求满足情况和获得的体验价值，对社区体验价值的感知也更准确，从而更加认同社区，积极参与，保持较高的活跃度，参与社区内容生成的意愿强烈，从而产生对品牌的热爱、迷恋等情感，以及购买品牌产品和推荐、传播品牌等，表现出较高的品牌契合。因此，推断社区内消费者品牌契合形成的内在机理和过程可能会受到消费者与虚拟品牌社区关系紧密程度的影响，社区体验价值经由社区认同影响消费者品牌契合的作用，会因消费者用户社区融入程度的不同而不同，虚拟品牌社区融入在其中具有正向调节作用（图 4.4）。因此，提出以下假设。

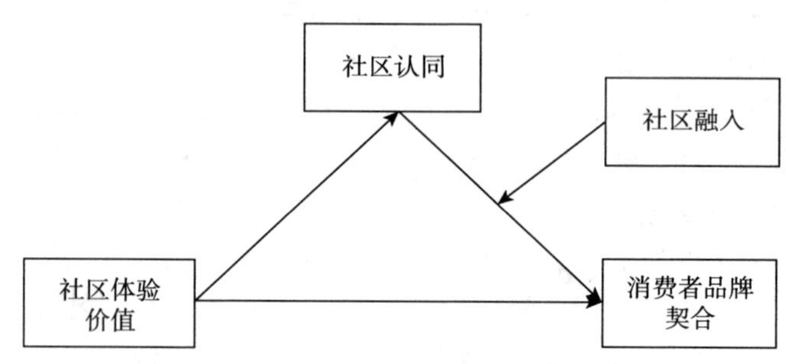

图 4.4　虚拟品牌社区融入的调节作用

假设 5：社区融入正向调节着体验价值经由虚拟品牌社区认同对消费者品牌契合的影响。

4.4.5.2　社区支持感的调节作用

（1）社区支持感调节变量的选择。组织是由个体组成的，相应地也具有一些类似个体的特征。员工往往对组织赋予人的特性，认为组织对其可能会持有善意或恶意的意图（Bosset and Bourgeois，2015），并根据组织对自己的善意或恶意来评判自身在组织中是否受欢迎（Rhoades and Eisenberger，2002），对组织的善意予以善意的回报，对组织的恶意予以不友善的回报（Eisenberger et al.，1986），这就意味着员工对组织支持状况的感知是不同的。在自身为组织所具有的价值和能力的评判上，不同个体间也存在差异，影响到行为结果的不同（Paul and Phua，2011）。

组织支持感会积极影响员工的态度和行为。当员工感受到组织的支持时，会形成对组织的承诺和有益于组织的行为，这些回报组织的行为能提升组织效率（Coyle-Shapiro and Conway，2005）。这是因为组织支持不仅对员工做好角色内行为起到激励作用（Barksdale and Werner，2001），还能激发出员工的利他行为和组织公民行为。员工感受不到组织支持或者组织支持感下降，会使员工对组织的信任下降、不满意工作等，引起组织绩效下降甚至员工离职等（Restubog et al.，2008）。

因此，本研究将组织支持感概念应用到微信公众号社区，提出社区支持感概念。当消费者感知到组织的关心、支持时，会形成对组织的认同感、依赖感和自发的责任感，形成良好的表现（Eisenberger et al.，1986）。消费者的品牌价值创造会受到社区支持感的影响，社区支持感程度的差异可能导致消费者用户在相关行为态度和方式选择上的差异。因此，社区支持感可能是消费者品牌价值创造行为的重要调节变量。不同用户从微信公众号社区获得不同的支持感知，分析不同社区支持感状态下用户对品牌认知、情感和行为上的差异，可以更深入地分析消费者品牌契合对品牌价值的提升作用。

（2）社区支持感的调节作用。根据社会交换理论，员工在组织中的工作是为了获得经济报酬和社会回报。员工在这一交换过程中，逐渐对组织认可其贡献和关注其福利的程度形成自我感知，从而形成组织支持感。

组织支持感是指员工对组织是否重视其贡献和关心他们幸福感的总体感受和评价（Eisenberger et al.，1986），表现为员工获得公平、领导支持、组织奖励和良好的工作条件等（Rhoades and Eisenberger，2002）。组织支持感会让员工感觉到组织对员工的创新理念和行为是允许、欢迎和接受的（Vakulov and Samko，1994），带来员工赋权，满足个体从社会中获得尊重、赞美、归属等情感需求，获得一定的情感支持，产生义务帮助组织的意愿和形成绩效奖励的预期（Rhoades and Eisenberger，2002；Bosset and Bourgeois，2015）。

当消费者感知到组织的关心、支持，拥有较高的组织支持感，会形成对组织的认同感、依赖感和自发的责任感，对组织产生较深的归属感和较高的忠诚度，形成良好的表现（Eisenberger et al.，1986）。当组织支持感程度较高时，员工认为组织对他们的付出和幸福是关心、认同和积极支持的，感知获得更多的激励。因此，拥有比一般个体更大的信心（Eisenberger and Armeli，1997）。

组织和社区并不相同，如组织比较正式，具有较强的内部规则和约束机制，具有契约约束，是比较紧密的联系；而社区也具有一定的规则和行为规范，但相对松散，不具有契约的硬性和强制约束。但是毫无疑问，组织和社区都是按其内外规则和制度以实现共同目标的群体构成，个体会对其在社区或组织中是否得到关心、支持等有所感知。虚拟品牌社区是一个品牌消费者汇集的虚拟平台，也需要通过为社区成员提供各种支持，以促进社区成员的管理和品牌关系质量（王秀村、饶晨，2015）。相关研究已证实，消费者感知支持会对消费者参与意愿和行为具有重要影响（Bettencourt，1997）。社区支持感的提高能促进顾客关注、信任和积极参与社区（王秀村、饶晨，2015）。

消费者的品牌价值创造态度和行为，会受到他们对微信公众号虚拟品牌社区支持程度感知的影响，社区支持程度的感知差异可能导致消费者在相关行为态度和方式选择上的差异。因此，社区支持感可能是消费者品牌契合影响品牌价值过程中的重要调节变量。

当消费者感知到组织的关心、支持时，会形成对组织的认同感、依赖感和自发的责任感，形成良好表现（Eisenberger et al.，1986）。消费者感知从微信公众号社区获得的支持程度，可能会调节品牌契合到消费者品牌价值创造的过程（图 4.5）。因此，提出以下假设。

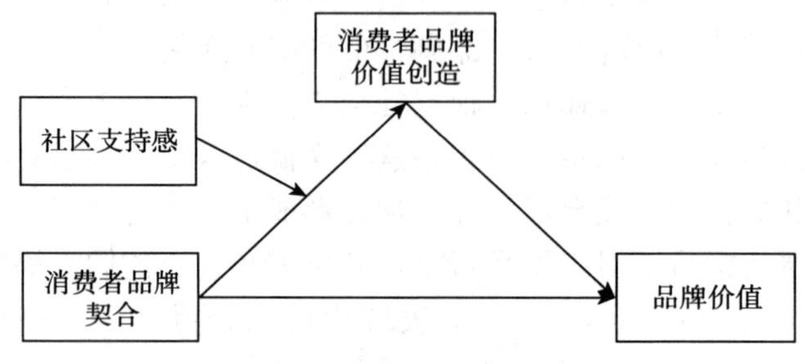

图 4.5　社区支持感的调节效应模型

假设 6：社区支持感会调节品牌契合与品牌价值之间通过消费者品牌价值创造的间接关系。

4.5　小结

（1）将 S-O-R 模型引入移动互联网发展下的虚拟品牌社区情境中，将虚拟品牌社区的体验价值视作刺激因素（S），将消费者用户对虚拟品牌社区的认同、融入和支持感知，以及与虚拟品牌社区所依托的品牌契合等作为有机体有关品牌的情绪反应和心理状态等（O），将消费者的品牌价值创造和品牌价值行为视作反应（R），并结合已有研究成果，构建了本研究的理论模型。

（2）提出理论假设：虚拟品牌社区的功利体验价值、情感体验价值、社交体验价值和学习体验价值对消费者品牌契合具有正向影响；虚拟品牌社区认同在体验价值与品牌契合之间具有中介作用；消费者品牌契合对品牌价值具有正向影响；消费者品牌价值创造在品牌契合与品牌价值关系中发挥着中介作用；虚拟品牌社区融入对体验价值经由虚拟品牌社区认同对消费者品牌契合的间接影响效应具有调节作用，以及社区支持感对消费者品牌契合经由消费者品牌价值创造影响品牌价值路径发挥着调节作用。

5 基于移动互联网的经济林产品品牌价值提升的实证分析

5.1 实证研究对象与虚拟品牌社区的选择

5.1.1 实证研究对象的选取

《中国林业统计年鉴（2016）》将经济林产品分为8个类别，分别是水果、干果、林产饮料产品、林产调料产品、森林食品、森林药材、木本油料和林产工业原料。其中，林产干果种植收入占经济林产品种植收入的近20%，是在经济林产品中除水果类产品之后的第二大类经济林产品。而且，随着消费升级和消费者对健康安全关注度的提高，林产干果作为一种健康食品，受到消费者的青睐，并出现在很多国家的正式饮食推荐中。中国居民膳食指南（2016）推荐将坚果类食物列入居民每天的膳食中，推荐每人每天食用25～35克。因其能满足休闲和娱乐需求，林产干果正在逐渐成为“一日三餐”之外的第四餐。林产干果等休闲食品的消费群体主要为年轻人，偏向于线上消费。休闲食品凭借即食需求属性较低、便于运输、保质期相对较长等特性，线上渠道的销售具有较强优势。在淘宝网站，坚果炒货、糕点点心和蜜饯果干三大品类贡献了50%的整体线上零食销售额。坚果炒货连续3年成为零售的第一大子品类，年均销售额占比约为23%（第一财经，2017）。林产干果类零食在京东和天猫等互联网销售平台的浏览量、访问量和销量，都远超其他零食种类。干果产品由于易于保存、便于运输和高频消费的特征，其互联网销售的规模不断增加，在互联网上崛起的干果品牌也越来越多，是经济林产品中实行“互联网+”比较成功的类别。例如，干果品牌“三只松鼠”从2012年正式上线天猫开始创业，到累计实现100亿元销售额，仅用了5年的时间，与美的、格力、小米一起，成为天猫百亿俱乐部的新成员（中国经济网，2017）。

亿欧智库《2017中国休闲零食行业研究报告》指出，2016年良品铺子、三只松鼠、百草味这3家企业的销售额分别为60亿元、44.2亿元和20.7亿元，在国内休闲食品市场上的占有率分别为20.4%、15.1%和7.0%，合计占国内休闲食品市场的总份额达到42.5%。这3家企业尽管通过自营App、团购、线下体验店等方式拓展多元化的销售渠道，但线上平台仍是其销售收入的重要来源途径。2017 年“双十一”活动期间，三只松鼠、百草味、良品铺子仍然是零食全网销售额排名前 3 位的品牌，分别创造了 5.2 亿元、2.5 亿元和 2.2 亿元的销售额。根据中国行业研究网的数据显示，国内十大林产干果类品牌排行榜上位列前 3 位的是三只松鼠、百草味和良品铺子。中国互联网大数据研究院(ICIBD)、鹿豹座大数据研究院发布的《2017 年干果行业大数据报告》也显示，中国林产干果市场份额大体被三只松鼠、百草味、良品铺子这三大品牌分割。

基于此，本研究以经济林产品中具有代表性的林产干果作为研究对象，选取三只松鼠、百草味和良品铺子这 3 家林产干果品牌企业展开研究，实证分析移动互联网发展下虚拟品牌社区对林产干果品牌企业促进消费者与品牌的契合，提升品牌价值的影响。

5.1.2 虚拟品牌社区的选择

互联网有很多类型的平台和渠道，如百度等搜索引擎平台，小米社区官方论坛等品牌官方论坛，微信、微博等社交平台，品牌官方网站，新浪和网易等门户网站，淘宝和京东等购物平台，爱奇艺等音视频在线平台，快手和抖音等直播平台，闲鱼等二手物品销售平台等。而且，随着互联网技术的发展和消费需求的变化，还会有更多新型的互联网平台被创造出来。

现有的这些互联网平台，在内容、展示形式、主要使用群体和平台诉求等方面都大不相同，扮演着媒体、官方网站、论坛、电商等角色，在品牌传播、品牌营销、品牌市场扩展、客户服务与管理、消费者与品牌关系质量等方面发挥着不同作用。不同类型的互联网平台与品牌价值提升形式，见表 5.1。

表 5.1 不同类型的互联网平台与品牌价值提升形式

互联网平台类型	平台内容和功能	品牌价值的创造和提升形式
在线视频媒体	在线视频内容提供	品牌传播
门户网站	某类综合性互联网信息资源并提供有关信息服务的应用系统	品牌传播
搜索引擎平台	在线获取信息	品牌传播
品牌消费者 QQ 群	品牌消费者的线上聚集地，品牌福利推送，消费者分享信息、照片，互动交流	品牌传播、品牌推荐、强化品牌与消费者关系质量
企业或品牌贴吧	以品牌主题聚合志同道合者的在线交流互动	品牌推荐、品牌体验交流、强化品牌与消费者关系质量
企业或品牌 App	移动电商，品牌推广、产品特色和活动信息展示，接触消费者	优先购买和重复性购买、品牌推广

（续）

互联网平台类型	平台内容和功能	品牌价值的创造和提升形式
企业或品牌官方网站	企业理念和信息政策的公开、品牌形象的推广	品牌展示、品牌推广和传播
企业或品牌微博	基于客户关系的企业和品牌信息分享、传播以及获取平台	品牌传播、品牌与用户交流互动、微型购买渠道、强化品牌与消费者关系质量
品牌官方论坛	品牌消费者的大本营，品牌信息资讯发布和使用技巧心得交流，参与活动互动，品牌爱好者的互动交流平台以及产品销售商城	品牌产品购买、品牌传播、品牌推荐、消费者参与品牌产品开发设计和营销活动创意、强化品牌与消费者关系质量、品牌延伸
企业微信公众号	企业进行业务服务与用户管理的全新平台	品牌产品购买、品牌传播、品牌推荐、消费者参与产品开发设计和提供营销活动创意、强化品牌与消费者关系质量、品牌延伸
短视频直播平台	短视频社区，记录和分享生活的平台	品牌信息展示、品牌传播、品牌产品销售、品牌延伸

数据来源：根据公开资料整理。

在互联网发展和社会化媒体兴起的推动下，虚拟品牌社区出现并得到了快速发展，为企业与消费者的品牌沟通和联系、消费者之间的交流互动、消费者的品牌体验分享和品牌态度的形成、强化消费者与品牌关系质量、品牌营销和传播、吸引消费者参与品牌创新和价值共创等提供了一个重要平台。虚拟品牌社区成为品牌营销和客户管理的重要线上平台，具有强大的网络营销功能和商业价值，在消费者与品牌关系质量、品牌价值的提升方面显示出巨大潜力。越来越多的企业开始通过互联网建立虚拟品牌社区，为品牌效应的实现和品牌价值的提升探索新的渠道。

目前，常见的虚拟品牌社区主要有 Facebook 的企业主页、品牌官方线上论坛、企业微博、微信群、QQ 群、贴吧、企业微信公众号等多种类型。而且，互联网技术的进步也在推动这些品牌社区类型的发展。2012 年 8 月 17 日，腾讯公司正式上线的微信公众平台，为企业和组织提供了更强大的业务服务与用户管理能力的服务号，汇集了以品牌消费者关系网络为基础的线上消费者群体，已发展成为一种新型的虚拟品牌社区。根据《2017 微信用户 & 生态研究报告》，截至 2016 年 12 月，新兴的微信公众号平台已达到 1 000 万个，越来越多的企业对公众平台进行投资和运营管理，绝大多数微信公众号运营者使用公众号进行信息发布、营销宣传和客户互动（郭爱云、杜德斌，2018b）。

企业微信公众号已建立起强大的内容生态体系，具有与品牌线上官方论坛、企业微博等虚拟品牌社区共有的特性，如丰富的内容形式、附属社区众多、更丰富的社会情境以及星形网络结构等，但也呈现出一些有别于其他虚拟品牌社区的特征。

第一，用户基数大，规模增长迅速。国内移动大数据服务商 QuestMobile 发布的“2016 年度 App 价值榜”数据显示，2016 年 12 月微博月活跃用户数为 3.41 亿，而企业微信公众号依托微信平台，微信用户关注微信公众号后即成为其用户，进入门槛较低。因此，微信公众号基于微信的超级用户量开展活动，海量的微信用户数为企业微信公众号创造了规模巨大的社区用户和潜在用户基数，而且这一基数在不断增长。《2017 微信数据报告》显示，截至 2017 年 9 月，微信公众号月活跃粉丝数 7.97 亿，这是其他虚拟品牌社区难以比拟的，蕴藏着巨大的价值。

第二，社区开放性较低。企业微博、企业品牌官方论坛等虚拟品牌社区具有较高的开放性，如企业微博能及时显示所有评论。微信公众号属于社交化沟通平台，趋向于关系构建，是一个相对私密的闭环传播，开放性相对较低。用户在关注该账号后才可以进入微信公众号平台接受推送消息，获取信息、浏览平台内容等，有些社区活动需要用户注册后才能参加；微信公众号也只呈现经过运营者筛选后的用户评论。

第三，社区体验更丰富。腾讯公司将微信公众平台定位为给个人、企业和组织提供业务服务与用户管理能力的全新服务平台。微信公众号内容是用户参与社区的引力和动力，也是企业服务用户、管理用户的载体。企业微信公众号不仅通过美文、图片、视频、游戏、购物商城等为用户提供有价值的内容，电台栏目等多样化的形式为用户提供有价值的内容，还在此基础上创造生成了电台栏目以及品牌形象的表情包、头像等新的内容表现形式。用户获得了便利购买、信息获取、分享互动、社会交往、休闲娱乐、知识学习等，比其他虚拟品牌社区可以获得更为丰富的社区体验，而且通过微信渠道将品牌推广给数亿的微信用户以提高品牌知名度，定期或不定期举办社区活动吸引用户参与，开发游戏活动甚至延伸到线下来进行内容营销和品牌推广，打造更具影响力的品牌形象。另外，微信公众号通过对用户的管理，能够实现更加精准地推送信息与进行互动，进一步提升了用户的社区体验。

第四，用户社区黏性更强。微信已经成为中国互联网的国民级应用，2016 年，2/3 以上的用户日均使用微信时间超过 1 小时，其中 30%多的用户日均使用微信在 4 小时以上，高于其他社交媒体用户的使用时间。微信用户黏性上升和重度用户的显著增长，推动了企业微信公众号用户黏性的增强和微信公众号平台的活跃度。

第五，互动方式更加多样。微信公众号平台与用户的互动能够促进微信公众号保持良好的生命力。点赞、留言评论、主题活动是企业微博、微信公众号等虚拟品牌社区常见的互动形式。微信公众号还开发了与用户互发小视频、分享用户上传图片、根据用户投稿制作音频节目等互动方式。

第六，分层化的品牌传播。企业可以根据需求开通多个微信公众号，包括功能最大、最全的企业品牌主（母）账号以及具有独立风格和栏目的子账号，微信公众号的分工配合更加精细，分层传播满足不同用户不同需求，全方位打造企业品牌的影响力、号召力和传播力。

第七，微信公众号具有全新的连接用户与服务的方式。2017 年 4 月，微信公众号“关联小程序”功能全面开放，微信公众号可以关联不同主体的小程序，用户可以更方便地进入关联的小程序，进行对产品的浏览、服务的使用等，具有出色的使用体验。开发者可以快速地开发一个小程序，个人、企业、政府、媒体和其他组织都可以在微信公众平台注册小程序。随着微信小程序不断开放新的功能，作为场景化、社交化的新型应用媒介，小程序能加强用户留存营销，实现商业闭环，为企业商户和用户带来便利；而且，小程序能实现线上线下流量快速转换，为企业创造互联网全新的流量入口，成为获取线下流量的最佳途径。2017 年 11 月，微信公众平台支持免费开通微信小店小程序，帮助商家在微信内快速开店。小程序能为用户提供更丰富的界面，清楚地表达电商产品，还能为用户提供短时、高频的应用场景需求，将用户引入小程序微店，为微信公众号打开一个新的模式，依托微信海量用户数和流量优势，微信公众平台通过移动社交来促进电商消费，显露强大的势能，为移动电商带来巨大的发展空间和机会，为企业带来巨大的商业价值。

企业微信公众号为企业、品牌与消费者的品牌沟通和交互、消费者之间的互动交流、消费者的娱乐与社交、消费者与品牌的情感联系等提供了有利条件，也为企业提供了一个高度动态和交互的业务环境，并进一步向资源协作和价值共享延伸，成为企业品牌管理的一种新型平台。在品牌与消费者互动和沟通，品牌推广，客户服务与管理等品牌建设和管理模式探索，获得市场价值的新型平台，以及品牌管理和品牌价值提升方面凸显出巨大优势。

三只松鼠、百草味和良品铺子这 3 家企业都开通了微信公众号，并且不断开发微信公众号内容和维护平台社区的活力，努力提供具有高体验价值的内容，吸引众多活跃在微信上的品牌消费者成为微信公众号的忠实用户，加强消费者与品牌的联系，为消费者用户与品牌互动提供有效平台，在提升品牌价值方面发挥着重要作用。

基于此，本研究选取企业微信公众号这种新型的虚拟品牌社区，来探讨林产干果企业借助移动互联网平台开展品牌管理和品牌价值的提升路径及效果。

5.2 研究设计与数据获取

5.2.1 变量测量和问卷设计

文献部分已经综述了相关变量的概念、内涵和维度，最终变量的测量还需要植根于具体的研究对象。以三只松鼠微信公众号为例，微信公众号首页的导航栏目和主页部分，展示有促销活动、优惠券、品牌信息等推送文章。微信公众号栏目内容主要分为松鼠商城（限时抢购、每日秒杀、签到送松鼠币、新人礼包、产品分类及购物车）、鼠你最萌（松鼠小剧场、鼠你最萌-头像壁纸集和松鼠嗑壳课）和松鼠乐园（美食剧场-松鼠课堂、吃货部落、松鼠吃囊团以及全球美食测评师招募计划）。这些内容从不同侧面给予消费者各种体验和感知。

构建理论模型后，确定模型中重要变量测量是后面模型分析顺利进行的基础。借鉴国内外相关研究，根据研究人员开发设计的量表，结合本研究所涉及的研究主题和研究对象等特点，尤其是各微信公众号的内容，在前面研究已确定重要变量的内涵和维度基础上，通过文献分析、深度访谈、专家指导等方法初步设计重要变量的测量量表结构和测量题项内容，建立林产干果企业微信公众号社区体验价值、消费者品牌契合与品牌价值等测量量表。

本研究变量的测量综合考虑了三只松鼠等微信公众号的内容，并结合已有研究，设计变量测量题项。包括林产干果企业微信公众号社区体验价值的测量、社区认同的测量、消费者品牌契合的测量、消费者品牌价值创造和品牌价值的测量、微信公众号社区融入和社区支持感的测量等。在测量量表的选择上，采用问卷设计中用得最多的李克特量表（李怀祖，2004）。使用李克特五分量表进行测量，即回答者对某种事物的态度或看法的陈述分为“完全不同意、不同意、无所谓、同意、完全同意”五类，1 代表“完全不同意”，5 代表“完全同意”，数字 1～5 代表回答者对某种态度或看法陈述的认同度逐渐增强。

5.2.1.1 变量测量

（1）微信公众号虚拟品牌社区体验价值。参考 Zeithaml（1988）、Dholakia 等（2004）、沙振权等（2010）、张凤超等（2010）对体验价值的界定和量表设计，设计林产干果企业微信公众号虚拟品牌社区体验价值测量量表，从功利体验价值、情感体验价值、学习体验价值和社交体验价值 4 个维度对虚拟品牌社区体验价值进行测量，共包含 24 个问题，具体见表 5.2。

表 5.2 虚拟品牌社区体验价值测量维度及题项

维度	题项代码	测量题项
功利体验价值	UEV1	微信公众号上的各种优惠活动帮我省了不少钱
	UEV2	微信公众号上购买很方便
	UEV3	微信公众号平台的板块分类和栏目设置方便好用
	UEV4	在微信公众号上，我能了解到很多品牌相关信息
	UEV5	微信公众号上其他用户分享的各种内容，让我受益匪浅
	UEV6	通过微信公众号平台，我能知道品牌代言人的动态信息
情感体验价值	EEV1	微信公众号上的很多活动让我很期待和兴奋
	EEV2	微信公众号的内容（文字、图片、互动参与活动、视频、微电影、MV、表情包等）很新颖，带给我很多欢乐
	EEV3	微信公众平台发起的话题讨论很有趣
	EEV4	微信公众号上用户的留言或评论让人感觉很轻松
	EEV5	在微信公众号上会员等级的提高，让我很有成就感和满足感
	EEV6	在微信公众号社区中，我的压力能得到一定程度缓解
学习体验价值	LEV1	微信公众号上有关产品功能属性知识、美食搭配的内容让我对产品、健康饮食等有了很深的理解
	LEV2	该品牌微信公众号上介绍了很多美食的吃法或做法
	LEV3	我能通过微信公众号掌握很多林产干果的知识
	LEV4	微信公众号有专门介绍林产干果产品有关知识的板块内容
	LEV5	我能从微信公众号平台上学习到很多有用知识
	LEV6	我能从微信公众号平台上学习到健康饮食的知识
社交体验价值	SEV1	我能在微信公众号上与其他吃货一起分享购买心情和事件
	SEV2	微信公众号让品牌消费者有了一个线上交流互动的地方
	SEV3	我通过留言、评论、赞赏其他用户的帖子来与其他成员交流心得，探讨想法
	SEV4	微信公众号扩大了我的社会交往范围
	SEV5	在微信公众号中，我能得到其他用户的支持和鼓励
	SEV6	在微信公众号中，我可以与其他用户交流想法和心得等

（2）虚拟品牌社区认同。根据 Dholakia 等（2004）、Algesheimer 等（2005）、黄京华等（2016）对品牌社区认同的界定和量表的编制，设计微信公

众号社区认同测量量表，为了便于分析，该量表设计为单维量表，包含 6 个测量题项，主要测量消费者对林产干果企业微信公众号社区认可和接受的主观、整体评价，具体见表 5.3。

表 5.3　社区认同测量题项

题项代码	测量题项
AI1	该微信公众号符合我的期望和要求
AI2	微信公众号社区的气氛很好，让我很开心
AI3	我是该品牌微信公众号的活跃粉丝
AI4	我觉得自己与微信公众号的其他粉丝拥有较为一致的追求
AI5	微信公众号上汇集了一群像我一样的吃货达人
AI6	大家都关注该品牌微信公众号，说明我们有相同的选择，我们都喜欢该品牌的产品

本研究的焦点不是分析社区认同的建构，而是研究微信公众号虚拟品牌社区体验价值如何通过社区认同来影响消费者品牌契合。在构建的模型中，社区认同起中介作用，因此没必要对其建构维度进行区分。此外，在不降低模型有效性的前提下，出于模型建构的简洁要求和分析检验的便利考虑，采用单维度来测量社区认同这一变量。并且，已有文献对社区认同维度的划分也有体现为总体评价的单维度测量。因此，本研究对微信公众号虚拟品牌社区认同采用单维度测量不失有效性和一般性。

（3）消费者品牌契合。根据 Hollebeek 等（2014）对品牌契合的界定以及开发的测量量表，设计本研究所用的消费者品牌契合测量量表，为了便于分析，该量表设计为单维量表，包含 7 个测量题项，主要测量消费者对林产干果品牌的认知、情感和行为意愿等，具体见表 5.4。

表 5.4　消费者品牌契合测量题项

题项代码	测量题项
BE1	该品牌产品就是我的坚果零食随身伴
BE2	消费该品牌产品，激发了我了解该品牌的兴趣
BE3	该品牌的产品让我很开心
BE4	消费该品牌的林产干果产品，我感到很开心
BE5	我为购买该品牌的林产干果而自豪
BE6	每当购买林产干果时，我通常购买该品牌的产品
BE7	相比其他品牌，我更愿意购买所关注品牌的产品

本研究的焦点不是分析品牌契合的建构，而是侧重于分析消费者品牌契合对品牌价值的意义所在，消费者品牌契合是品牌价值的前因变量。因此，可以不用区分维度来分析不同维度对品牌价值的影响。此外，在不降低模型有效性的前提下，出于模型建构的简洁要求和分析检验的便利考虑，采用单维度来测量品牌契合这一变量。并且，已有文献对消费者品牌契合维度的划分也有体现为总体评价的单维度测量。因此，本研究对消费者品牌契合采用单维度测量不失有效性和一般性。

（4）消费者品牌价值创造。根据 Bhattacharya 等（2003）、Algesheimer（2005）、Kumar（2010）等的研究和开发的测量维度，设计了消费者品牌价值创造测量量表，为了便于分析，该量表设计为单维量表，包含 6 个测量题项，主要测量消费者传播品牌、参与产品开发等品牌价值创造意愿和行为，具体见表 5.5。

表 5.5 消费者品牌价值创造测量题项

题项代码	测量题项
CVC1	我会主动向周围的人推荐该品牌的产品
CVC2	我会主动向其他社区用户分享该品牌的美食心得和攻略等
CVC3	我会主动向周围的人发送该品牌的优惠信息
CVC4	我在微信公众号平台向品牌提供新品开发建议
CVC5	我会在微信公众号平台向品牌提供服务提升建议
CVC6	我积极向微信公众号提供品牌营销活动创意

（5）品牌价值。Aaker（1991）提出，品牌价值由品牌忠诚度、品牌知名度、品牌联想、品牌感知度和其他专属品牌资产等构成。品牌价值可以由品牌溢价，即消费者愿意为品牌支付额外价格的程度来反映（Aaker，1998）。Yoo、Donthu（2001）认为，品牌价值是由品牌忠诚度、品牌联想以及知觉品质构成。Keller（1993）认为，品牌价值可以通过品牌知名度和品牌形象来测量。也有学者认为，品牌价值要从社会形象、价格/价值、认知表现、信任感和认同感/依附 5 个维度去理解（Lassar and Mittal，1995）。

根据 Keller 等（2006）、Baumgarth 等（2010）、张婧和邓卉（2013）对品牌价值的研究，设计本研究所用的品牌价值测量量表。为了便于分析，该量表设计为单维量表，包含 7 个测量题项，主要测量林产干果品牌对消费者具有的价值，以及在此基础上对企业具有的价值，包括消费者对品牌的情感、偏好、品牌态度等以及由此带来的对品牌的行为意向等，如品牌溢价、品牌延伸和扩张等品牌绩效方面，具体见表 5.6。

表 5.6　品牌价值测量题项

题项代码	测量题项
BV1	我愿意花更高的价格购买该品牌的产品
BV2	以后我还会继续购买我所关注的林产干果品牌产品
BV3	我乐意购买品牌推出的新产品
BV4	我愿意购买品牌的周边产品
BV5	我会在同类产品中优先选择该品牌的产品
BV6	我更愿意向周围的人推荐该品牌的产品
BV7	如果该品牌推出延伸产品，我愿意购买

（6）虚拟品牌社区融入。参考刘勇（2009）的研究，设计微信公众号虚拟品牌社区融入测量量表。为了便于分析，该量表设计为单维量表，包含 4 个测量题项，主要测量林产干果企业微信公众号的消费者用户对微信公众号社区拥有的共同意识、责任和社区精神等，具体见表 5.7。

表 5.7　社区融入测量题项

题项代码	测量题项
PAI1	我知道该微信公众号的活动规则
PAI2	我乐意帮助微信公众号上其他用户
PAI3	我感觉我与微信公众号的其他用户联系很紧密
PAI4	该品牌微信公众号是我经常浏览使用的微信公众号之一

（7）社区支持感。根据 McMillan（1977）、Eiesenberger 等（1986）有关组织支持感的研究和量表开发，设计社区支持感的测量题项。为了便于分析，该量表设计为单维量表，包含 7 个测量题项，主要测量用户对从微信公众号社区所获得各种支持的感知，具体见表 5.8。

表 5.8　社区支持感测量题项

题项代码	测量题项
CS1	微信公众号平台重视粉丝用户反馈的信息
CS2	微信公众号发布试吃活动，鼓励用户参与美食试吃测评，发挥吃货正能量
CS3	微信公众号经常征集粉丝建议或意见
CS4	微信公众号上的用户能够互相鼓励和支持
CS5	该品牌微信公众号真正关心用户的想法
CS6	微信公众号上粉丝用户之间经常互动交流
CS7	微信公众号让用户有机会成为品牌产品的测评师或推荐师

5.2.1.2 问卷设计、预试和修正

（1）设计原则与问卷结构。本研究以社会统计调查中的问卷调查法作为资料收集的主要方法。问卷构建是问卷调查法的主要内容，主体是设计问题和答案，以测量研究对象的特征、态度和行为。设计问卷时，要考虑问题内容、答案选项设计、问题用词表述、问题排列次序等诸多方面。问卷中问题设计的关键因素是相关性，要保证问卷内容与研究目的相互呼应，测量题项提供的信息必须要与研究架构中的研究变量、研究主题相关，注意用词的中性原则，不带倾向性，避免对回答者造成引导的提问方式，以及避免通过引用权威产生偏差的问题；不设计可能难以得到真实回答的问题；未经证实或确认的事情不能作为前提假设。设计封闭式问卷的问题选项时要避免选项不完整和非互斥的问题，保证选项的完备性和互斥性，便于填写问卷者回答。问题用词表述尽量避免使用行话，简明易懂不模糊，没有双重含义（荣泰生，2009）。

问卷中问题的排列要按照先简单有趣再深入复杂的原则循序渐进，同一主题的题目要放在一起，并按照先一般性问题再特定性问题的顺序展开；敏感性的问题和填写问卷者的个人信息等识别性问题、开放式问题等要放在问卷的最后；格式一样的问题要放在一起（荣泰生，2009）。

本研究设计的调查问卷包括以下几部分内容：①被调查者最关注、最常浏览和参与的林产干果企业微信公众号名称；②被调查者对最关注的林产干果企业微信公众号和该品牌的认知等，包括微信公众号社区体验价值感知、微信公众号社区认同、消费者品牌契合、消费者品牌价值创造和品牌价值等，以及用户社区支持感知等；③被调查者基本情况，包括性别、年龄、文化程度、职业等个人信息。调查问卷主体部分，即被调查者对最关注的林产干果企业微信公众号的体验价值感知、微信公众号社区认同、品牌契合和品牌价值认知等采用李克特量表进行测量，使用 5 点计分法，1 为完全不同意，2 为基本不同意，3 为无所谓，4 为基本同意，5 为完全同意，1～5 表示被测试者对测量问题观点的赞同由低到高变化。

（2）条目筛选。问卷的选项答案中常包含量表来测量人们的态度、意愿、看法、性格等（李怀祖，2004）。问卷条目的筛选采用专家咨询和评分法完成。第一轮是专家对变量测量维度重要性进行评价和打分。在借鉴国内外成熟量表的基础上，参考相关学者的研究，结合研究主题设计了林产干果企业微信公众号用户体验价值测量维度表，并编制相应的专家评分表 1（见附录 1），将各构成维度的重要性进行程度区分，分为完全不重要、不太重要、一般、比较重要、非常重要 5 种程度，分别赋值 1、2、3、4、5，由专家对构成变量维度的

重要性进行判断和评分。选择了具有本行业背景和专业知识的 7 名专家，通过发放电子文档的形式，请每一位专家作出独立的判断和评分。

在专家返回评分表后，对专家评分和判断情况进行汇总分析，计算出微信公众号社区体验价值每个测量维度获得的平均分，分数高则说明该测量维度更为重要。按照测量维度平均得分高于总平均分的标准选取量表测量维度，删除平均得分（此处为 3）较低的测量维度，确定该变量的测量维度。根据对专家评分和判断情况的计算分析，研究拟订的微信公众号社区体验价值各维度的得分均超过了平均得分，最终确定了林产干果企业微信公众号社区体验价值的 4 个维度。

然后进行第二轮专家意见咨询，主要是对问卷测量题项内容的代表性和语句表述的清晰度进行判断和评分，以删除内容代表性不强的题项，修改语句表述不清晰、意思含混、不易理解的测量题项。按照筛选后的变量测量维度和其他变量测量要求，编写了包含 61 个测量题项的专家评分表 2（见附录 2），问卷条目的内容代表性分为完全没有代表性、不太具有代表性、一般、比较具有代表性、非常具有代表性 5 个层次，分别赋值 1、2、3、4、5；测量题项内容的语句清晰度分为完全不清晰、不太清晰、一般、比较清晰、非常清晰 5 级，分别赋值 1、2、3、4、5。以电子问卷形式发送给上述专家，取得专家意见反馈后按照专家评分情况，计算出各题项的平均分，删除内容代表性平均分低于题项赋值总平均分（此次为 3）的题项，最终结果为删除 UEV6、EEV3、LEV6、SEV6、AI4、BE3、BE7、CVC5、BV2、BV6、PAI4、CS4 等题项；对语句清晰度平均得分低于题项赋值总平均分（此次为 3）的题项进行修改，具体为对 EEV2、LEV1、SEV3、AI6、CS2、CS6 等题项的表述进行修改，力求测量题项简洁、清晰、容易理解，并重新编码排序，最终形成专家看法基本一致的调查问卷题项，以此为基础设计出本研究的预调查问卷（见附录 3）。

5.2.2 问卷预试和修正

为了保证问卷质量，确保题目提供的信息能有助于解决所要研究的问题，在正式使用问卷前，需要对设计完成的初始问卷和测量工具的有效性进行检验，对初始问卷的有效性进行检验的最好办法就是进行问卷预试（巴比，2009），选择预试样本时，可以本着方便原则，不需要经过正式统计抽样（荣泰生，2010），最好按照题项数最多的分量表题项数的 5 倍以上原则确定预试样本数（吴明隆，2010）。

本研究预调查问卷包含的分量表中，测量题项最多的分量表有 20 个题项，按照此原则，应确定预试样本数为 100 份以上。基于此，本研究通过在微信朋友圈向同事、朋友等以发放电子问卷的方式进行预调查。在发放问卷前，询问了被调查者关注林产干果企业微信公众号情况，要求其至少关注了三只松鼠、百草味和良品铺子中的任意一个微信公众号。最后确定 110 名被调查者，发放并全部回收 110 份电子问卷。回收的问卷中，有部分问卷存在题项填写不完整、前后选择有矛盾等问题，对这类问卷进行了剔除，最终确定有效问卷 98 份，回收有效问卷比率达 89.1%，预调查问卷份数符合预试样本数量要求。

5.2.2.1 信度分析

信度是指“测验或量表工具所测得结果的稳定性（stability）和一致性(consistency)，量表的信度越大，则其测量标准误越小”。信度分为外在信度和内在信度两类，外在信度是指“不同时间测量时量表一致性的程度，再测信度即是外在信度最常使用的检验法”；而内在信度是指“每一个量表是否测量单一概念（idea），同时，组成量表题项的内在一致性程度如何”（吴明隆，2010）。外在信度涉及研究者在相同或相似条件下的重复测量，需要更多的时间和精力。本研究量表所涉及的是较为成熟的变量，相关问卷经过不同学者的使用，具有不错的外在信度，在此不再进行重复检验。内在信度在多选项的测量量表中非常重要，最常使用 Cronbach's α 系数值进行检验（吴明隆，2010）。在李克特量表法中，常用 Cronbach's α 系数值和折半信度（split-half reliabilty）进行信度检验。Cronbach（1951）指出，“Alpha 系数是各种可能折半方式所得信度系数的平均值”。因此，Alpha 系数常常被称为估计信度的最低限度（傅粹馨，2002）。

信度检验时，衡量问卷量表内部一致性的指标，通常选用 Cronbach's α 系数值。该系数值为 0～1，数值高，则说明量表具有较高的内部一致性，量表的信度越好，也即量表越稳定。普遍认为，Cronbach's α 系数值在 0.500 以下，说明量表信度欠佳；0.500～0.599，量表信度可以但偏低；0.600～0.699 为勉强可接受值，量表信度尚可，最好增列题项或修改语句；0.700～0.799 表示信度可以接受，量表信度好；0.800～0.899 表示量表信度高；在 0.900 以上，表示量表信度非常理想（吴明隆，2010）。也有学者认为，探索性研究的 Cronbacha's α 系数值最低要在 0.5 以上，能达到 0.6 以上则比较好（Nunnally，1978）。综合来看，总量表内部一致性信度系数最低要大于 0.70，最好大于 0.80，分量表的内部一致性信度系数最低要大于 0.50，如能大于 0.60 最好（吴明隆，2010）。

为了净化测量量表，首先需要消除量表中的垃圾测量项目（garbage items）（Churchill，1979）。可以使用校正项总计相关性（corrected item total correction，CITC）系数值对量表进行净化。CITC 是指在同一个变量维度中，每个项目与总体的相关系数，当测量项目的CITC系数值较低时，应该删除该项目。但目前对CITC系数值低于多少应该删除并无定论，有删除CITC小于0.5的项目和删除CITC小于0.4的项目（Wang et al.，2001）两种观点。本研究以CITC系数值低于0.5作为项目删除的标准。

需要结合项目删除后的Cronbach's α系数值来判断是否删除项目。项目删除后的Cronbach's α系数值是指量表删除某个题项后，其余题项变量构成的量表Cronbach's α系数值。一般而言，量表中题项越多，则Cronbach's α系数值会越高。如果题项删除后，量表的Cronbach's α系数值比题项未删除时的系数值显著提高，表示所删除的题项与其余题项的内部一致性比较差（Yoo and Donthu，2001），可以考虑删除。本研究按照以下标准删除项目：量表CITC小于0.5的项目，且删除后会增加Cronbach's α系数值。

本研究在设计初始问卷时，参考了国内外学者开发的成熟量表，并针对本研究主题对已有研究量表中的测量题项进行了适当调整，还进行了信度检验以确保调整后问卷量表的内部一致性。

本研究主要检验内在信度，采用内部一致性指标，运用SPSS 24.0统计软件进行量表信度检验。

（1）微信公众号社区体验价值的信度检验。林产干果企业微信公众号社区体验价值量表由4个分量表组成，使用SPSS 24.0进行量表的信度检验，检验结果见表5.9。

表5.9　微信公众号社区体验价值量表的信度检验

变量	测量题项代码	Cronbach's α系数值	题项已删除的Cronbach's α系数值	CITC
情感体验价值	EEV1	0.771	0.716	0.587
	EEV2		0.710	0.598
	EEV3		0.714	0.591
	EEV4		0.785	0.389
	EEV5		0.720	0.571
社交体验价值	SEV1	0.874	0.743	0.838
	SEV2		0.742	0.837
	SEV3		0.701	0.847
	SEV4		0.714	0.845
	SEV5		0.619	0.868

（续）

变量	测量题项代码	Cronbach's α 系数值	题项已删除的 Cronbach's α 系数值	CITC
学习体验价值	LEV1	0.822	0.666	0.773
	LEV2		0.668	0.770
	LEV3		0.688	0.764
	LEV4		0.544	0.806
	LEV5		0.520	0.814
功利体验价值	UEV1	0.899	0.902	0.841
	UEV2		0.886	0.846
	UEV3		0.833	0.858
	UEV4		0.779	0.872
	UEV5		0.943	0.374

由表 5.9 可知，微信公众号情感体验价值测量表 Cronbach's α 系数值为 0.771，大于 0.70，说明微信公众号情感体验价值量表的信度较好，测量题项设计符合要求，量表的内部一致性好。对这 5 个题项的 Cronbach's α 系数值和题项删除后的 Cronbach's α 系数值比较可以发现，与题项删除前的 Cronbach's α 系数值相比，除了题项变量 EEV4 的 Cronbach's α 系数值有所增大，其余 4 个题项的 Cronbach's α 系数值没有显著增大；EEV4 题项的 CITC 系数值为 0.389<0.50，删除题项 EEV4 后 Cronbach's α 系数值增大，量表信度有所提高，所以删除题项 EEV4，保留剩余 4 个测量题项。

社交体验价值测量表的 Cronbach's α 系数值大于 0.80，说明社交体验价值量表的信度很好，测量题项设计符合要求，量表的内部一致性非常好。对这 5 个题项的 Cronbach's α 系数值和题项删除后的 Cronbach's α 系数值比较可以发现，与题项删除前的 Cronbach's α 系数值相比，5 个题项的 Cronbach's α 系数值没有显著增大，都符合信度要求；5 个题项项目的 CITC 值全部都大于 0.50，说明量表中没有需要消除的垃圾项目。根据以上分析，5 个测量题项全部保留。

学习体验价值测量表的 Cronbach's α 系数值大于 0.80，说明学习体验价值量表的信度好，测量题项设计符合研究要求，量表的内部一致性较好。对这 5 个题项的 Cronbach's α 系数值和题项删除后的 Cronbach's α 系数值比较可以发现，与题项删除前的 Cronbach's α 系数值相比，5 个题项删除后的 Cronbach's α 系数值都没有增大，符合信度要求；5 个题项项目的 CITC 值全部都大于 0.50，说明量表中没有需要消除的垃圾项目。根据以上分析，5 个测量题项全部保留。

功利体验价值测量表 Cronbach's α 系数值大于 0.85，说明微信公众号功利体验价值量表的信度很好，测量题项设计符合要求，量表的内部一致性非常好。对这 5 个题项的 Cronbach's α 系数值和题项删除后的 Cronbach's α 系数值比较可以发现，与题项删除前的 Cronbach's α 系数值相比，除了题项 UEV5 删除后的 Cronbach's α 系数值增大外，其余 4 个题项删除后的 Cronbach's α 系数值没有增大或明显增大。UEV5 题项的 CITC 系数值为 0.374，小于 0.50，删除题项 UEV5 的 Cronbach's α 系数值增大到 0.943，量表信度有所提高，所以删除题项变量 UEV5，保留其余 4 个测量题项。

（2）微信公众号社区认同的信度检验。微信公众号社区认同量表由 5 个题项组成，使用 SPSS 24.0 软件检验其信度，检验结果见表 5.10。

表 5.10　微信公众号社区认同量表的信度检验

变量	测量题项代码	Cronbach's α 系数值	题项已删除的 Cronbach's α 系数值	CITC
微信公众号社区认同	AI1	0.812	0.725	0.738
	AI2		0.830	0.399
	AI3		0.693	0.746
	AI4		0.725	0.739
	AI5		0.487	0.811

由表 5.10 可知，微信公众号社区认同测量表的 Cronbach's α 系数值大于 0.80，说明微信公众号社区认同量表的信度好，测量题项设计符合要求，量表的内部一致性好。

对这 5 个题项的 Cronbach's α 系数值和题项删除后的 Cronbach's α 系数值比较可以发现，与题项删除前的 Cronbach's α 系数值相比，除了题项变量 AI2 的 Cronbach's α 系数值有所增大，其余 4 个题项的 Cronbach's α 系数值都没有增大。AI2 题项的 CITC 系数值为 0.399，小于 0.50，删除题项 AI2 后 Cronbach's α 系数值增大，量表信度有所提高，所以删除题项 AI2，保留剩余 4 个测量题项。

（3）消费者品牌契合的信度检验。消费者品牌契合量表由 5 个题项组成，使用 SPSS 24.0 软件检验其信度，检验结果见表 5.11。

表 5.11　消费者品牌契合量表的信度检验

变量	测量题项代码	Cronbach's α 系数值	题项已删除的 Cronbach's α 系数值	CITC
品牌契合	BE1	0.824	0.894	0.263
	BE2		0.750	0.756
	BE3		0.676	0.772
	BE4		0.717	0.760
	BE5		0.743	0.790

由表 5.11 可知，消费者品牌契合测量表的 Cronbach's α 系数值大于 0.80，说明消费者品牌契合量表的信度好，量表的内部一致性高。测量题项设计符合研究要求。

对这 5 个题项的 Cronbach's α 系数值和题项删除后的 Cronbach's α 系数值比较可以发现，与题项删除前的 Cronbach's α 系数值相比，除了题项变量 BE1 的 Cronbach's α 系数值有所增大，其余 4 个题项的 Cronbach's α 系数值都没有增大。BE1 题项的 CITC 系数值为 0.263，小于 0.50，删除题项 BE1 后 Cronbach's α 系数值增大，量表信度有所提高，所以删除题项 BE1，保留剩余 4 个测量题项。

（4）消费者品牌价值创造的信度检验。消费者品牌价值创造量表由 5 个题项组成，使用 SPSS 24.0 软件检验其信度，检验结果见表 5.12。

表 5.12　消费者品牌价值创造量表的信度检验

变量	测量题项代码	Cronbach's α 系数值	题项已删除的 Cronbach's α 系数值	CITC
消费者品牌价值创造	CVC1	0.889	0.896	0.827
	CVC2		0.908	0.822
	CVC3		0.827	0.843
	CVC4		0.953	0.352
	CVC5		0.760	0.858

由表 5.12 可知，消费者品牌价值创造测量表的 Cronbach's α 系数值大于 0.85，说明消费者品牌价值创造量表的信度好，测量题项设计符合要求，量表的内部一致性好。

对这 5 个题项的 Cronbach's α 系数值和题项删除后的 Cronbach's α 系数值比较可以发现，与题项删除前的 Cronbach's α 系数值相比，除了题项变量 CVC4 的 Cronbach's α 系数值变大外，其他 4 个题项的 Cronbach's α 系数值没有增大或显著增大。CVC4 题项的 CITC 系数值为 0.352，小于 0.50，删除题项 CVC4 后 Cronbach's α 系数值增大，量表信度有所提高，所以删除题项 CVC4，保留剩余 4 个测量题项。

（5）品牌价值的信度检验。品牌价值量表由 5 个题项组成，运用 SPSS 24.0 统计软件对其进行信度检验，检验结果见表 5.13。

表 5.13　品牌价值量表的信度检验

变量	测量题项代码	Cronbach's α 系数值	题项已删除的 Cronbach's α 系数值	CITC
品牌价值	BV1	0.846	0.759	0.783
	BV2		0.766	0.786

（续）

变量	测量题项代码	Cronbach's α 系数值	题项已删除的 Cronbach's α 系数值	CITC
品牌价值	BV3	0.846	0.641	0.818
	BV4		0.558	0.838
	BV5		0.563	0.841

由表 5.13 可知，品牌价值测量表的 Cronbach's α 系数值大于 0.80，说明品牌价值量表的信度好，测量题项设计符合要求，量表的内部一致性好。

对这 5 个题项的 Cronbach's α 系数值和题项删除后的 Cronbach's α 系数值比较可以发现，与题项删除前的 Cronbach's α 系数值相比，5 个题项的 Cronbach's α 系数值没有增大，都符合信度要求；5 个题项项目的 CITC 值全部都大于 0.50，说明量表中没有需要消除的垃圾项目。根据以上分析，5 个测量题项全部保留。

（6）微信公众号社区融入的信度检验。微信公众号社区融入量表由 3 个题项组成，运用 SPSS 24.0 统计软件对其进行信度检验，检验结果见表 5.14。

表 5.14　微信公众号社区融入价值量表的信度检验

变量	测量题项代码	Cronbach's α 系数值	题项已删除的 Cronbach's α 系数值	CITC
微信公众号社区融入	PAI1	0.907	0.866	0.823
	PAI2		0.767	0.906
	PAI3		0.819	0.866

由表 5.14 可知，微信公众号社区融入测量表的 Cronbach's α 系数值大于 0.90，说明微信公众号社区融入量表的信度很好，测量题项设计符合要求，量表的内部一致性很好。

对这 3 个题项的 Cronbach's α 系数值和题项删除后的 Cronbach's α 系数值比较可以发现，与题项删除前的 Cronbach's α 系数值相比，3 个题项的 Cronbach's α 系数值没有增大，都符合信度要求；3 个题项项目的 CITC 值全部都大于 0.50，说明量表中没有需要消除的垃圾项目。根据以上分析，3 个测量题项全部保留。

（7）社区支持感的信度检验。社区支持感量表由 6 个题项组成，运用 SPSS 24.0 统计软件对其进行信度检验，检验结果见表 5.15。

由表 5.15 可知，社区支持感测量表的 Cronbach's α 系数值大于 0.90，说明社区支持感量表的信度好，测量题项设计符合要求，量表的内部一致性好。

表 5.15 社区支持感量表的信度检验

变量	测量题项代码	Cronbach's α 系数值	题项已删除的 Cronbach's α 系数值	CITC
社区支持感	CS1	0.944	0.895	0.926
	CS2		0.748	0.943
	CS3		0.797	0.938
	CS4		0.790	0.938
	CS5		0.867	0.929
	CS6		0.903	0.924

对这 6 个题项的 Cronbach's α 系数值和题项删除后的 Cronbach's α 系数值比较可以发现，与题项删除前的 Cronbach's α 系数值相比，6 个题项的 Cronbach's α 系数值没有增大，都符合信度要求；6 个题项项目的 CITC 值全部都大于 0.50，说明量表中没有需要消除的垃圾项目。根据以上分析，6 个测量题项全部保留。

5.2.2.2 效度分析

吴明隆（2010）认为，“所谓效度是指能够测到该测验所欲测（使用者所设计的）心理或行为到何种程度。”效度可分为内容效度、效标关联效度和建构效度 3 类。其中，“内容效度（content validity）是指测验量表内容或题目的适切性与代表性”，通常采用题目分布的合理性进行判断，也被称为逻辑效度（吴明隆，2010）。黄芳铭（2005）曾指出，内容效度的检验不是通过统计分析完成。本研究在设计测量问卷时参考了国内外学者的相关研究，设计完成的问卷经过相关专家反复讨论并修正，最后预测试结果显示，问卷题项的表述准确、清晰，具有较高的内容效度。

效标关联效度（criterion-related validity）指“测验与外在效标间关系的程度”（吴明隆，2010），也称为经验效度，主要是指测量量表具有预测的能力。本研究的目的不是预测，所以不需要检验效标关联效度。

建构效度是指“能够测量出理论的特质或概念的程度”。建构效度因既有理论的逻辑分析基础，又有根据实际调研数据检验理论的正确性，被认为是一种最严谨的效度检验方法，最常使用因子分析法进行建构效度检验。根据出现的共同因子来确定构念的结构成分，按照量表或测验提取的共同因子，就可以清楚量表或测验能够测量的特质或态度（吴明隆，2010）。

因子分析所要建构的效度就是建构效度，提取因子不多但能解释全部最大的变异量是因子分析中最重要的要求。因子分析法一般分为探索性因子分析（exploratory factor analysis，EFA）和验证性因子分析（confirmatory factor analysis，CFA）两种（吴明隆，2010）。一般在预调查问卷时，大多采用探索性因子分析来测量建构效度。

本研究运用 SPSS 24.0，对前面经过信度检验后修订的预调查问卷各分量表（删除测量题项 UEV5、EEV4、AI2、BE1、CVC4）进行效度检验。在量表是否适合进行因子分析的判别上，采用 Kaiser（1959）提出的根据 KMO 值大小和 Bartlett 球形度检验 χ^2统计值的显著性依据（吴明隆，2010）。采用主成分法提取因子，以正交方差法旋转因子，按照特征值大于 1 的标准选取因子。

(1) 微信公众号社区体验价值的效度检验。运用 SPSS 24.0，对修订后预调查问卷的微信公众号社区体验价值分量表（删除 UEV5、EEV4）进行效度检验，微信公众号社区体验价值量表的 KMO 值为 0.767，KMO 值介于 0～1，一般认为，当 KMO 值小于 0.5 时，不适合进行因子分析；当 KMO 值大于 0.6 时，勉强可以进行因子分析；当 KMO 值大于 0.7 时，可以进行因子分析；当 KMO 值大于 0.8 时，说明变量间的关系良好，适合进行因子分析；当 KMO 值大于 0.9 时，则说明变量间的关系非常好，非常适合做因子分析。如果 Bartlett 球形度检验 χ^2统计值的显著性 P 值小于 0.05，则拒绝变量间的相关矩阵不是单元矩阵的假设，接受相关矩阵是单元矩阵的假设，说明数据适合进行因子分析（吴明隆，2010）。微信公众号社区体验价值量表 Bartlett 球形度检验 χ^2统计值的 P 值为 0.000，表示适合因子分析，见表 5.16。

表 5.16　微信公众号社区体验价值量表的 KMO 值和 Bartlett 球形度检验

Kaiser-Meyer-Olkin		0.767
Bartlett 球形度检验	近似卡方分布	847.834
	df	153
	Sig.	0.000

采用主成分法提取因子，以正交方差法旋转因子，按照特征值大于 1 的标准选取因子，微信公众号社区体验价值量表抽取出 4 个因子，累计解释总方差的 69.835%（表 5.17）。在社会科学研究领域，如果提取的共同因子累计解释变异量的 50%以上，提取的共同因子是可以接受的；如果提取的共同因子累计解释变异量的 60%以上，说明提取的共同因子甚为理想（吴明隆，2010）。因此，说明微信公众号社区体验价值变量提取的 4 个因子具有较强的方差解释能力，能较好地代表原有的变量信息。

表 5.17 微信公众号社区体验价值因子解释的总方差

成分	初始特征值			提取平方和载入			旋转平方和载入		
	合计	方差的 %	累积 %	合计	方差的 %	累积 %	合计	方差的 %	累积 %
1	5.000	27.780	27.780	5.000	27.780	27.780	3.517	19.539	19.539
2	3.153	17.517	45.297	3.153	17.517	45.297	3.510	19.500	39.039
3	2.657	14.759	60.056	2.657	14.759	60.056	2.989	16.607	55.646
4	1.760	9.779	69.835	1.760	9.779	69.835	2.554	14.190	69.836

微信公众号社区体验价值量表提取的 4 个因子中，每个题项在相应因子上的负荷值都大于 0.55，并且在其他因子维度中的负荷值都小于 0.4，不存在明显的跨因子交叉分布，说明这 4 个因子能较好地解释各自对应的测量题项，各测量题项在相应因子中具有较好的收敛效度和区别效度。所提取的因子负荷值见表 5.18。

表 5.18 微信公众号社区体验价值旋转因子矩阵

题项	因子			
	1	2	3	4
UEV1	0.926			
UEV2	0.923			
UEV3	0.918			
UEV4	0.861			
SEV3		0.818		
SEV1		0.814		
SEV4		0.809		
SEV2		0.789		
SEV5		0.756		
LEV3			0.820	
LEV2			0.805	
LEV1			0.802	
LEV4			0.694	
LEV5			0.682	
EEV2				0.845
EEV1				0.820
EEV3				0.726
EEV5				0.593

上述效度检验的结果表明，微信公众号社区体验价值量表修订后（删除题项 UEV5、EEV4）的效度理想，各个题项可以作为正式量表的测量题项。因此，修订后的微信公众号社区体验价值量表包含 18 个题项，见表 5.18。

（2）微信公众号社区认同的效度检验。运用 SPSS 24.0，对微信公众号社区认同量表进行效度检验，显示微信公众号社区认同量表的 KMO 值达到 0.803，Bartlett 球形度检验 χ^2 统计值显著，说明量表适合进行因子分析，见表 5.19。

表 5.19 微信公众号社区认同量表的 KMO 值和 Bartlett 球形度检验

Kaiser-Meyer-Olkin		0.803
Bartlett 球形度检验	近似卡方分布	117.579
	df	6
	Sig.	0.000

采用主成分法提取因子，微信公众号社区认同量表提取出 1 个因子，解释了观察变量方差的 66.818%，见表 5.20。说明微信公众号社区认同变量提取的 1 个因子能较好地代表原有的变量信息，可以解释大部分原有变量和概括原有变量包含的大多数信息。所提取的 1 个因子中，每个题项在相应因子上的负荷值都大于 0.70，说明这 1 个因子能解释各自对应的测量题项。

表 5.20 微信公众号社区认同因子矩阵

题项	因子 1	初始特征值	解释方差的%
AI1	0.851	2.673	66.818
AI3	0.848		
AI4	0.854		
AI5	0.707		

（3）消费者品牌契合的效度检验。运用 SPSS 24.0，对消费者品牌契合量表进行效度检验，显示品牌契合量表的 KMO 值达到 0.837，Bartlett 球形度检验 χ^2 统计值显著，说明该量表适合因子分析，见表 5.21。

表 5.21 消费者品牌契合量表的 KMO 值和 Bartlett 球形度检验

Kaiser-Meyer-Olkin		0.837
Bartlett 球形度检验	近似卡方分布	177.441
	df	6
	Sig.	0.000

采用主成分法提取因子，品牌契合量表提取出 1 个因子，累计解释观察变量方差的 76.235%，见表 5.22。说明品牌契合变量提取的 1 个因子能较好地代表原有的变量信息，可以解释大部分原有变量和概括原有变量包含的大多数信息。所提取的 1 个因子中，每个题项在相应因子上的负荷值都大于 0.80，说明这 1 个因子能解释各自对应的测量题项。

表 5.22 消费或者品牌契合因子矩阵

题项	因子 1	初始特征值	解释方差的 %
BE2	0.868	3.049	76.235
BE3	0.880		
BE4	0.854		
BE5	0.891		

(4) 消费者品牌价值创造的效度检验。运用 SPSS 24.0，对消费者品牌价值创造量表进行效度检验，显示消费者品牌价值创造量表的 KMO 值达到 0.842，Bartlett 球形度检验 χ^2 统计值显著，说明该量表适合因子分析，见表 5.23。

表 5.23 消费者品牌价值创造量表的 KMO 值和 Bartlett 球形度检验

Kaiser-Meyer-Olkin		0.842
Bartlett 的球形度检验	近似卡方分布	397.700
	df	6
	Sig.	0.000

采用主成分法提取因子，消费者品牌价值创造量表提取出 1 个因子，解释了观察变量方差的 87.789%，见表 5.24。说明消费者品牌价值创造变量提取的 1 个因子能较好地代表原有的变量信息，可以解释大部分原有变量和概括原有变量包含的大多数信息。所提取的 1 个因子中，每个题项在相应因子上的负荷值都大于 0.85，说明这 1 个因子能很好地解释各自对应的测量题项。

表 5.24 消费者品牌价值创造因子矩阵

题项	因子 1	初始特征值	解释方差的 %
CVC1	0.976	3.512	87.789
CVC2	0.971		
CVC3	0.942		
CVC5	0.854		

（5）品牌价值的效度检验。运用 SPSS 24.0，对品牌价值量表进行效度检验，显示品牌价值量表的 KMO 值达到 0.821，Bartlett 球形度检验 χ^2 统计值显著，说明该量表适合因子分析，见表 5.25。

表 5.25　品牌价值量表的 KMO 值和 Bartlett 球形度检验

Kaiser-Meyer-Olkin		0.821
Bartlett 球形度检验	近似卡方	163.322
	df	10
	Sig.	0.000

采用主成分法提取因子，品牌价值量表提取出 1 个因子，解释了观察变量方差的 62.588%，见表 5.26，说明品牌价值变量提取的 1 个因子能较好地代表原有的变量信息，可以解释大部分原有变量和概括原有变量包含的大多数信息。所提取的 1 个因子中，每个题项在相应因子上的负荷值都大于 0.70，说明这 1 个因子能解释各自对应的测量题项。

表 5.26　消费者品牌价值创造因子矩阵

题项	因子 1	初始特征值	解释方差的 %
BV1	0.867	3.129	62.588
BV2	0.873		
BV3	0.787		
BV4	0.707		
BV5	0.706		

（6）微信公众号社区融入的效度检验。运用 SPSS 24.0，对微信公众号社区融入量表进行效度检验，显示微信公众号社区融入量表的 KMO 值为 0.731，Bartlett 球形度检验 χ^2 统计值显著，说明该量表适合因子分析，见表 5.27。

表 5.27　微信公众号社区融入量表的 KMO 值和 Bartlett 球形度检验

Kaiser-Meyer-Olkin		0.731
Bartlett 球形度检验	近似卡方分布	157.201
	df	3
	Sig.	0.000

采用主成分法提取因子，微信公众号社区融入量表提取出 1 个因子，解释了观察变量方差的 84.507%，见表 5.28，说明微信公众号社区融入变量

提取的 1 个因子能较好地代表原有的变量信息，可以解释大部分原有变量和概括原有变量包含的大多数信息。所提取的 1 个因子中，每个题项在相应因子上的负荷值都大于 0.85，说明这 1 个因子能很好地解释各自对应的测量题项。

表 5.28　微信公众号社区融入因子解释的总方差

题项	因子 1	初始特征值	解释方差的 %
PAI1	0.943		
PAI2	0.893	2.535	84.507
PAI3	0.921		

（7）社区支持感的效度检验。运用 SPSS 24.0，对社区支持感量表进行效度检验，显示社区支持感量表的 KMO 值达到 0.900，Bartlett 球形度检验 χ^2 统计值显著，说明该量表适合因子分析，见表 5.29。

表 5.29　社区支持感量表的 KMO 值和 Bartlett 球形度检验

Kaiser-Meyer-Olkin		0.900
	近似卡方分布	439.030
Bartlett 球形度检验	*df*	15
	Sig.	0.000

采用主成分法提取因子，社区支持感量表提取出 1 个因子，解释了观察变量方差的 78.547%，见表 5.30。说明社区支持感变量提取的 1 个因子能较好地代表原有的变量信息，可以解释大部分原有变量和概括原有变量包含的大多数信息。所提取的 1 个因子中，每个题项在相应因子上的负荷值都大于 0.80，说明这 1 个因子能解释各自对应的测量题项。

表 5.30　社区支持感因子矩阵

题项	因子 1	初始特征值	解释方差的 %
CS1	0.933		
CS2	0.821		
CS3	0.857		
CS4	0.853	4.713	78.547
CS5	0.910		
CS6	0.937		

根据预调查问卷的调研情况，以及预调查问卷主要分量表的信度检验和效度检验结果，在删除不合格题项（UEV5、EEV4、AI2、BE1、CVC4）后，重新按顺序对测量题项进行编码，得到正式测量量表（表5.31），并以此为基础编制正式的调查问卷（附录4）。

表5.31 正式测量量表

变量	题项代码	题项
功利体验价值	UEV1	微信公众号上的各种优惠活动帮我省了不少钱
	UEV2	微信公众号上购买很方便
	UEV3	微信公众号平台的板块分类和栏目设置方便好用
	UEV4	在微信公众号上，我能了解到很多品牌相关信息
情感体验价值	EEV1	微信公众号上的很多活动让我很期待和兴奋
	EEV2	该品牌微信公众号上的内容丰富新颖，很有意思
	EEV3	微信公众号上用户的留言或评论让人感觉很轻松
	EEV4	在微信公众号社区中，我的压力能得到一定程度缓解
学习体验价值	LEV1	我从微信公众号上知道了很多知识（如林产干果产品搭配、健康均衡营养的知识等）
	LEV2	该品牌微信公众号上介绍了很多美食的吃法或做法
	LEV3	我通过微信公众号掌握了很多有关林产干果的知识
	LEV4	微信公众号上有专门介绍林产干果产品有关知识的板块内容
	LEV5	我能从微信公众号平台上学习到很多有用知识
社会体验价值	SEV1	我能在微信公众号上与其他吃货一起分享购买心情和事件
	SEV2	微信公众号让品牌消费者有了一个线上交流互动的地方
	SEV3	我通过留言、评论、赞赏其他用户的帖子等与其他成员交流互动
	SEV4	微信公众号扩大了我的社会交往范围
	SEV5	微信公众号中，我能得到其他用户的支持和鼓励
公众号社区认同	AI1	该微信公众号符合我的期望和要求
	AI2	我是该品牌微信公众号的活跃粉丝
	AI3	微信公众号上汇集了一群像我一样的吃货达人
	AI4	微信公众号上集中了一批有相同爱好或选择的人
消费者品牌契合	BE1	消费该品牌产品，激发了我了解该品牌的兴趣
	BE2	消费该品牌的林产干果产品，我感到很开心
	BE3	我为购买该品牌的林产干果而自豪
	BE4	每当购买林产干果时，我通常购买该品牌的产品

（续）

变量	题项代码	题项
消费者品牌价值创造	CVC1	我会主动向周围的人推荐该品牌的产品
	CVC2	我会主动向其他社区用户分享该品牌的美食心得和攻略等
	CVC3	我在微信公众号平台向品牌提供新品开发建议
	CVC4	我积极向微信公众号提供品牌营销活动创意
品牌价值	BV1	我愿意花更高的价格购买该品牌的产品
	BV2	我乐意购买品牌推出的新产品
	BV3	我愿意购买品牌的周边产品
	BV4	我会在同类产品中优先选择该品牌的产品
	BV5	如果该品牌推出延伸产品，我愿意购买
微信公众号社区融入	PAI1	我知道该微信公众号的活动规则
	PAI2	我乐意帮助微信公众号上其他用户
	PAI3	我感觉我与微信公众号的其他用户联系很紧密
社区支持感	CS1	微信公众号平台重视粉丝用户反馈的信息
	CS2	微信公众号经常发起用户试吃测评活动
	CS3	微信公众号经常征集粉丝建议或意见
	CS4	该品牌微信公众号真正关心用户的想法
	CS5	微信公众号上粉丝用户之间经常互动交流
	CS6	微信公众号让用户有机会成为品牌产品的测评师或推荐师

5.2.3 数据收集和数据描述

5.2.3.1 正式调查和数据来源

本研究选取三只松鼠、百草味、良品铺子 3 家林产干果企业作为研究对象，集中研究经济林产品企业通过微信公众号互联网平台实现消费者品牌契合的过程及对品牌价值的提升影响，具有一定的代表性。

本研究在拟定研究技术方案时，确定采用结构方程模型（SEM）进行分析。因此，在正式调查获取样本的时候，要考虑样本数量与分析方法的适宜性。样本数量会影响结构方程模型的分析结果，因为结构方程模型采用渐进理论（asymptotic theory）估计参数，而且要处理较多的变量，变量间关系又较为复杂，在样本数量足够大的情况下，所估计的参数才能得到一致性和常态分配的假定，才能维持结构方程模型估计的精确性和确保其代表性（黄芳铭，

2005；邱皓政、林碧芳，2009）。因此，对结构方程模型分析来说，样本数量越大越好。但是，样本数量会相当大地影响结构方程模型的绝对适配度指标值，样本数量越大，模型卡方值越容易显著，模型被拒绝的机会也越大。因此，要寻求样本数量与适配度的平衡相当不容易。到底样本数量多大是适宜的，有学者认为，样本数要在 100～150 才能满足要求（Anderson and Gerbing，1988）；也有学者认为，样本数量达到 400 才是最恰当的（Boomsma，1982、1983）；还有学者发现，大部分的结构方程模型研究，样本数量均在 200～500（黄芳铭，2005）。一般来说，为了取得稳定的结构方程模型分析结果，样本数量要在 200 以上（邱皓政、林碧芳，2009）。

问卷调查以三只松鼠、百草味和良品铺子这 3 家林产干果企业的微信公众号用户作为调查对象，通过在这 3 家企业微信公众号吃货部落、品牌粉丝 QQ 群以及微信好友和朋友圈等途径发放调查问卷，于 2017 年 4—6 月进行了调查，共获得有效问卷 435 份。

（1）在三只松鼠、百草味和良品铺子微信公众号社区中进行调查。笔者关注上述 3 家企业官方微信公众号，在微信公众号社区的吃货部落中选择该品牌部落周贡献排行榜名单中可以发私信的用户，通过发消息和赠送部落虚拟礼物的方式取得联系，并邀请其填写调查问卷。为了保证问卷数据的有效性，通过发私信方式对连续上榜用户进行了询问筛选和甄别，排除了该品牌微信公众平台工作人员，并限定一个粉丝用户只能填写一次问卷。2017 年 4—6 月，上述 3 个品牌吃货部落周贡献排行榜中共有 76 位用户对问卷填写邀请作出回应并填写了问卷，人工检查后剔除填写有误、前后明显矛盾、选项均为极端值（1 或 5）或中间值（3）、填写不完整的问卷后，最终得到有效问卷 71 份，有效问卷比率为 93.4%。其中，三只松鼠微信公众号用户问卷 37 份、百草味微信公众号用户问卷 21 份、良品铺子微信公众号用户问卷 13 份。

（2）寻找并申请加入三只松鼠、百草味和良品铺子等品牌粉丝聚集的 QQ 群，与群主沟通并征得同意后，将电子问卷发布到 QQ 群内，邀请微信公众号粉丝用户参加有奖问卷调查。为了鼓励微信公众号粉丝用户参与问卷调查，承诺对完整填写问卷的被调查者提供参与奖品，奖品设置为 10 元话费充值或 10 元等值的虚拟礼物。2017 年 4—6 月，共收到问卷 271 份，人工检查后剔除填写有误、前后明显矛盾、同一 IP 地址、选项均为极端值（1 或 5）或中间值（3）、填写不完整的问卷后，得到有效问卷 256 份，有效问卷比率为 94.5%。其中，三只松鼠 QQ 粉丝群问卷 65 份、百草味 QQ 粉丝群问卷 105 份、良品铺子 QQ 粉丝群问卷 86 份。

（3）通过微信好友和微信朋友圈，采用滚动取样的方式进行问卷调查。尽管抽样调查有助于保证数据质量，但调查成本比较高、收集充分样本的难度比较大，因此，本研究采用滚动取样的方式。先询问和筛选符合调查对象特征的朋友，向其发放电子调查问卷填写，再由对方采用类似的滚动法选取其他问卷填写者，这种调查方法的问卷回收率较高且成本相对较低。发放调查问卷前，首先进行被调查对象的筛选，要求被调查者至少关注了三只松鼠、百草味和良品铺子这 3 家企业微信公众号中的一个。考虑到同一个被调查者有可能同时是这 3 家林产干果企业微信公众号的粉丝用户，因此要求被调查者从上述企业微信公众号中选择一家自己最关注、最常浏览、最喜欢的微信公众号来填写问卷。共回收问卷 123 份，人工检查后剔除填写有误、前后明显矛盾、选项均为极端值（1 或 5）或中间值（3）、填写不完整的问卷后，得到有效问卷 108 份，有效问卷比率为 87.8%。其中，三只松鼠微信公众号粉丝用户问卷 46 份、百草味微信公众号粉丝用户问卷 39 份、良品铺子微信公众号粉丝用户问卷 23 份。

正式调查获得 435 份有效调查问卷，其中 148 份来自三只松鼠企业微信公众号用户，165 份来自百草味企业微信公众号用户，122 份来自良品铺子企业微信公众号用户。

5.2.3.2 数据的人口统计学分析

本研究通过正式调查得到 435 份有效问卷，调查样本的性别、年龄等相关人口统计学情况具体见表 5.32。

表 5.32 调查样本的基本特征情况

人口统计变量	类别	人数（人）	百分比（%）
性别	女	225	51.7
	男	210	48.3
年龄	24 岁及以下	148	34.1
	25～35 岁	175	40.2
	35 岁以上	112	25.7
教育程度	初中及以下	56	12.9
	高中和中专	91	20.9
	大专	114	26.2
	本科及以上	174	40.0
职业	行政事业单位员工	112	25.8
	企业员工	108	24.8
	学生	86	19.8
	自由职业者	74	17.0
	其他	55	12.6

（1）性别分布。女性被调查者为225人，占总样本的51.7%；男性被调查者为210人，占总样本的48.3%。

（2）年龄分布。24岁及以下的被调查者为148人，占总样本的34.1%；25～35岁的被调查者为175人，占总样本的40.2%；35岁以上的被调查者为112人，占总样本的25.7%。

（3）教育程度分布。初中及以下的被调查者为56人，占总样本的12.9%；高中和中专学历的被调查者为91人，占总样本的20.9%；大专学历的被调查者为114人，占总样本的26.2%；本科及以上学历的被调查者为174人，占总样本的40.0%。

（4）职业分布。行政事业单位员工为112人，占总样本的25.8%；企业员工为108人，占总样本的24.8%；学生为86人，占总样本的19.8%；自由职业者为74人，占总样本的17.0%；其他职业为55人，占总样本的12.6%。

根据腾讯公司发布的《微信2016影响力报告》《微信2018影响力报告》显示，微信超过40%的用户年龄在26～35岁，年轻用户和老年用户的构成比例也在增长，年龄构成较2015年更加平衡。在用户的职业分布中，最多的是企业职员，此外还有事业单位员工、自由职业者和学生。

根据中国产业信息网的数据，15～35岁的消费者是林产干果产品的主要消费群体，女性是网购林产干果产品的主要人群，用于林产干果的消费支出在女性消费者食品支出中具有较高的占比。当前，我国“80后”“90后”逐渐成为休闲食品消费的主流群体，受生活水平提高及互联网科技的影响，关注产品的品牌和品质以及线上活动时间较多。可见，研究样本符合林产干果类休闲零食网络消费者的人口分布情况，样本的职业分布和年龄分布也符合微信用户特征，样本具有较好的代表性。

5.2.4 量表检验

因子分析的可靠性不仅与预试样本的抽样有关，而且与样本数的多少也密切相关。对于因子分析应使用多少样本才能保证结果更为可靠，尽管学者们并无一致定论，但多数学者认为受试样本数应该比测量量表的题项数多，最好样本数是测量量表题项数的5倍之多，如果能达到10倍以上，因子分析结果的稳定性更好。如果题项间的相关度越小或者题项数越多，需要的预试样本数就越多。一般在因子分析时，出于建构精确效度的考虑，样本数最好在150个以上。

因子数目选择的准则，按照Kaiser（1959）提出的特征根值大于1的原则来抽取因子。应用Kaiser（1959）准则时，一般来说，当因子分析的题项数在20～50时，按照特征值大于1来选取因子是最为可靠的（吴明隆，2010）。题项间进行因子分析是否适合，Kaiser（1959）提出根据 KMO 值的大小来判断。KMO 值介于 0～1，一般认为，当 KMO 值小于 0.5 时，不适合进行因子分析；当 KMO 值大于 0.6 时，勉强可以进行因子分析；当 KMO 值大于 0.7 时，可以进行因子分析；当 KMO 值大于 0.8 时，说明变量间的关系良好，适合进行因子分析；当 KMO 值大于 0.9 时，则说明变量间的关系非常好，非常适合做因子分析。KMO 值越靠近 1，越适合进行因子分析。如果 Bartlett 球形度检验 χ^2统计值的显著性 P 值小于 0.05，则拒绝变量间的净相关矩阵不是单元矩阵的假设，说明量表进行因子分析是适合的（吴明隆，2010）。

因子负荷量是因子结构中原始变量与提取出的共同因子间的相关系数。对于因子负荷值多大才能将测量题项归入共同因子中，Hair 等（1998）认为，如果因子分析时样本数比较少，那么选取因子负荷量的标准要较高；如果因子分析时样本数比较大，那么选取因子负荷量的标准可以比较低。陈顺宇（2004）提出了不同样本大小下因子负荷量选取的标准：样本数为 50 个时，因子负荷量选取标准值为 0.750；样本数为 60 个时，因子负荷量选取标准值为 0.700；样本数为 70 个时，因子负荷量选取标准值为 0.650；样本数为 85 个时，因子负荷量选取标准值为 0.600；样本数为 100 个时，因子负荷量选取标准值为 0.550；样本数为 120 个时，因子负荷量选取标准值为 0.500；样本数为 150 个时，因子负荷量选取标准值为 0.450；样本数为 200 个时，因子负荷量选取标准值为 0.400；样本数为 250 个时，因子负荷量选取标准值为 0.350；样本数为 350 个时，因子负荷量选取标准值为 0.300。

Tabachnick、Fidell（2007）从个别共同因子可以解释题项变量的差异程度角度，提出了因子负荷量值的选取准则。按照结构方程模型的测量模型检验观点，指标变量的信度指标值大于 0.5，指标变量才能有效反映潜在因子，因子负荷量值越大，变量间的共同因子特质越多。因子负荷量值＞0.71，共同因子能够解释指标变量变异量的 50%（因子负荷量的平方），因子负荷量值的状况非常理想；因子负荷量值＞0.63，共同因子能够解释指标变量变异量的 40%，因子负荷量的状况很理想；因子负荷量值＞0.55，共同因子能够解释指标变量变异量的 30%，因子负荷量的状况比较理想；因子负荷量值＞0.45，共同因子能够解释指标变量变异量的 20%，因子负荷量的状况一般；因子负荷量值＞0.32，共同因子能够解释指标变量变异量的 10%，因子负荷量的状况不理想；因子负荷量值＜0.32，共同因子能够解释指标变量变异量的比例不到 10%，因子负荷量的状况很不理想，测量题项无法有效反映其共同因子，此时虽然这类题目是构成某个因子的题项，贡献却非常小，为提高整个因子的一致性，可以考虑删除这一题项（Tabachnick and Fidell，2007；邱皓政、林碧芳，2009）。按照此准则，因子负荷量最好选取 0.4 以上的，这时共同因子可以解释题项变量的16%（吴明隆，2010）。

5.2.4.1 探索性因子分析

验证性因子分析是“探究量表的因素结构是否能与抽样样本适配”，而探索性因子分析是要探索因子分析的结果是否符合理论基础或研究框架，“透过因素分析可以将杂乱无章的变量重新排列组合，理出头绪”（吴明隆，2010）。一般都会通过探索性因子分析来预试量表或问卷，以期获得量表的最佳因子结构，建立问卷的建构效度（吴明隆，2011）。

运用SPSS 24.0对林产干果企业微信公众号社区体验价值、消费者品牌契合和品牌价值等进行探索性因子分析。在进行探索性因子分析前，先进行KMO值和Bartlett球形度检验，以KMO值和Bartlett球形度检验χ^2统计值的显著性P值为指标来判断变量是否适宜进行因子分析。

在探索性因子分析过程中，采用主成分法提取因子，以正交方差法旋转因子，按照特征值大于1的标准选取因子。

问卷正式调查得到435个有效样本数据，本研究选用约一半的调查样本数据（N=218），采用SPSS 24.0软件进行探索性因子分析。本研究设计的调查问卷中测量题项数最多的量表有18个题项，探索性因子分析使用的样本数是量表题项数的10倍之多，符合因子分析的样本数要求。因子分析中，按照因子负荷量大于0.4来选取因子构成题项。

首先对量表变量进行KMO值和Bartlett球形度检验，检验结果见表5.33。

表5.33 测量变量的KMO值和Bartlett球形度检验

Kaiser-Meyer-Olkin		0.837
Bartlett球形度检验	近似卡方分布	5 967.933
	df	946
	Sig.	0.000

由表5.33可知，所有测量量表变量的KMO值为0.837，适合进行因子分析，Bartlett球形度检验值为5 967.933，通过显著性检验，自由度为946，说明该测量量表的数据相关阵不是单位阵，数据之间具有良好的相关性，适合进行因子分析。

对测量量表变量进行探索性因子分析，量表由43个测量题项构成，对这43个题项进行探索性因子分析。提取因子时，按照Kaiser（1959）提出的特征值大于1的标准，提取出10个因子，这10个因子累计解释了方差的70.712%，见表5.34。

表 5.34 因子的总方差解释

成分	初始特征值			提取平方和载入			旋转平方和载入		
	总计	方差的%	累积%	总计	方差的%	累积 %	总计	方差的%	累积%
1	8.691	19.753	19.753	8.691	19.753	19.753	5.008	11.381	11.381
2	5.261	11.957	31.710	5.261	11.957	31.710	3.600	8.182	19.563
3	3.242	7.369	39.079	3.242	7.369	39.079	3.442	7.823	27.386
4	3.102	7.049	46.128	3.102	7.049	46.128	3.240	7.365	34.751
5	2.580	5.863	51.991	2.580	5.863	51.991	2.899	6.589	41.340
6	2.226	5.059	57.050	2.226	5.059	57.050	2.772	6.299	47.639
7	1.835	4.170	61.220	1.835	4.170	61.220	2.702	6.141	53.780
8	1.480	3.364	64.584	1.480	3.364	64.584	2.564	5.826	59.606
9	1.441	3.276	67.860	1.441	3.276	67.860	2.466	5.604	65.210
10	1.255	2.852	70.712	1.255	2.852	70.712	2.420	5.500	70.710

在社会科学研究领域，如果提取的共同因子累计解释变异量的50%以上，提取的共同因子是可以接受的；如果提取的共同因子累计解释变异量的60%以上，说明提取的共同因子是可靠的（吴明隆，2010）。因此，说明微信公众号社区体验价值变量提取的10个因子具有较强的方差解释能力，能较好地代表原有的变量信息。

在选取题项时，按照因子负荷值大于0.40的标准进行因子负荷确定，这时共同因素解释题项变异量的20%（吴明隆，2010）。

研究设计的量表共提取10个因子，每个题项在相应因子上的负荷值都大于0.45，并且在其他因子维度中的负荷值都小于0.4，不存在明显的跨因子交叉分布。说明这10个因子能较好地解释各自对应的测量题项，各测量题项在相应因子中具有较好的收敛效度和区别效度。所提取的10个因子及各测量题项因子负荷值见表5.35。

表 5.35 旋转因子矩阵

题项代码	1	2	3	4	5	6	7	8	9	10
UEV1	0.867									
UEV2	0.825									
UEV3	0.864									
UEV4	0.833									
EEV1		0.726								

（续）

题项代码	1	2	3	4	5	6	7	8	9	10
EEV2		0.686								
EEV3		0.632								
EEV4		0.743								
SEV1			0.764							
SEV2			0.802							
SEV3			0.799							
SEV4			0.775							
SEV5			0.645							
LEV1				0.677						
LEV2				0.732						
LEV3				0.755						
LEV4				0.729						
LEV5				0.458						
AI1					0.851					
AI2					0.819					
AI3					0.856					
AI4					0.694					
BE1						0.720				
BE2						0.632				
BE3						0.811				
BE4						0.673				
CVC1							0.893			
CVC2							0.882			
CVC3							0.781			
CVC4							0.753			
BV1								0.743		
BV2								0.684		
BV3								0.775		
BV4								0.692		
BV5								0.649		

（续）

题项代码	1	2	3	4	5	6	7	8	9	10
PAI1									0.873	
PAI2									0.843	
PAI3									0.880	
CS1										0.898
CS2										0.891
CS3										0.887
CS4										0.870
CS5										0.894
CS6										0.921

因子 1 包括 4 个测量题项，涵盖消费者用户对微信公众号的功能使用是否便捷、是否能获得较多经济利益和信息资讯等内容，主要测量消费者用户对微信公众号上获得的功能使用、利益获取等体验价值的判断，命名为“功利体验价值”；因子 2 包括 4 个题项，涵盖微信公众号社区内容、活动等为用户提供的休闲、娱乐、愉悦放松的认知体验等内容，主要测量用户从微信公众号上获得愉悦、轻松的情感满足情况，命名为“情感体验价值”；因子 3 包括 5 个测量题项，涵盖消费者在微信公众号上与其他消费者分享互动、扩大社会交往以及获得社区内其他用户鼓励和支持等内容，主要测量消费者用户对微信公众号社区获得的社会交往体验的价值感知，命名为“社交体验价值”；因子 4 包括 5 个测量题项，涵盖用户从微信公众号社区学习美食、健康生活等知识情况的内容，主要测量用户对微信公众号社区学习体验中获得的价值感知，命名为“学习体验价值”；这 4 个因子共同构成了微信公众号社区体验价值。

因子 5 包括 4 个测量题项，内容涵盖消费者用户对微信公众号社区内认同、成员认同等的认知，主要测量消费者用户对微信公众号社区的认同情况，命名为“微信公众号社区认同”。

因子 6 包括 4 个测量题项，内容涵盖消费者在购买或享用该品牌的林产干果产品时的感觉以及是否对该品牌感到骄傲等，主要测量微信公众号消费者用户对该品牌的认知、情感和行为等，命名为“消费者品牌契合”。

因子 7 包括 4 个测量题项，内容涵盖微信公众号消费者用户是否会向周围的人推荐该品牌、是否会为该品牌提供新产品、新的营销创意等价值创造行为表现，主要测量微信公众号消费者用户的品牌价值创造情况，命名为“消费者品牌价值创造”。

因子 8 包括 5 个测量题项，主要测量林产干果品牌具有的消费者价值和企业价值，命名为“品牌价值”。

因子 9 包括 3 个测量题项，主要测量消费者的微信公众号社区融入程度，命名为“微信公众号社区融入”。

因子 10 包括 6 个测量题项，主要测量消费者对微信公众号社区提供和给予各种支持的感知，命名为“社区支持感”。

5.2.4.2 验证性因子分析

通过探索性因子分析得知量表或问卷是由若干个不同的潜在因子构成后，为了确认量表所包含的因子与最初理论设想的构念是否相同，需要对不同的样本进行检验，验证量表的因子结构模型与实际数据是否契合，指标变量能否有效地作为潜在变量的测量变量，这就称为验证性因子分析（confirmatory factor analysis，CFA），是针对研究者提出的某种特定结构关系的假设，检验和确认数据模式是否就是研究理论假设所预期的形式。探索性因子分析与验证性因子分析的目标都是对观察变量间的相关或共变关系进行解释，但验证性因子分析侧重于检验假设的观察变量与假定潜在变量间的关系（吴明隆，2010）。

在结构方程模型中，CFA 就是潜在变量的因素分析（邱皓政、林碧芳，2009），是对已经过专家效度审核或探索性因素分析的测量量表，采用 AMOS 等线性结构方程软件验证量表的因素结构与抽样样本的适配情况（吴明隆，2010）。验证性因素分析模型的适配度判断准则包括指标变量的信度和潜变量的信度。

检验测量量表建构效度的适合度与真实性是验证性因子分析的主要目的，要检验量表的结构模型与样本数据是否拟合。

运用 AMOS 软件进行验证性因子分析，会得到 standardized regression weights 的数值，这是标准化回归系数，在验证性因素分析中也称为因素负荷量（factor loading）。从因素负荷量的数值可以了解测量变量载荷潜在因素的相对重要性，该值越大，说明题项的聚敛效度越好，模型的基本适配度良好（吴明隆，2009）。

对于社会科学研究来说，受到测量本质的特性、外在干扰和测量误差的影响、构念本质是形成性或反应性争议，研究者所编制量表的因子负荷值一般都不会很高，此时建议采用因子负荷值≥0.55 为良好的标准（邱皓政、林碧芳，2009）。因子负荷值处于 0.50～0.95 时，说明模型具有良好的基本适配度。但也有学者指出，因子负荷值在 0.4 以上时共同因子可以解释题项变量的 16%，推荐因子负荷值最好大于 0.40（吴明隆，2010）。综合考虑，本研究以≥0.40 作为因子负荷值的选取标准（来决定题项的去留）。

此外，还要检验测量模型的适配度情况。对于模型适配度检验指标的选择及指标值的判别标准，不同学者在有些指标的判别标准上有所不同，见表 5.36。

表 5.36 模型适配度评价指标

统计检验量	判别标准
绝对适配度指标	
卡方检验值	越小越好（Ryu et al.，2003）
均方根残差（RMR）	≤0.08（Hu and Bentler，1999）；<0.05 良好，0.05～0.10 也可以接受（黄文仙，2000）
近似误差均方根估计（RMSEA）	≤0.1（Bagozzi and Yi，1988）；<0.05 佳，0.05～0.08 良好，0.08～0.10，普通（吴明隆，2009）
拟合优度指数（GFI）	≥0.9（Scott，1994）
调整拟合优度指数（AGFI）	≥0.8（Scott，1994）
增值适配度指标	
比较拟合优度指数（CFI）	≥0.9（Bagozzi and Yi，1988）
TLI 值（NNFI 值）	≥0.9（Tucker-Lewis，1973）
NFI 值	≥0.9（吴明隆，2009）
IFI 值	≥0.9（吴明隆，2009）
简约适配度指标	
PCFI 值	≥0.50（吴明隆，2009）
PNFI 值	≥0.50（吴明隆，2009）
卡方自由度比	≤2（Hair et al.，1998）；≤3（Carmines and Mciver，1981）；≤5（Wheaton，1977）也可以接受

本研究采用 AMOS 软件对正式调查所得数据的约另一半样本（N=217）进行验证性因子分析。

（1）微信公众号社区体验价值一阶验证性因子分析。为了检验微信公众号社区体验价值结构维度的区别效度，探寻微信公众号社区体验价值维度 4 个潜变量之间的关系，对微信公众号社区体验价值的 4 个构成因素进行一阶验证性因子分析（CFA），得到以下标准化估计模型图，见图 5.1。

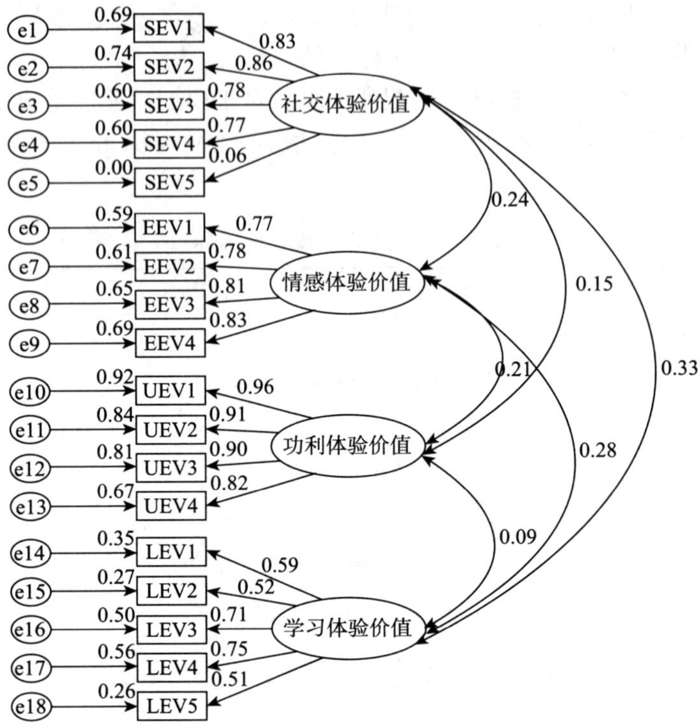

图 5.1　微信公众号社区体验价值一阶 CFA 模型

由表 5.37 可知，消费者微信公众号社区体验价值一阶验证性因子分析估计模型的拟合指标中，卡方自由度比为 1.354，小于 3；CFI、IFI、TLI、NFI 等指标值都大于 0.90；RMSEA 为 0.040，小于 0.06。综合各项拟合指标来看，该模型的拟合度较好。

表 5.37　微信公众号社区体验价值一阶 CFA 模型拟合指标

指标	卡方自由度比	RMSEA	CFI	IFI	TLI	NFI	PNFI	PCFI
拟合结果	1.354	0.040	0.978	0.978	0.973	0.920	0.776	0.824

由表 5.38 可知，微信公众号社区体验价值测量模型的测量指标中，除 SEV5 的社交体验价值的标准化因子载荷系数不显著外，其余测量指标的标准化因子载荷系数为 0.507～0.957，*P* 值在 0.001 的显著性水平上全部显著。

表 5.38　微信公众号社区体验价值一阶 CFA 模型参数估计值

项目			非标准化因子载荷系数	S. E.	C. R.	*P*	标准化因子载荷系数
EEV4	←	情感体验价值	1				0.830
EEV3	←	情感体验价值	0.999	0.077	12.925	***	0.806

（续）

项目			非标准化因子载荷系数	S. E.	C. R.	P	标准化因子载荷系数
EEV2	←	情感体验价值	0.945	0.076	12.505	***	0.784
EEV1	←	情感体验价值	0.892	0.073	12.208	***	0.769
SEV5	←	社交体验价值	0.084	0.093	0.900	0.368	0.065
SEV4	←	社交体验价值	1				0.772
SEV3	←	社交体验价值	1.012	0.087	11.699	***	0.778
SEV2	←	社交体验价值	1.122	0.086	13.034	***	0.862
SEV1	←	社交体验价值	1.052	0.084	12.530	***	0.828
UEV4	←	功利体验价值	1				0.816
UEV3	←	功利体验价值	1.025	0.061	16.733	***	0.902
UEV2	←	功利体验价值	1.013	0.059	17.133	***	0.915
UEV1	←	功利体验价值	1.082	0.059	18.368	***	0.957
LEV5	←	学习体验价值	0.757	0.131	5.790	***	0.507
LEV4	←	学习体验价值	1.167	0.159	7.340	***	0.746
LEV3	←	学习体验价值	1.124	0.156	7.191	***	0.708
LEV2	←	学习体验价值	0.814	0.138	5.914	***	0.522
LEV1	←	学习体验价值	1				0.588

注：*** 表示差异显著（$P \leqslant 0.001$）。

因此，删除 SEV5 测量指标，构建微信公众号社区体验价值一阶 CFA 修正模型，并进行模型检验，检验结果见图 5.2。

由表 5.39 可知，消费者微信公众号社区体验价值一阶验证性因子分析估计模型的拟合指标中，卡方自由度比为 1.449，小于 3；CFI、IFI、TLI、NFI 等指标值都大于 0.90；RMSEA 为 0.045，小于 0.06。综合各项拟合指标来看，该模型的拟合度较好。

表 5.39 微信公众号社区体验价值一阶 CFA 修正模型拟合指标

指标	卡方自由度比	RMSEA	CFI	IFI	TLI	NFI	PNFI	PCFI
拟合结果	1.449	0.045	0.975	0.975	0.970	0.925	0.768	0.810

由表 5.40 可知，消费者微信公众号社区体验价值测量模型的测量指标的标准化因子载荷系数为 0.507～0.957，P 值在 0.001 的显著性水平上全部显著。

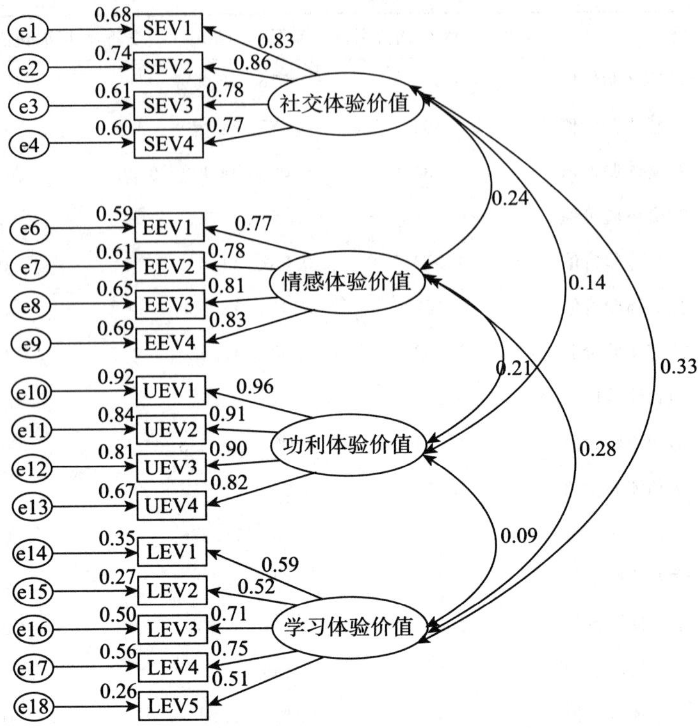

图 5.2　微信公众号社区体验价值一阶 CFA 修正模型

表 5.40　微信公众号社区体验价值一阶 CFA 修正模型参数估计值

项目			非标准化因子载荷系数	S. E.	C. R.	*P*	标准化因子载荷系数
EEV4	←	情感体验价值	1				0.830
EEV3	←	情感体验价值	0.999	0.077	12.930	***	0.806
EEV2	←	情感体验价值	0.945	0.076	12.510	***	0.784
EEV1	←	情感体验价值	0.892	0.073	12.210	***	0.769
SEV4	←	社交体验价值	0.952	0.076	12.520	***	0.772
SEV3	←	社交体验价值	0.963	0.076	12.640	***	0.778
SEV2	←	社交体验价值	1.067	0.075	14.310	***	0.862
SEV1	←	社交体验价值	1				0.827
UEV4	←	功利体验价值	1				0.816
UEV3	←	功利体验价值	1.025	0.061	16.730	***	0.902
UEV2	←	功利体验价值	1.013	0.059	17.130	***	0.915
UEV1	←	功利体验价值	1.082	0.059	18.370	***	0.957

（续）

项目			非标准化因子载荷系数	S. E.	C. R.	P	标准化因子载荷系数
LEV5	←	学习体验价值	0.757	0.131	5.790	***	0.507
LEV4	←	学习体验价值	1.167	0.159	7.341	***	0.746
LEV3	←	学习体验价值	1.124	0.156	7.192	***	0.708
LEV2	←	学习体验价值	0.814	0.138	5.914	***	0.522
LEV1	←	学习体验价值	1				0.588

注：*** 表示差异显著（$P\leqslant 0.001$）。

由表 5.41 可知，消费者微信公众号社区体验价值测量模型的 4 个潜变量间的协方差估计检验值都不为 0，5 组潜变量间的协方差在 0.01 的显著性水平上显著，说明这几组潜变量间存在显著的共变关系。功利体验价值与学习体验价值这一组潜变量间的协方差的 P 值大于 0.05 的显著性水平。功利体验价值与社交体验价值间的协方差的 P 值略高于 0.05，说明这组潜变量间的共变关系不显著。尽管微信公众号社区体验价值 4 个潜变量间的协方差估计值的 P 值不是全部显著，但在理论构念上，这 4 个潜变量是归属于另一个高阶因子。因此，需要进一步通过二阶验证性因子分析来验证其关系。

表 5.41　微信公众号社区体验价值一阶 CFA 修正模型协方差估计值

项目			因子载荷系数	S. E	C. R.	P
情感体验价值	↔	社交体验价值	0.16	0.05	2.99	0.003
情感体验价值	↔	功利体验价值	0.16	0.06	2.73	0.006
学习体验价值	↔	功利体验价值	0.05	0.04	1.10	0.270
社交体验价值	↔	功利体验价值	0.11	0.06	1.94	0.053
学习体验价值	↔	社交体验价值	0.14	0.04	3.58	***
学习体验价值	↔	情感体验价值	0.13	0.04	3.14	0.002

注：*** 表示差异显著（$P\leqslant 0.001$）。

（2）微信公众号社区体验价值二阶验证性因子分析。根据微信公众号社区体验价值一阶验证性因子分析结论，得知微信公众号功利体验价值、情感体验价值、社交体验价值和学习体验价值 4 个潜变量可以归于更高一级的因子。因此，构建以这 4 个一阶因子为内因潜变量，以外因潜变量“微信公众号社区体验价值”为二阶因子的微信公众号社区体验价值二阶验证性因子模型，并运用 AMOS 24.0 对该模型进行检验，结果见图 5.3。

由表 5.42 可知，微信公众号社区体验价值二阶 CFA 模型检验的各项拟

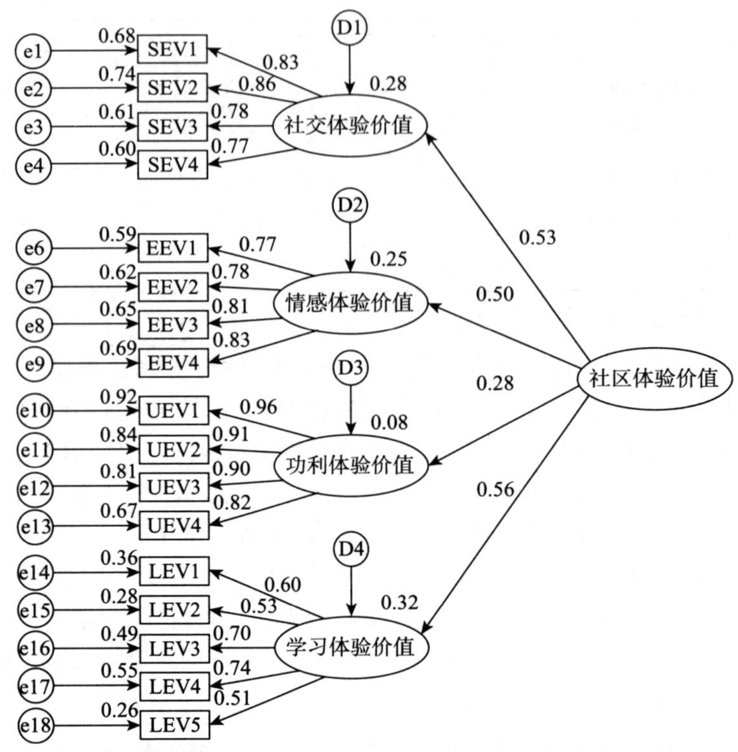

图 5.3　微信公众号社区体验价值二阶 CFA 模型

合指标均符合适配度的最低要求，卡方自由度比为 1.447，小于 3；CFI 为 0.975，IFI 为 0.975，TLI 为 0.970，NFI 为 0.924，指标值都大于 0.90；RMSEA 为 0.045，小于 0.06；PNFI 和 PCFI 均大于 0.50。说明该模型的拟合度良好，微信公众号社区体验价值二阶验证性因子模型的内在质量和外在质量基本良好，微信公众号社区体验价值二阶 CFA 模型可以被接受。

表 5.42　微信公众号社区体验价值二阶 CFA 模型拟合度指标

指标	卡方自由度比	RMSEA	CFI	IFI	TLI	NFI	PNFI	PCFI
拟合结果	1.447	0.045	0.975	0.975	0.970	0.924	0.781	0.824

由表 5.43 可知，微信公众号社区体验价值二阶 CFA 模型，一阶内因潜变量对二阶外因潜变量的因子载荷系数值、各测量指标在潜变量上的标准因子载荷系数值，除功利体验价值到微信公众号社区体验价值的系数值略低外，其余都大于 0.50，而且 P 值全部在 0.05 的显著性水平上显著，方差也全部在 0.05 的显著性水平上显著，综合表明模型的基本适配度良好。

表 5.43 微信公众号社区体验价值二阶 CFA 模型参数估计值

项目			非标准化因子载荷系数	S. E.	C. R.	P	标准化因子载荷系数
社交体验价值	←	社区体验价值	1				0.533
情感体验价值	←	社区体验价值	0.972	0.317	3.069	0.002	0.503
功利体验价值	←	社区体验价值	0.611	0.256	2.385	0.017	0.279
学习体验价值	←	社区体验价值	0.721	0.245	2.947	0.003	0.565
EEV4	←	情感体验价值	1				0.831
EEV3	←	情感体验价值	0.998	0.077	12.912	***	0.806
EEV2	←	情感体验价值	0.945	0.076	12.510	***	0.784
EEV1	←	情感体验价值	0.891	0.073	12.213	***	0.769
SEV4	←	社交体验价值	0.951	0.076	12.524	***	0.772
SEV3	←	社交体验价值	0.963	0.076	12.648	***	0.778
SEV2	←	社交体验价值	1.067	0.075	14.308	***	0.862
SEV1	←	社交体验价值	1				0.827
UEV4	←	功利体验价值	1				0.816
UEV3	←	功利体验价值	1.025	0.061	16.729	***	0.901
UEV2	←	功利体验价值	1.013	0.059	17.130	***	0.915
UEV1	←	功利体验价值	1.082	0.059	18.374	***	0.957
LEV5	←	学习体验价值	0.747	0.128	5.819	***	0.507
LEV4	←	学习体验价值	1.140	0.155	7.376	***	0.740
LEV3	←	学习体验价值	1.098	0.152	7.216	***	0.701
LEV2	←	学习体验价值	0.819	0.136	6.040	***	0.533
LEV1	←	学习体验价值	1				0.596

注：*** 表示差异显著（$P\leqslant 0.001$）。

从以上分析可见，预设的微信公众号社区体验价值二阶因子分析模型是可以接受的，说明样本数据能证实微信公众号社区体验价值内在维度的结构。

（3）微信公众号社区认同模型的验证性因子分析。对微信公众号社区认同模型进行验证性因子分析，结果见图 5.4。

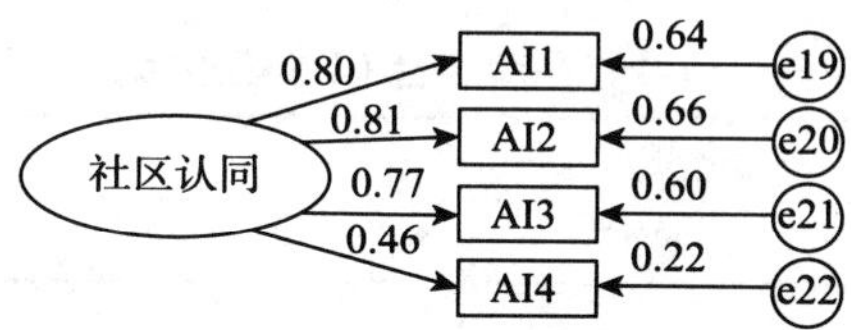

图 5.4 微信公众号社区认同 CFA 模型

由表5.44可知，参数估计值在0.001的显著性水平上显著，标准化因子载荷系数都大于0.45，说明模型的适配度良好。

表5.44　社区认同CFA模型参数估计值

项目			非标准化因子载荷系数	S.E.	C.R.	P	标准化因子载荷系数
AI1	←	社区认同	1				0.802
AI2	←	社区认同	0.935	0.058	16.135	***	0.813
AI3	←	社区认同	1.066	0.065	16.485	***	0.774
AI4	←	社区认同	0.547	0.059	9.208	***	0.464

注：*** 表示差异显著（$P \leqslant 0.001$）。

由表5.45可知，消费者社区认同CFA模型的卡方自由度比为2.918，小于3；CFI、IFI、TLI、NFI均大于0.95；RMSEA为0.066，小于0.08，这几项指标都符合最低门槛值要求；PNFI和PCFI均大于0.50，达到拟合要求。

表5.45　社区认同CFA模型拟合度指标

指标	卡方自由度比	RMSEA	CFI	IFI	TLI	NFI	PNFI	PCFI
拟合结果	2.918	0.066	0.988	0.988	0.982	0.982	0.655	0.659

综合分析，认为上述消费者微信公众号社区认同模型是可以接受的。

（4）消费者品牌契合的验证性因子分析。对消费者品牌契合进行验证性因子分析，结果见图5.5。

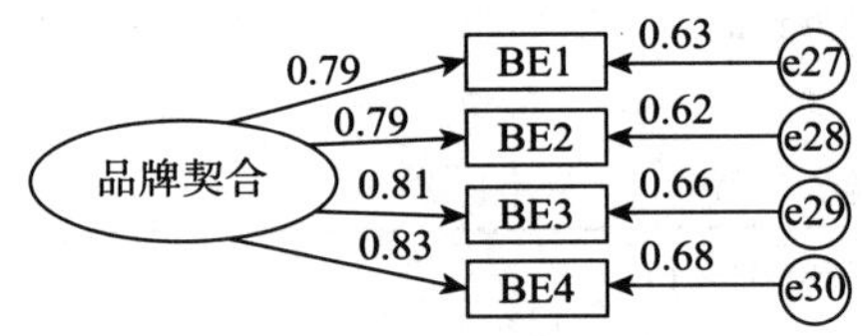

图5.5　消费者品牌契合CFA模型

由表5.46可知，消费者品牌契合验证性因子分析模型的拟合指标中卡方自由度比为1.985，小于3；CFI、IFI、TLI、NFI均大于0.95；RMSEA为0.068，小于0.08，PNFI、PCFI均大于0.50，达到模型拟合的最低要求。

表5.46　消费者品牌契合CFA模型拟合度指标

指标	卡方自由度比	RMSEA	CFI	IFI	TLI	NFI	PNFI	PCFI
拟合结果	1.985	0.068	0.992	0.992	0.987	0.983	0.655	0.661

由表5.47可知，消费者品牌契合CFA模型中参数估计值在0.001的显著性水平上显著，标准化因子载荷系数都大于0.75，说明模型的适配度良好。

综合来看，消费者品牌契合验证性因子分析模型是可以接受的。

表 5.47　消费者品牌契合 CFA 模型参数估计值

项目			非标准化因子载荷系数	S. E.	C. R.	*P*	标准化因子载荷系数
BE1	←	消费者品牌契合	1				0.793
BE2	←	消费者品牌契合	0.990	0.080	12.370	***	0.790
BE3	←	消费者品牌契合	1.225	0.093	13.191	***	0.815
BE4	←	消费者品牌契合	1.149	0.088	13.043	***	0.825

注：*** 表示差异显著（$P \leqslant 0.001$）。

（5）消费者品牌价值创造模型的验证性因子分析。对消费者品牌价值创造模型进行验证性因子分析，结果见图 5.6。

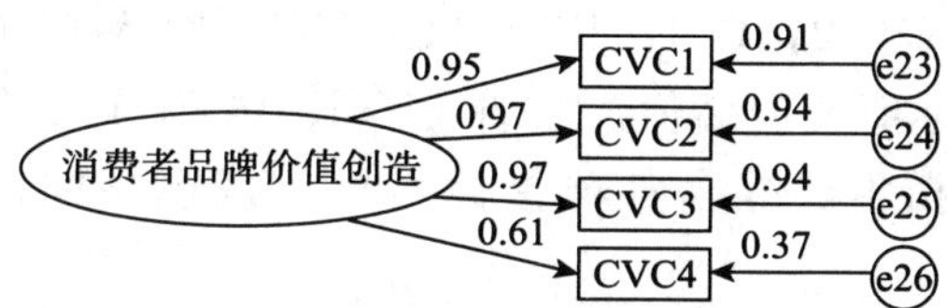

图 5.6　消费者品牌价值创造 CFA 模型

由表 5.48 可知，消费者品牌价值创造 CFA 模型的卡方自由度比为 2.026，小于 2；CFI、IFI、TLI、NFI 均大于 0.90；RMSEA 为 0.069，小于 0.08，这几项指标都符合最低门槛值要求；PNFI 和 PCFI 均大于 0.50，达到拟合的最低要求。

表 5.48　消费者品牌价值创造 CFA 模型拟合度指标

指标	卡方自由度比	RMSEA	CFI	IFI	TLI	NFI	PNFI	PCFI
拟合结果	2.026	0.069	0.996	0.996	0.994	0.992	0.662	0.664

由表 5.49 可知，参数估计值在 0.001 的显著性水平上显著，标准化因子载荷系数都大于 0.60，说明模型的适配度良好。

表 5.49　消费者品牌价值创造 CFA 模型参数估计值

项目			非标准化因子载荷系数	S. E.	C. R.	*P*	标准化因子载荷系数
CVC1	←	消费者品牌价值创造	1				0.955
CVC2	←	消费者品牌价值创造	1.010	0.028	36.205	***	0.970
CVC3	←	消费者品牌价值创造	0.989	0.028	35.746	***	0.968
CVC4	←	消费者品牌价值创造	0.648	0.060	10.870	***	0.610

注：*** 表示差异显著（$P \leqslant 0.001$）。

综合分析，认为上述消费者品牌价值创造模型是可以接受的。

（6）品牌价值的验证性因子分析。对品牌价值进行验证性因子分析，结果见图 5.7。

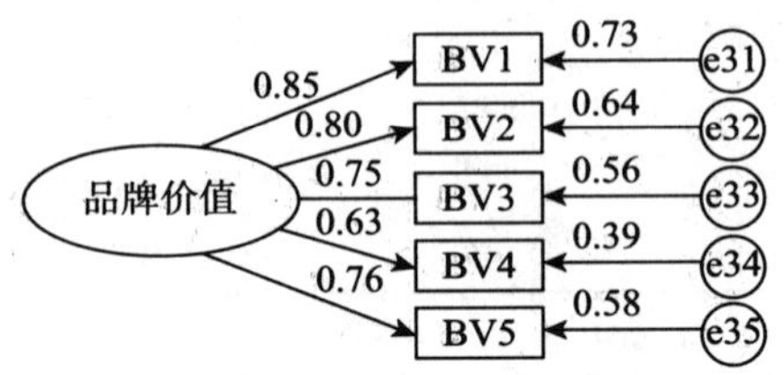

图 5.7　品牌价值 CFA 模型

由表 5.50 可知，品牌价值验证性因子分析模型的拟合指标中卡方自由度比为 1.771，小于 2；CFI、IFI、TLI、NFI 均大于 0.95；RMSEA 为 0.060，均达到指标值的门槛值。尽管 PNFI、PCFI 未能大于 0.50，但都非常接近 0.50 的门槛值。综合各项指标考虑，该模型的拟合情况是可以接受的。

表 5.50　品牌价值 CFA 模型拟合度指标

指标	卡方自由度比	RMSEA	CFI	IFI	TLI	NFI	PNFI	PCFI
拟合结果	1.771	0.060	0.992	0.992	0.985	0.983	0.491	0.496

由表 5.51 可知，品牌价值 CFA 模型中参数估计值在 0.001 的显著性水平上显著，标准化因子载荷系数都大于 0.60，说明模型的适配度良好。

表 5.51　品牌价值 CFA 模型参数估计值

项目			非标准化因子载荷系数	S. E.	C. R.	*P*	标准化因子载荷系数
BV1	←	品牌价值	1				0.853
BV2	←	品牌价值	0.785	0.059	13.334	***	0.800
BV3	←	品牌价值	0.774	0.063	12.241	***	0.750
BV4	←	品牌价值	0.626	0.065	9.685	***	0.626
BV5	←	品牌价值	1.003	0.081	12.453	***	0.760

注：*** 表示差异显著（$P \leqslant 0.001$）。

综合来看，品牌价值验证性因子分析模型是可以接受的。

（7）微信公众号社区融入的验证性因子分析。对微信公众号社区融入进行验证性因子分析，结果见图 5.8。

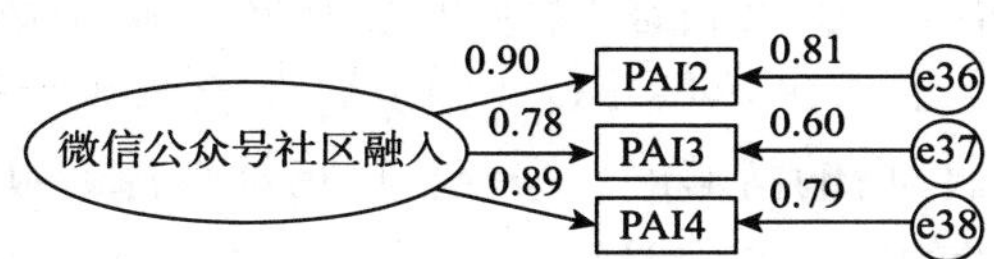

图 5.8　微信公众号社区融入 CFA 模型

由表 5.52 可知，微信公众号社区融入验证性因子分析模型的拟合指标中卡方自由度比为 1.765，小于 2；CFI、IFI、TLI、NFI 均大于 0.95；RMSEA 为 0.060，均达到指标值的门槛值。尽管 PNFI、PCFI 未能大于 0.50，但都较为接近 0.50 的门槛值。

表 5.52　微信公众号社区融入 CFA 模型拟合度指标

指标	卡方自由度比	RMSEA	CFI	IFI	TLI	NFI	PNFI	PCFI
拟合结果	1.765	0.060	0.998	0.998	0.994	0.996	0.332	0.333

综合各项指标考虑，该模型的拟合情况是可以接受的。

由表 5.53 可知，微信公众号社区融入 CFA 模型中参数估计值在 0.001 的显著性水平上显著，标准化因子载荷系数都大于 0.60，说明模型的适配度良好。综合来看，微信公众号社区融入验证性因子分析模型是可以接受的。

表 5.53　微信公众号社区融入 CFA 模型参数估计值

项目			非标准化因子载荷系数	S. E.	C. R.	*P*	标准化因子载荷系数
PAI1	←	社区融入	1				0.908
PAI2	←	社区融入	0.866	0.059	14.797	***	0.777
PAI3	←	社区融入	0.994	0.052	19.152	***	0.886

注：*** 表示差异显著（$P \leqslant 0.001$）。

（8）社区支持感的验证性因子分析。对社区支持感进行验证性因子分析，结果见图 5.9。

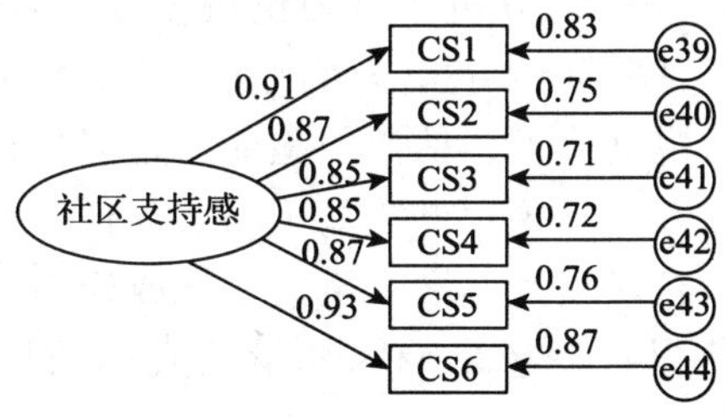

图 5.9　社区支持感 CFA 模型

由表 5.54 可知，社区支持感验证性因子分析模型的拟合指标中 CFI、IFI、TLI、NFI 均大于 0.90，PNFI、PCFI 均大于 0.50，仅卡方自由度比和 RMSEA 值未达到指标值的门槛值。综合各项指标考虑，社区支持感模型的拟合情况还是可以接受的。

表 5.54 社区支持感 CFA 模型拟合度指标

指标	卡方自由度比	RMSEA	CFI	IFI	TLI	NFI	PNFI	PCFI
拟合结果	7.933	0.179	0.954	0.954	0.923	0.948	0.569	0.572

由表 5.55 可知，社区支持感 CFA 模型中参数估计值在 0.001 的显著性水平上显著，标准化因子载荷系数都大于 0.60，说明模型的适配度良好。综合来看，社区支持感验证性因子分析模型是可以接受的。

表 5.55 社区支持感 CFA 模型参数估计值

项目			非标准化因子载荷系数	S. E.	C. R.	*P*	标准化因子载荷系数
CS1	←	社区支持感	1.048	0.053	19.856	***	0.911
CS2	←	社区支持感	1.105	0.062	17.799	***	0.866
CS3	←	社区支持感	1.063	0.063	16.985	***	0.845
CS4	←	社区支持感	1.089	0.064	17.120	***	0.849
CS5	←	社区支持感	1				0.873
CS6	←	社区支持感	1.017	0.048	21.011	***	0.934

注：*** 表示差异显著（$P \leqslant 0.001$）。

5.3 数据分析与效应检验

5.3.1 数据分析与模型修正

5.3.1.1 数据分析方法选择——结构方程模型

本部分采用结构方程模型分析，对理论模型及其相关假设进行检验与分析。结构方程模型是一种验证性分析方法，在理论引导下建构假设模型图，可以对各种因果模型进行模型辨识、估计与验证，是当代行为与社会领域进行量化研究的一种重要统计方法。这一方法基于因子分析和路径分析两种统计分析方法，能够同时检验含有显变量、潜变量、干扰或误差变量的模型。结构方程模型的统计结果能够获得自变量影响因变量的直接效果、间接效果或总效果（吴明隆，2009）。

本研究构建的模型中，含有较多的潜在变量，且需要检验多层的变量关系。选用结构方程模型，能够直观地对变量之间的关系进行假设检验。

目前，在 SEM 适配函数估计法中，应用最广、最多的方法是极大似然估计法。这是可能性为最大的一种优良估计量，其目的是为总体参数寻求“最可能”解释观察数据的值（吴明隆，2009）。对理论模型进行评价，首先需要分析模型估算后得出的参数是否具有统计意义，因而需要检验路径系数或因子负荷系数的显著性。使用 AMOS 估计时，理论模型的参数估计除了估计变量间的路径系数，还提供变量间关系的 CR（critical ratio）值以及 CR 的统计检验相伴概率 P 值。CR 是一个 Z 统计量，是参数估计值与其标准差之比。可以根据 CR 值的统计检验相伴概率 P 值进行参数的统计性显著性检验。当 CR 值的 P 值显著时，可以认为在 99%的置信度下，这一路径系数与 0 存在着显著性差异。

5.3.1.2 数据分析

在结构方程模型的分析中，常用的分析软件有 LISREL、EQS 和 AMOS 等，本研究运用 AMOS 24.0 对理论模型进行检验。

（1）模型适配度检验分析。模型的适配度检验主要是对假设模型（hypothesized model）与样本数据（sample data）间的适配程度进行检验。如果假设模型与样本数据之间能够适配，那就说明样本协方差矩阵Σ（S）与隐含模型限制的协方差矩阵Σ（θ）之间能够契合（吴明隆，2009）。

运用 AMOS 对理论模型的适配度进行检验，模型整体检验结果见表 5.56。模型适配度的卡方值为 1 237.173，显著性概率值 $P=0.000$，小于 0.05，拒绝了原假设，说明样本总体协方差矩阵与隐含模型限制的协方差矩阵显著不相等。一般要求卡方检验的 P 值要大于 0.05，但 P 值小于 0.05 也无法一定说明模型拟合不好。因为模型的复杂程度和样本数量的大小往往会影响卡方检验的结果，尤其是当样本数量达到 200 以上时，很难实现 P 值显著。检验和判别整体模型的适配度时，由于卡方值很容易受到样本量的影响，样本量越大，模型卡方值也会变动，显著性概率的 P 值就会变得很小，容易得到拒绝虚无假设（原假设）的结论。所以，如果样本量比较大，当判别整体模型的适配度时，还需要参考其他的适配度指标，不应只依据卡方值进行判断（吴明隆，2009）。

表 5.56 模型拟合度指标

指标	卡方自由度比	RMSEA	CFI	IFI	TLI	NFI	PNFI	PCFI
拟合结果	2.393	0.057	0.914	0.914	0.907	0.861	0.794	0.842

表 5.56 显示，模型的卡方自由度比为 2.393，小于 3；RMSEA 值为

0.057，小于 0.08。RMSEA 的值小于 0.05 时，说明模型拟合较好；当 RMSEA 的值介于 0.05～0.08 时，说明模型的拟合还可以接受（Browne and Cudeck，1993）。PNFI 为 0.794，大于 0.5；PCFI 为 0.842，大于 0.5；CFI 为 0.914，大于 0.9；IFI 为 0.914，大于 0.9；TLI 为 0.907，大于 0.9，这几项指标除了 NFI 为 0.861，小于 0.9 外，都达到模型适配度要求，整体模型的适配度可以接受。

（2）模型参数估计值分析。运用 AMOS 对理论模型进行检验，模型参数检验结果见图 5.10 和表 5.57。

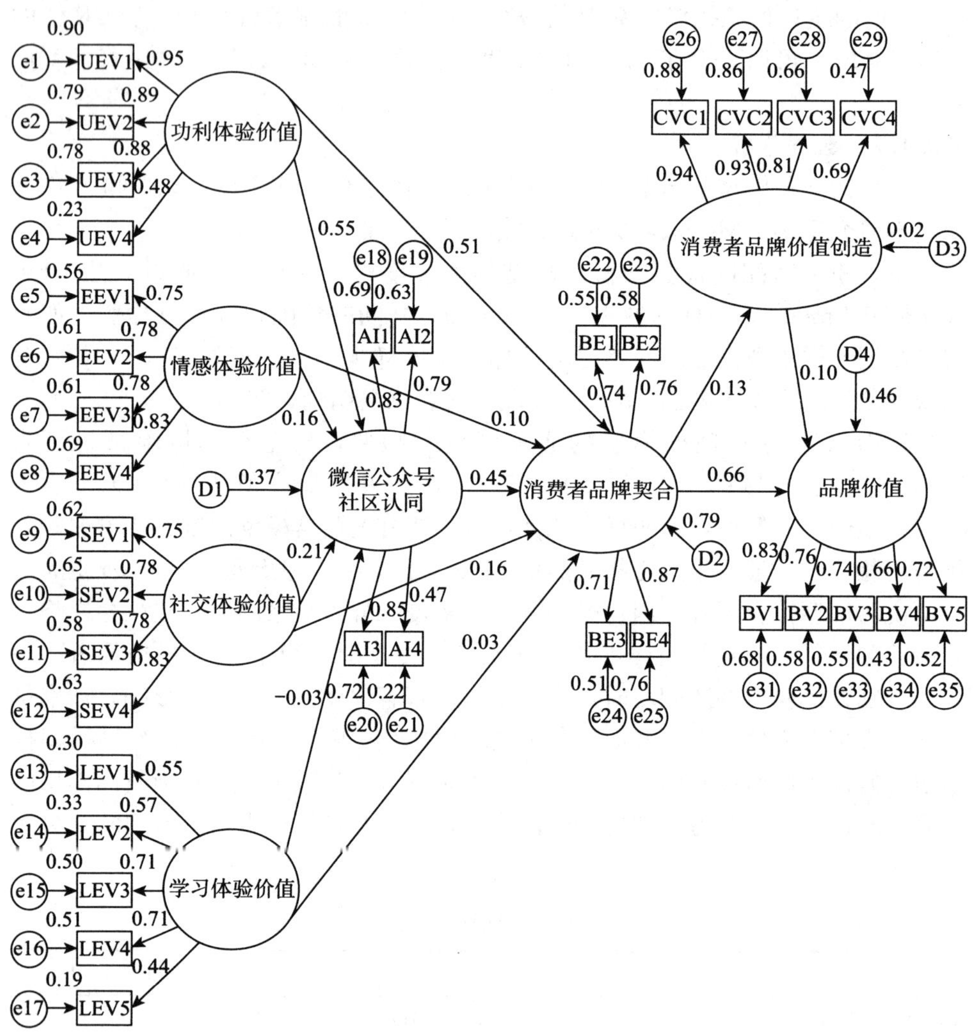

图 5.10　模型标准化估计结果

表 5.57 模型参数估计值

项目			非标准化因子载荷系数	S. E.	C. R.	P	标准化因子载荷系数
微信公众号社区认同	←	功利体验价值	1				0.546
微信公众号社区认同	←	学习体验价值	−0.043	0.068	−0.640	0.522	−0.032
微信公众号社区认同	←	情感体验价值	0.170	0.049	3.478	***	0.163
微信公众号社区认同	←	社交体验价值	0.230	0.051	4.474	***	0.211
品牌契合	←	情感体验价值	0.113	0.038	3.006	0.003	0.100
品牌契合	←	微信公众号社区认同	0.489	0.047	10.338	***	0.452
品牌契合	←	功利体验价值	1				0.505
品牌契合	←	社交体验价值	0.186	0.040	4.619	***	0.158
品牌契合	←	学习体验价值	0.047	0.052	0.914	0.361	0.032
消费者品牌价值创造	←	品牌契合	0.118	0.049	2.435	0.015	0.126
品牌价值	←	品牌契合	0.427	0.039	11.094	***	0.660
品牌价值	←	消费者品牌价值创造	0.069	0.030	2.320	0.020	0.100
UEV1	←	功利体验价值	2.213	0.114	19.334	***	0.951
UEV2	←	功利体验价值	2.010	0.110	18.215	***	0.887
UEV3	←	功利体验价值	2.032	0.112	18.161	***	0.885
UEV4	←	功利体验价值	1				0.480
EEV1	←	情感体验价值	0.895	0.055	16.270	***	0.746
EEV2	←	情感体验价值	0.991	0.058	17.168	***	0.782
EEV3	←	情感体验价值	0.978	0.057	17.085	***	0.779
EEV4	←	情感体验价值	1				0.828
SEV1	←	社交体验价值	0.986	0.059	16.787	***	0.790
SEV2	←	社交体验价值	0.997	0.058	17.146	***	0.807
SEV3	←	社交体验价值	0.950	0.059	16.144	***	0.762
SEV4	←	社交体验价值	1				0.794
LEV1	←	学习体验价值	0.794	0.086	9.287	***	0.551
LEV2	←	学习体验价值	0.818	0.086	9.558	***	0.571
LEV3	←	学习体验价值	1.005	0.092	10.892	***	0.706
LEV4	←	学习体验价值	1				0.715

（续）

项目			非标准化因子载荷系数	S. E.	C. R.	*P*	标准化因子载荷系数
LEV5	←	学习体验价值	0.529	0.07	7.584	***	0.436
AI3	←	微信公众号社区认同	1.072	0.052	20.552	***	0.851
AI4	←	微信公众号社区认同	0.496	0.051	9.714	***	0.466
AI1	←	微信公众号社区认同	1				0.829
AI2	←	微信公众号社区认同	0.857	0.046	18.774	***	0.794
BE2	←	品牌契合	0.800	0.042	19.217	***	0.763
BE1	←	品牌契合	0.787	0.042	18.527	***	0.745
BE3	←	品牌契合	0.862	0.050	17.389	***	0.714
BE4	←	品牌契合	1				0.871
BV5	←	品牌价值	1.380	0.107	12.847	***	0.724
BV4	←	品牌价值	1				0.657
BV3	←	品牌价值	1.145	0.088	13.052	***	0.738
BV2	←	品牌价值	1.191	0.089	13.405	***	0.764
BV1	←	品牌价值	1.415	0.100	14.200	***	0.827

注：*** 表示差异显著（$P \leqslant 0.001$）。

图 5.10 和表 5.57 显示，在模型参数估计值中，除了微信公众号社区认同←—学习体验价值、品牌契合←—学习体验价值这两组变量间的关系不显著外，其余变量间的关系均在 0.05 的显著性水平上显著。模型中检验不显著（C.R. 绝对值小于 1.96）的参数，说明其是模型中不重要的参数，出于模型的简约性考虑，最好删除（吴明隆，2009），进行模型修正。

5.3.1.3 模型修正

当结构方程模型分析结果的整体适配度卡方值很大或模型综合分析结果表明理论假设模型的适配度较差时，可以修正初始模型或进行模型限制。修正模型时，最好一次修正一个参数，修正后再重新进行模型估计。可以通过删除路径、限制路径或释放之前限制路径的方式来修正模型参数（吴明隆，2009）。模型修正时，通过删减参数来简化模型的复杂度（邱皓政、林碧芳，2005）。为了得到简约模型，需要修正原始理论模型，删除原始理论模型检验中参数估计值不显著的参数。

据此，按照模型检验结果，首先删除品牌契合←—学习体验价值路径后，运用 AMOS 24.0 软件重新进行修正模型检验。结果表明，除微信公众号社区认同←—认知学习价值路径不显著外，其余路径都显著。因此，继续进行模型修正，删除微信公众号社区认同←—认知学习价值路径，运用 AMOS 24.0 软件重新进行修正模型检验，最终修正后模型检验结果见图 5.11。

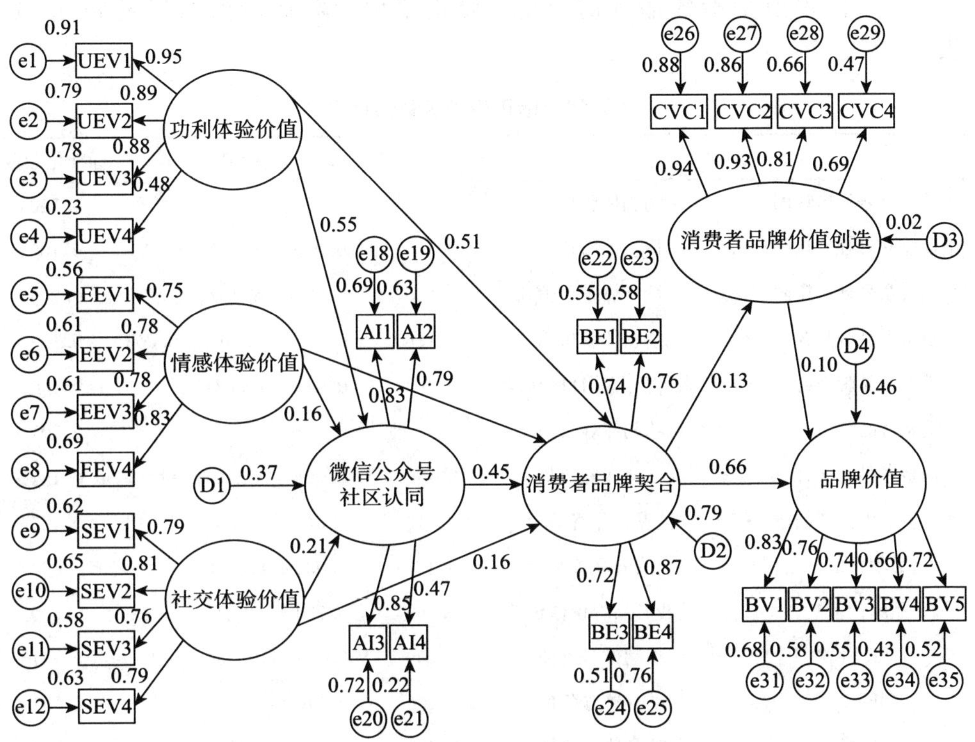

图 5.11 修正模型标准化估计结果

（1）修正模型适配度分析。自由度会影响卡方分布，自由度越大，需要估计的参数也越多，对预设模型产生影响的因素也就越多，越有可能造成预设模型拟合度欠佳，卡方值越大，也就越难以表明理论模式能否证实数据的程度。另外，卡方分布也受到样本数大小的影响，样本数越多时，卡方值越大。由于受到参数数量和样本数大小的影响，因此使用卡方值进行预设模型拟合度检验时容易拒绝预设模型。基于此，一般会放弃卡方值而选取其他拟合指数进行模型拟合度检验（黄芳铭，2005；邱皓政、林碧芳，2009）。

由表 5.58 可知，相比初始模型，修正模型的大部分拟合度指标都有所改善，而且绝大多数都通过所要求的接受值，符合模型适配要求，说明修正模型可以接受，模型与样本数据拟合良好，显示修正模型是一个符合实证资料的模型，模型结构合理而有效。

表 5.58　修正模型拟合度指标

指标	卡方自由度比	RMSEA	CFI	IFI	TLI	NFI	PNFI	PCFI
拟合结果	1 004.456	2.722	0.063	0.919	0.920	0.911	0.879	0.799

（2）修正模型参数估计值分析。修正模型参数估计值结果见表 5.59、表 5.60。

表 5.59　修正模型参数估计值

项目			非标准化参数	S. E.	C. R.	P	标准化参数
微信公众号社区认同	←	功利体验价值	1				0.548
微信公众号社区认同	←	情感体验价值	0.167	0.049	3.413	***	0.160
微信公众号社区认同	←	社交体验价值	0.226	0.051	4.402	***	0.208
消费者品牌契合	←	情感体验价值	0.116	0.038	3.098	0.002	0.103
消费者品牌契合	←	微信公众号社区认同	0.488	0.047	10.321	***	0.450
消费者品牌契合	←	功利体验价值	1				0.505
消费者品牌契合	←	社交体验价值	0.190	0.040	4.723	***	0.161
消费者品牌价值创造	←	消费者品牌契合	0.118	0.049	2.426	0.015	0.125
品牌价值	←	消费者品牌契合	0.427	0.038	11.103	***	0.660
品牌价值	←	消费者品牌价值创造	0.069	0.030	2.330	0.020	0.100
UEV1	←	功利体验价值	2.209	0.114	19.354	***	0.951
UEV2	←	功利体验价值	2.006	0.110	18.23	***	0.887
UEV3	←	功利体验价值	2.028	0.112	18.175	***	0.884
UEV4	←	功利体验价值	1				0.481
EEV1	←	情感体验价值	0.895	0.055	16.271	***	0.746
EEV2	←	情感体验价值	0.991	0.058	17.166	***	0.782
EEV3	←	情感体验价值	0.978	0.057	17.087	***	0.779
EEV4	←	情感体验价值	1				0.828
SEV1	←	社交体验价值	0.986	0.059	16.786	***	0.790
SEV2	←	社交体验价值	0.997	0.058	17.148	***	0.807
SEV3	←	社交体验价值	0.950	0.059	16.143	***	0.762
SEV4	←	社交体验价值	1				0.794
AI3	←	微信公众号社区认同	1.071	0.052	20.526	***	0.850
AI4	←	微信公众号社区认同	0.495	0.051	9.700	***	0.466

（续）

项目			非标准化参数	S. E.	C. R.	P	标准化参数
AI1	←	微信公众号社区认同	1				0.829
AI2	←	微信公众号社区认同	0.857	0.046	18.763	***	0.793
BE2	←	消费者品牌契合	0.800	0.042	19.223	***	0.762
BE1	←	消费者品牌契合	0.787	0.042	18.568	***	0.746
BE3	←	消费者品牌契合	0.863	0.049	17.426	***	0.715
BE4	←	消费者品牌契合	1				0.872
BV5	←	品牌价值	1.380	0.107	12.856	***	0.724
BV4	←	品牌价值	1				0.657
BV3	←	品牌价值	1.144	0.088	13.064	***	0.739
BV2	←	品牌价值	1.191	0.089	13.418	***	0.764
BV1	←	品牌价值	1.414	0.100	14.210	***	0.827
CVC1	←	消费者品牌价值创造	1				0.940
CVC3	←	消费者品牌价值创造	0.807	0.033	24.504	***	0.814
CVC4	←	消费者品牌价值创造	0.706	0.040	17.763	***	0.685
CVC2	←	消费者品牌价值创造	0.983	0.030	33.333	***	0.929

注：*** 表示差异显著（$P \leqslant 0.001$）。非标准化参数、标准化参数是回归系数值，也叫路径系数。

表 5.60 修正模型方差估计值

项目	估计值	S. E.	C. R.	P
功利体验价值	0.208	0.025	8.474	***
情感体验价值	0.636	0.064	9.928	***
社交体验价值	0.585	0.062	9.383	***
D1	0.437	0.046	9.479	***
D2	0.172	0.024	7.192	***
D3	0.708	0.055	12.781	***
D4	0.183	0.027	6.863	***
e4	0.691	0.048	14.496	***
e3	0.238	0.021	11.415	***
e2	0.226	0.020	11.304	***
e1	0.106	0.016	6.533	***
e8	0.292	0.030	9.630	***

（续）

项目	估计值	S. E.	C. R.	P
e7	0.395	0.035	11.126	***
e6	0.397	0.036	11.044	***
e5	0.405	0.034	11.818	***
e12	0.343	0.032	10.841	***
e11	0.381	0.033	11.592	***
e10	0.312	0.030	10.469	***
e9	0.343	0.031	10.943	***
e26	0.094	0.014	6.953	***
e27	0.110	0.014	7.979	***
e28	0.239	0.018	12.926	***
e29	0.404	0.029	13.938	***
e20	0.305	0.032	9.662	***
e25	0.257	0.026	10.072	***
e24	0.578	0.044	13.22	***
e34	0.448	0.034	13.186	***
e33	0.371	0.030	12.267	***
e32	0.344	0.029	11.840	***
e31	0.315	0.031	10.286	***
e18	0.315	0.030	10.450	***
e21	0.614	0.043	14.215	***
e22	0.402	0.031	12.917	***
e23	0.375	0.029	12.716	***
e19	0.299	0.026	11.448	***
e35	0.588	0.047	12.475	***

注：*** 表示差异显著（$P \leqslant 0.001$）。

由表5.59和表5.60可知，修正模型的参数估计值全都通过0.05的显著性检验，变量间关系显著；所有的路径系数、协方差估计值都通过0.001的显著性水平检验。修正模型中变量的方差估计值均为正数，没有出现负的误差方差，均显著不等于0，均在0.001的显著性水平通过检验，表示模型界定没有问题，数据文件没有错误，未违反模型基本适配度标准，说明修正后的模型拟合状态较优，故将修正模型作为本研究的最佳适配模型，见图 5.11。

5.3.2 主效应与中介效应假设检验

前面结构方程模型的检验结果，通过路径系数或载荷系数值的大小以及 P 值的显著性，能够很好地揭示各潜变量之间的关系、潜变量与测量变量之间的关系等，验证理论模型的研究假设。

根据结构方程模型的检验结果及表 5.59 可知，微信公众号虚拟品牌社区功利体验价值、情感体验价值、社交体验价值对消费者品牌契合具有直接的正向影响作用。其中，功利体验价值对品牌契合的正向影响作用最大，标准化路径系数为 0.505，在 0.001 的显著性水平上显著；社交体验价值的影响作用次之，标准化路径系数为 0.161，在 0.001 的显著性水平上显著；情感体验价值对消费者品牌契合的影响作用较小，标准化路径系数为 0.103，在 0.01 的显著性水平上显著；学习体验价值对消费者品牌契合的影响作用未能通过显著性检验。模型检验结果支持假设 1a、假设 1b 和假设 1c，不支持假设 1d，说明微信公众号虚拟品牌社区功利体验价值、情感体验价值、社交体验价值对品牌契合具有显著的直接正向影响作用。

根据结构方程模型的检验结果及表 5.59 可知，微信公众号虚拟品牌社区功利体验价值、情感体验价值和社交体验价值对社区认同具有正向影响作用，在 0.001 的显著性水平上显著，其中功利体验价值对社区认同的正向影响作用最大，标准化路径系数为 0.548；社交体验价值和情感体验价值对社区认同的影响作用较小，标准化路径系数分别为 0.208 和 0.160；学习体验价值对社区认同的影响作用未能通过显著性检验。社区认同对消费者品牌契合具有正向影响作用，标准化路径系数为 0.450，t 值为 10.321，在 0.001 的显著性水平上显著，说明社区认同显著地正向影响着消费者品牌契合。

根据结构方程模型的检验结果及表 5.59，消费者品牌契合到品牌价值的标准化路径系数为 0.660，t 值为 11.103，在 0.001 的显著性水平上通过统计性显著检验，模型检验结果支持假设 3，说明消费者品牌契合对品牌价值具有显著的直接正向影响作用。

按照 Preacher、Hayes（2004）提出的中介效应检验 Bootstrap 法，使用 SPSS 24.0 统计软件中的 Process 程序，对社区认同在微信公众号虚拟品牌社区功利体验价值、情感体验价值、社交体验价值和学习体验价值与品牌契合之间的中介效应、消费者品牌价值创造在品牌契合与品牌价值之间的中介效应分别进行检验。样本量选择 5 000，在 95%的置信区间下，如果中介效应检验的结果中没有包括 0，则说明该中介效应显著。

采用 SPSS 的 Process 程序，使用 Bootstrap 法检验中介效应，样本量设定为 5 000，构造 95%的置信区间。检验结果见表 5.61。

表 5.61 社区认同中介效应的 Bootstrap 分析结果

自变量	中介变量	因变量	Effect	S. E.	BootLLCI	BootULCI
社交体验价值	社区认同	品牌契合	0.182 4	0.031 9	0.120 2	0.244 2
功利体验价值	社区认同	品牌契合	0.245 8	0.030 4	0.188 4	0.307 6
情感体验价值	社区认同	品牌契合	0.205 2	0.033 9	0.143 5	0.278 4
学习体验价值	社区认同	品牌契合	0.039 7	0.034 6	−0.030 5	0.106 2

由表 5.61 可知，社交体验价值、功利体验价值和情感体验通过社区认同影响品牌契合的中介效应分别为 0.182 4、0.245 8 和 0.205 2，对应的置信区间分别为 [0.120 2，0.244 2]、[0.188 4，0.307 6] 和 [0.143 5，0.278 4]，上述 3 个置信区间均不包括 0，说明这一中介关系是显著的，社区认同的确在功利体验价值、社交体验价值和情感体验价值与品牌契合的交互影响中发挥了中介作用，假设 2a、假设 2b 和假设 2c 得到验证和支持；学习体验价值通过社区认同影响品牌契合的中介效应为 0.039 7，对应的置信区间分别为 [−0.030 5，0.106 2]，该置信区间包括 0，说明这一中介关系是不显著的，社区认同未能在学习体验价值影响消费者品牌契合的过程中发挥中介作用，假设 2d 未能通过验证。

由表 5.62 可知，品牌契合通过消费者品牌价值创造影响品牌价值的中介效应为 0.013 3，对应的置信区间为 [0.001 5，0.034 7]，上述置信区间不包括 0，说明消费者品牌价值创造的中介关系是显著的，消费者品牌价值创造的确在消费者品牌契合对品牌价值的交互影响中发挥了中介作用，假设 4 得到验证和支持。

表 5.62 消费者品牌价值创造中介效应的 Bootstrap 分析结果

自变量	中介变量	因变量	Effect	S. E.	BootLLCI	BootULCI
品牌契合	消费者品牌价值创造	品牌价值	0.013 3	0.008 2	0.001 5	0.034 7

5.3.3 调节效应假设检验

前面的研究揭示了林产干果企业通过微信公众号实现消费者品牌契合及提升品牌价值的过程与路径。消费者品牌契合过程和品牌价值受到众多因素的影响，为了更清楚地辨析消费者品牌契合形成过程与品牌价值的关系，丰富对这些作用机理和关系的认识，需要探讨其他影响因素是否会调节以上作用机制。如果调节作用存在，还需明确是如何调节的。因此，需要进一步分析消费者品牌契合的形成过程，以及消费者品牌契合对品牌价值的影响作用是否会受到其他因素的调节变化。

本部分分别检验微信公众号虚拟品牌社区融入对虚拟品牌社区体验价值经由社区认同对消费者品牌契合间接影响效应的调节作用，以及社区支持感对消费者品牌契合经由消费者品牌价值创造影响品牌价值路径的调节作用。

5.3.3.1　调节效应检验方法

如果变量 Y 与变量 X 之间的关系是变量 M 的函数，那么 M 就称为调节变量。也就是说，变量 M 会影响 Y 与 X 之间的关系。调节变量 M 影响因变量和自变量之间关系的方向（正或负）及强度（Baron and Kenny，1986；温忠麟等，2012）。调节变量示意图见图 5.12。

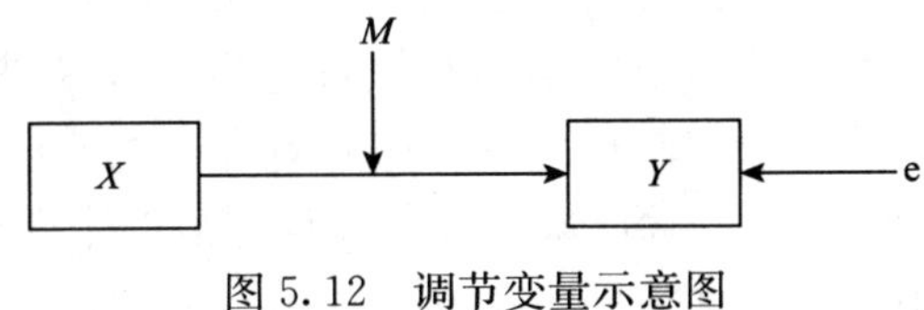

图 5.12　调节变量示意图

Y 与 X 之间的关系可以用以下函数形式表示：

$$Y=\beta_0+\beta_1X+\beta_2M+\beta_3MX+e$$

可见，Y 与 X 的关系由回归系数 $\beta_1+\beta_3M$ 描述反映，它是 M 的线性函数。在 β_3 不等于 0 的情况下，M 是调节变量，主要通过估计和检验 β_3 来分析调节变量。如果 β_3 是显著的，就说明调节变量 M 的调节效应显著，调节效应的大小由 β_3 的大小来反映（温忠麟等，2012）。

若一个模型包含了不止 3 个变量，该模型可能既有中介变量又有调节变量，形成有中介的调节模型和有调节的中介模型等类型（温忠麟等，2006；叶宝娟、温忠麟，2013）。

Muller 等（2005）提出，有中介的调节模型是指自变量通过中介变量对因变量的影响，受到调节变量的调节，也即调节效应（至少部分地）通过中介变量起作用；而有调节的中介模型是指中介效应受到调节变量的影响。有调节的中介模型是指中介变量对自变量和调节变量对因变量的交互影响起到了中介作用，这种模型能较为深入地揭示自变量对因变量的作用机制，阐明自变量通过中介变量影响因变量的中介过程受到了调节变量的影响，能说明自变量是怎样影响因变量以及何时影响作用更大（叶宝娟、温忠麟，2013）。这两种模型的主要不同表现为研究者对理论模型的阐述，检验方法是基本相同的。有调节的中介模型能够涵盖有中介的调节模型，有调节的中介模型检验方法也适用于有中介的调节模型检验（陈瑞等，2013）。

对于有调节的中介效应和有中介的调节效应检验，国内外研究中常用的是因果逐步回归法。该方法的分析逻辑直观形象，但是，近年来有研究者对该检验方法的有效性和检验程序的合理性提出质疑，认为该检验方法存在检验程序不合理、中介效应的检验分析不够深入、检验方法的有效性有欠缺、中介效应的检验方法不够清晰等问题。后来，Preacher、Hayes（2004）提出了更简便和有效的中介效应检验程序，即 Bootstrap 方法，逐渐受到研究者的关注并被运用于研究。Hayes（2013）开发设计 SPSS 中 Process 的 Bootstrap 程序插件，使用 Bootstrap 方法可以对 74 种理论模型进行简单中介效应、有调节的中介效应、有中介的调节效应、多中介模型和自变量为多类别分类变量等复杂情况下的中介效应等多种效应进行检验。

对有调节的中介效应检验，可以按照 Preacher（2007）提出的亚分组分析法，通过调节变量在不同取值条件下的间接效应显著性来进行判断。Preacher 等（2007）把有调节的中介效应称为条件中介效应，也就是调节变量在不同取值条件下的中介效应。使用 Bootstrap 法进行有调节的中介模型检验时，如果调节变量有 n 种取值水平，那么条件中介效应就有 n 个。条件中介效应对应的置信区间如果不包括 0，就说明条件中介效应显著。如果在不同的取值条件下，调节变量的间接效应（条件中介效应）一个显著，而另一个不显著，可说明有调节的中介效应是存在的。

但是，如果在不同取值条件下，调节变量的间接效应都显著或不显著，则难以判断是否存在有调节的中介效应。基于这一局限，Hayes（2015）提出了有调节的中介效应判定指标 Index，只要该指标显著不为 0，就可以判定有调节的中介效应是存在的。该指标可以通过 SPSS 的 Process 程序进行 Bootstrap 检验得到。上述分析可以采用 SPSS 的 Process 程序进行偏差校正的（bias-corrected）的非参数百分位 Bootstrap 方法检验完成。本研究采用亚分组分析法和 Index 判定指标来检验有调节的中介效应。研究使用 Bootstrap 法，样本设定 5 000，选择 95%的置信区间。当所对应置信区间不包括 0 时，就表明所检验效应显著。

因为有调节的中介模型能够涵盖有中介的调节模型，所以有中介的调节模型检验也同样采用上述有调节的中介模型检验方法。

5.3.3.2 检验结果

本部分以前面研究得到的模型为基础，加入调节变量，深度剖析相关变量之间的关系。考虑到模型简洁和运算困难，本部分主要分析“社区融入”和“社区支持感”两个调节变量的调节作用。

本研究依托 SPSS 24.0 统计软件，使用正式调查得到的 435 份样本数据，采用 Hayes（2013）开发设计的 SPSS 的 Process 程序，使用偏差校正的

(bias-corrected) 的非参数百分位 Bootstrap 方法，通过亚分组分析法和 Index 判定指标来检验有调节的中介效应和有中介的调节效应。研究中 Bootstrap 检验分析采用 5 000 次重复抽样，构造 95%的偏差校正置信区间进行。在检验前，为了避免变量间的多重共线性问题，对所有预测变量的样本数据进行了中心化处理。

(1) 社区融入的调节作用检验。本部分以微信公众号虚拟品牌社区融入作为调节变量，探讨社区认同在社区体验价值与品牌契合之间的中介作用，是否受到消费者社区融入水平的正向调节作用。即微信公众号虚拟品牌社区用户的社区融入程度越高，这一间接关系相对较强；当社区融入程度较低时，这一间接关系相对较弱。

假设 5 提出，消费者用户的微信公众号虚拟品牌社区融入会增强社区认同在体验价值与品牌契合之间所起的中介作用。

为了分析在不同的社区融入程度水平下，社区认同在体验价值与品牌契合之间所起的中介效应，需要进行有调节的中介效应检验。根据理论模型构建情况，按照 Preacher (2007) 和 Hayes (2015) 提出的有调节的中介效应模型检验方法，在 SPSS 中使用 Process 程序的 Bootstrap 法进行检验。在 Hayes (2013) 提出适合 SPSS 和 SAS 中 Process 程序分析的 Bootstrap 插件，模型样板众多，本研究提出社区认同对社区体验价值与品牌契合之间关系的有调节的中介效应模型对应的是模型样本 14。因此，模型设定为 14，样本量为 5 000，Bootstrap 选择非参数百分位法，在 95%的置信区间下进行检验。按照均值加一个标准差和减一个标准差，将社区融入度分为高、低两种情况，分析在不同社区融入程度下社区体验价值对品牌契合影响中社区认同的中介效应。数据检验前，对 3 种类型的微信公众号虚拟品牌社区体验价值计算合成分数作为社区体验价值，变量均进行了标准化处理。检验结果见表 5.63。

表 5.63 社区融入有调节的中介效应分析

结果变量	条件间接效应					有调节的中介效应的判定指标			
	调节变量取值	Effect	S. E.	LLCI	ULCI	Index	S. E.	LLCI	ULCI
品牌契合	低社区融入度	0.216 7	0.030 1	0.161 2	0.279 4	0.050 4	0.021 3	0.009 8	0.092 6
	高社区融入度	0.371 5	0.044 0	0.236 5	0.407 9				

由表 5.63 可知，当消费者用户的社区融入程度较低时，体验价值通过社

区认同影响品牌契合的间接效应为 0.216 7，Bootstrap 检验的置信区间为 [0.161 2，0.279 4]，该置信区间不包括 0；当社区融入程度较高时，间接效应为 0.371 5，Bootstrap 检验的置信区间为 [0.236 5，0.407 9]，该置信区间也不包括 0。

结果显示，调节变量在不同取值条件下的间接效应都显著，此时仅根据条件间接效应的分析难以判断有调节的中介效应是否存在。但社区融入对体验价值影响品牌契合关系具有调节作用的 Index 判定指标为 0.050 4，置信区间为 [0.009 8，0.092 6]，该置信区间不包括 0。因此，可说明有调节的中介效应是显著的，不同社区融入程度下的微信公众号虚拟品牌社区用户，社区认同的中介效应显著，假设 6 得到支持。与社区融入度较低的消费者用户相比，高社区融入程度用户的社区认同对品牌契合的正向影响显著增强。随着社区融入程度的提高，体验价值通过社区认同大大提升了消费者品牌契合。

（2）社区支持感的调节作用检验。本部分以社区支持感作为调节变量，采用 Bootstrap 方法检验品牌契合与社区支持感的交互效应是否通过消费者品牌价值创造的中介作用来进一步间接影响品牌价值。

本研究提出的社区支持感调节品牌契合经由消费者品牌价值创造影响品牌价值的有中介的调节效应模型，对应的是 Hayes（2013）提出适合 SPSS 和 SAS 中 Process 程序分析的 Bootstrap 插件模型样板中的模型 7。因此，根据所构建的理论模型，按照上述检验方法，采用 Hayes（2013）开发的 Process 程序，使用 Bootstrap 法，模型选择 7，样本量为 5 000，设置 95%的偏差校正置信区间，检验社区支持感对消费者品牌契合通过消费者品牌价值创造进一步影响品牌价值的作用。

检验前对模型所涉及的变量进行了标准化处理。检验结果显示，在 95% 的偏差校正置信区间下，中介变量消费者品牌价值创造的确在品牌契合和社区支持感对品牌价值的交互影响中发挥中介效应。消费者品牌价值创造的中介效应为0.013 3，对应的置信区间为 [0.002 2，0.036 1]，不包括 0。进一步按照均值加减一个标准差取值，将消费者社区支持感区分为低社区支持感和高社区支持感两种条件状态，以分析在不同社区支持感状态下，消费者品牌契合对品牌价值的影响作用中消费者品牌价值创造的中介效应，检验结果见表 5.64。

表 5.64　社区支持感的调节效应分析

结果变量	条件间接效应				
	调节变量取值	Effect	S. E.	LLCI	ULCI
品牌价值	低社区支持感	0.004 9	0.006 9	−0.004 7	0.024 4
	高社区支持感	0.020 9	0.012 2	0.003 5	0.053 3

表 5.64 显示，对于高社区支持感的消费者用户，消费者品牌价值创造的中介效应显著，消费者品牌契合通过消费者品牌价值创造影响品牌价值的间接效应为 0.020 9，Bootstrap 检验的置信区间为 [0.003 5，0.053 3]，该置信区间不包括 0；而对于低社区支持感的用户，消费者品牌价值创造并不发挥中介作用，Bootstrap 检验的置信区间为 [−0.004 7，0.024 4]，该置信区间包括 0。可见，社区支持感显著调节了消费者品牌契合通过消费者品牌价值创造影响品牌价值的中介作用。当消费者用户的社区支持感较高时，消费者品牌契合与品牌价值之间通过消费者品牌价值创造的间接关系较强，反之则较弱。也就是说，对于低社区支持感的消费者用户，消费者品牌契合通过消费者品牌价值创造对品牌价值的预测作用不显著；高社区支持感的用户，消费者品牌契合通过消费者品牌价值创造对品牌价值的正向影响作用是显著的，这意味着社区支持感增强了消费者品牌契合通过消费者品牌价值创造影响品牌价值的中介作用。

分析社区融入在体验价值通过社区认同正向影响消费者品牌契合过程中具有的调节作用，以及社区支持感在消费者品牌契合经由消费者品牌价值创造对品牌价值的正向影响关系中具有的调节作用，提出两个研究假设，经过实证检验分析，这两个假设都通过检验。

5.3.4 检验结果讨论

采用结构方程模型，对本研究提出的假设 1a、假设 1b、假设 1c、假设 1d 和假设 3 进行了检验；采用 Bootstrap 分析法对假设 2a、假设 2b、假设 2c、假设 2d 和假设 4 提出的中介效应，以及假设 5 和假设 6 提出的调节效应进行了检验，全部研究假设的实证检验结果汇总见表 5.65。

表 5.65 假设检验结果汇总

研究假设	检验结果
假设 1a：功利体验价值对消费者品牌契合具有正向影响	通过验证
假设 1b：情感体验价值对消费者品牌契合具有正向影响	通过验证
假设 1c：社交体验价值对消费者品牌契合具有正向影响	通过验证
假设 1d：学习体验价值对消费者品牌契合具有正向影响	未通过验证
假设 2a：社区认同在功利体验价值与品牌契合之间具有中介作用	通过验证
假设 2b：社区认同在情感体验价值与品牌契合之间具有中介作用	通过验证
假设 2c：社区认同在社交体验价值与品牌契合之间具有中介作用	通过验证
假设 2d：社区认同在学习体验价值与品牌契合之间具有中介作用	未通过验证

（续）

研究假设	检验结果
假设 3：消费者品牌契合对品牌价值具有正向影响	通过验证
假设 4：消费者品牌价值创造在品牌契合与品牌价值关系中发挥着中介作用	通过验证
假设 5：社区融入正向调节着体验价值经由虚拟品牌社区认同对消费者品牌契合的影响	通过验证
假设 6：社区支持感会调节品牌契合与品牌价值之间通过消费者品牌价值创造的间接关系	通过验证

各项假设的验证分析只是说明了潜变量间路径关系的存在与否以及因果关系的影响方向，但未能反映各潜变量间因果关系的作用程度大小，因而需要分析各潜变量间的影响效果。变量间的效果分为直接效果、间接效果和总效果 3 种（Hair Jr. et al.，1998）。

直接效果是指自变量对因变量的直接影响，该影响大小通过自变量到因变量的路径系数值予以反映。因变量为内生变量，自变量可以是外生变量或内生变量。

间接效果是指在自变量与因变量之间存在中介变量，自变量通过影响中介变量对因变量产生间接影响。中介变量可以是一个，也可以是多个。间接效果值是指所有自变量到因变量的路径系数（直接效果值）相乘后的加总值。如果只有一个中介变量，两个路径系数的乘积就是间接效果值。

总效果是用来衡量自变量对因变量产生的总影响，直接效果与间接效果相加之和就是总效果。

Cohen（1988）提出，直接效果值小于 0.06 时，说明效果小；直接效果值为 0.06～0.16 时，说明效果中等；直接效果值大于 0.16 时，说明效果大。

根据 AMOS 24.0 对修正后最优的最终模型检验结果，可以了解到各潜变量之间的直接效果、间接效果和总效果，具体检验结果见表 5.66、表 5.67。

表 5.66　最终模型中各潜变量对其他变量的标准化总效果

项目	情感体验价值	功利体验价值	社交体验价值	微信公众号社区认同	消费者品牌契合	消费者品牌价值创造	品牌价值
微信公众号社区认同	0.160	0.548	0.208	0	0	0	0
消费者品牌契合	0.175	0.752	0.255	0.450	0	0	0
消费者品牌价值创造	0.022	0.094	0.032	0.056	0.125	0	0
品牌价值	0.118	0.506	0.171	0.303	0.673	0.1	0

表 5.67　最终模型中各潜变量对其他变量的标准化直接效果

项目	情感体验价值	功利体验价值	社交体验价值	微信公众号社区认同	消费者品牌契合	消费者品牌价值创造	品牌价值
微信公众号社区认同	0.160	0.548	0.208	0	0	0	0
消费者品牌契合	0.103	0.505	0.161	0.45	0	0	0
消费者品牌价值创造	0	0	0	0	0.125	0	0
品牌价值	0	0	0	0	0.660	0.1	0

（1）社区体验价值对微信公众号社区认同、消费者品牌契合的影响。消费者感知的功利体验价值、情感体验价值和社交体验价值到微信公众号社区认同的标准化路径系数分别为 0.548、0.160、0.208，而且 P 值在 0.001 的显著性水平上均显著，则说明功利体验价值、情感体验价值和社交体验价值对微信公众号社区认同的直接效果分别为 0.548、0.160、0.208（表 5.67）。当其他条件不变时，功利体验价值、情感体验价值和社交体验价值潜变量各自提升 1 个单位，会分别直接提升微信公众号社区认同潜变量 0.548 个单位、0.160 个单位、0.208 个单位，说明功利体验价值、情感体验价值和社交体验价值对微信公众号社区认同具有显著的直接正向影响作用，而且影响效果明显。

功利体验价值、情感体验价值和社交体验价值到消费者品牌契合的标准化路径系数分别为 0.505、0.103、0.161，而且 P 值在 0.001 的显著性水平上均显著，则说明功利体验价值、情感体验价值和社交体验价值对消费者品牌契合的直接效果分别为 0.505、0.103、0.161（表 5.67）。当其他条件不变时，功利体验价值、情感体验价值和社交体验价值潜变量各自提升 1 个单位，会分别直接提升消费者品牌契合潜变量 0.505 个单位、0.103 个单位、0.161 个单位，说明功利体验价值、情感体验价值和社交体验价值对消费者品牌契合具有显著的直接正向影响作用。

同时，功利体验价值、情感体验价值和社交体验价值还通过消费者的虚拟品牌社区认同影响消费者的品牌契合，形成了社区体验价值⟶微信公众号社区认同⟶消费者品牌契合的间接路径，功利体验价值、情感体验价值和社交体验价值通过社区认同对消费者品牌契合产生的间接效果分别为 0.247（0.548×0.45）、0.072（0.160×0.45）、0.094（0.208×0.45），说明功利体验价值、情感体验价值和社交体验价值潜变量提升 1 个单位，会分别间接提升消费者品牌契合潜变量 0.247 个单位、0.072 个单位、0.094 个单位，说明在一定程度内，微信公众号通过开发更多优质的微信公众号内容，如开展优惠促销活动，发布高质量的信息，设计更有挑战性、趣味性的活动等，提高消费者用户的微信公众号社区体验价值，可以间接增强消费者品牌契合。

功利体验价值、情感体验价值和社交体验价值对消费者品牌契合的直接效果分别为 0.505、0.103、0.161，间接效果分别为 0.247、0.072、0.094，则功利体验价值、情感体验价值和社交体验价值对消费者品牌契合的总效果分别为 0.752、0.175、0.255（表 5.66）。由此可说明，当其他条件不变时，功利体验价值、情感体验价值和社交体验价值分别各自提升 1 个单位，将提升消费者品牌契合 0.752 个单位、0.175 个单位、0.255 个单位。

综合以上分析可知，功利体验价值、情感体验价值和社交体验价值对消费者品牌契合有显著的正向影响关系，该结果支持假设 1a、假设 1b 和假设 1c。此外，功利体验价值、情感体验价值和社交体验价值不仅直接正向影响消费者品牌契合，而且还通过微信公众号社区认同间接正向影响消费者品牌契合。所以，微信公众号社区认同在功利体验价值、情感体验价值和社交体验价值与消费者品牌契合之间的关系起了部分中介作用，该结果支持假设 2a、假设 2b 和假设 2c 成立。

（2）消费者品牌契合对消费者品牌价值创造、品牌价值的影响。消费者品牌契合对品牌价值的标准化路径系数为 0.660，而且 P 值在 0.001 的显著性水平上显著，这说明消费者品牌契合对品牌价值的直接效果值为 0.660（表 5.67）。当其他条件不变时，消费者品牌契合潜变量提升 1 个单位，会直接提升品牌价值潜变量 0.660 个单位，说明消费者品牌契合对品牌价值具有显著的直接正向影响作用。这一检验结果支持假设 3 的成立。

同时，消费者品牌契合还通过消费者品牌价值创造这个中介变量影响品牌价值，形成了消费者品牌契合⟶消费者品牌价值创造⟶品牌价值的间接路径，间接效果为 0.013（0.125×0.1），说明消费者品牌契合对品牌价值具有显著的正向间接影响作用，这一检验结果支持假设 4 的成立。

综合以上分析可知，消费者品牌契合对品牌价值的总效果为 0.673（表 5.66），说明消费者品牌契合潜变量提升 1 个单位，会提升品牌价值潜变量 0.673 个单位。

（3）社区融入对体验价值影响品牌契合关系具有的调节作用。数据检验结果显示，微信公众号虚拟品牌社区融入具有的调节效应是显著的，不同社区融入程度下的消费者用户，微信公众号社区认同的中介效应显著，假设 6 得到支持。与社区融入度较低的消费者用户相比，高社区融入程度用户的微信公众号社区认同对品牌契合的正向影响显著增强。随着社区融入程度的提高，体验价值通过社区认同大大提升了消费者品牌契合。

（4）社区支持感对品牌契合通过消费者品牌价值创造影响品牌价值过程的调节作用。数据检验结果显示，社区支持感显著调节了消费者品牌契合通过消费者品牌价值创造影响品牌价值的中介作用。对于低社区支持感的消费者用户，消费者品牌契合通过消费者品牌价值创造对品牌价值的预测作用不显著；高社区支持感的用户，消费者品牌契合通过消费者品牌价值创造对品牌价值的正向影响作用是显著的，这意味着社区支持感增强了消费者品牌契合通过消费者品牌价值创造影响品牌价值的中介作用。

5.4 小结

（1）设计林产干果企业微信公众号虚拟品牌社区体验价值、消费者品牌契合、消费者品牌价值创造和品牌价值等测量量表和问卷。通过专家评分、小样本预测试检验量表的信度和效度检验等进行问卷测量题项的修改，形成最终正式量表和问卷。

（2）问卷发放、回收和描述性统计。获得 435 份样本数据，从被调查者的性别、年龄、职业、文化程度等角度对样本数据进行描述性分析。将 435 份样本数据一分为二，进行了探索性因子分析和验证性因子分析。

（3）运用 SPSS 24.0 统计分析软件对量表进行了探索性因子分析，发现微信公众号虚拟品牌社区体验价值提取了功利体验价值、情感体验价值、社交体验价值和学习体验价值 4 个因子维度，微信公众号社区认同、消费者品牌契合、消费者品牌价值创造和品牌价值各提取 1 个因子维度。

（4）运用 AMOS 24.0 软件对量表进行了一阶验证性因子分析和二阶验证性因子分析。结果表明，样本数据较好地证实了功利体验价值、微信公众号社区认同、消费者品牌契合、消费者品牌价值创造和品牌价值的维度构成和划分的合理性。

（5）采用 AMOS 24.0、SPSS 24.0 等统计软件，对理论模型进行了结构方程模型检验，并采用 Bootstrap 法进行了中介效应和调节效应检验。检验结果表明，功利体验价值、社交体验价值和情感体验价值对微信公众号社区认同具有显著的直接正向影响；微信公众号社区认同在功利体验价值、社交体验价值和情感体验价值正向影响消费者品牌契合的关系中起着中介作用；消费者品牌契合对品牌价值具有显著的直接正向影响作用；消费者品牌价值创造在消费者品牌契合与品牌价值之间发挥着中介作用；社区融入对微信公众号社区认同影响消费者品牌契合的关系具有调节作用；社区支持感在品牌契合与消费者品牌价值创造之间的关系中具有调节作用。

6 基于移动互联网的经济林产品企业品牌价值提升案例分析

6.1 案例选取

由“品牌排行网”主办的 2017 年度中国坚果十大品牌评选中，前 3 位分别是三只松鼠、良品铺子和百草味。各家坚果品牌公司的天猫旗舰店都是其网上销售的主渠道，根据这一统计数据，三只松鼠、百草味和良品铺子的销售额是排名前 3 位的旗舰店品牌。2018 年 4 月发布的中国品牌力指数（C-BPI）品牌排名和分析报告显示，2018 年 C-BPI 的 159 个品类中，坚果/干果前 3 位品牌是三只松鼠、洽洽和良品铺子。百草味已经在 2016 年借助上市公司（好想你公司）成功在 A 股市场上市。早在 2017 年 3 月，三只松鼠已经向中国证券监督管理委员会提交过首次公开募股（IPO）审核，并在同年 10 月 31 日，更新招股说明书，申请上市。2019 年 7 月 12 日，三只松鼠在深圳证券交易所创业板上市。

通过对三只松鼠、百草味和良品铺子 3 家公司微信公众号内容的梳理与分析，百草味和良品铺子的相关内容重合度较高，故本部分只选取三只松鼠和百草味两家企业的微信公众号内容作为案例分析基础。本章以三只松鼠和百草味这两家公司为案例，分析其线下和线上渠道在品牌与消费者用户互动方面的差异，并重点梳理企业借助移动互联网中的微信公众号虚拟品牌社区提升品牌价值的作用过程。

6.2 三只松鼠案例分析

6.2.1 三只松鼠企业概况

三只松鼠股份有限公司于 2012 年 2 月由 5 名创业初始团队成员成立于安徽省芜湖市，是以坚果、干果、茶叶、休闲零食等食品的研发、分装及销售为主的产业链平台型企业。目前，三只松鼠的产品全面覆盖天猫、京东、苏宁易购等各类电商渠道。截至 2017 年 6 月 30 日，三只松鼠使用会员数已超 6 000 万。三只松鼠将信息化技术、动漫化品牌、数据化品质控制方式相结合，使产品品质更稳定、物流周转速度更快、产品新鲜度更好、品牌更贴近年轻一代的消费者，并且专注为消费者提供极致的用户体验。

2012 年 6 月 19 日，三只松鼠网店在淘宝天猫商城试运营上线。同年 8 月，上线的第 65 天，在天猫坚果类目销售跃居第一位。到了 2012 年天猫的“双十一”大促，日销售额 766 万元，名列食品电商销售第一位。

2012 年，三只松鼠上线半年就实现销售收入 3 000 余万元，2015 年和 2016 年分别实现销售收入 20.39 亿元和 44.08 亿元；2014—2016 年分别取得 9.24 亿元、20.43 亿元和 44.23 亿元的营业收入。

三只松鼠已经囊括坚果、干果、果干、花茶、零食等在内的多品类休闲食品组合，建立了以线上渠道为核心、团购及线下等渠道为补充的销售模式。

从品牌定位及消费者体验角度，公司的目标客户为“80 后、90 后网购主力人群”。根据百度指数查询的数据显示，关注公司产品的用户主要集中在 20～39 岁年龄段，公司产品的受众与公司的目标客户定位相匹配。

2018 年 8 月 10 日，三只松鼠天猫旗舰店页面显示，三只松鼠天猫旗舰店的标题栏分为松鼠美食仓库、松鼠窝、188 减 100、健康坚果、肉食主义、热情果干、糕点点心、饼干膨化、素食主张、鱿鱼海味、果果荟萃、松鼠潮礼、松鼠周边、美食顾问。美食顾问栏目能够提供“一对一”专属服务，但仍然没有社区的概念。评价和提问都只能一对一，或者是彼此之间能看到问题和交流内容，但作为社区概念的团队，功能是明显不足的。

6.2.2　三只松鼠企业的互联网渠道与虚拟品牌社区概况

三只松鼠同时在线上和线下渠道运营。互联网渠道，有线上销售渠道，如天猫商城、京东商城、1 号店、唯品会、当当网等；也有品牌宣传的媒介，如三只松鼠官方网站；还有品牌传播、客户服务与管理的平台，如三只松鼠微博、微信公众号等。2018 年三只松鼠线上线下渠道与虚拟品牌社区功能见表 6.1。

表 6.1　2018 年三只松鼠线上线下渠道与虚拟品牌社区功能

销售与沟通渠道		渠道发布的主要内容	备注	是否具有品牌社区属性
线上渠道	公司网站	标题栏：关于我们、经营范围、松鼠招聘、松鼠动画片、资源小站、松鼠手游、联系我们 尾栏：来自松鼠的服务、合作项目（大客户团购、商务合作、媒体访问）、其他（松鼠廉政、免责声明、相关网址） 内容栏：品牌文化、经营范围、媒体报道	资源小站包括动漫系列（三只松鼠动画片、贱萌三国、松鼠嗑壳课、奋斗吧！松鼠小贱）、互动内容（松鼠主题壁纸、松鼠表情包）、版权引用（松鼠商标）	否

（续）

销售与沟通渠道		渠道发布的主要内容	备注	是否具有品牌社区属性
线上渠道	微博（新浪）	宣传企业文化、发布活动公告、与粉丝互动	没有交易功能	部分
线上渠道	天猫旗舰店	松鼠美食仓库、松鼠窝、188减100、健康坚果、肉食主义、热情果干、糕点点心、饼干膨化、素食主张、鱿鱼海味、果果荟萃、松鼠潮礼、松鼠周边、美食顾问	评价和提问都只能一对一，或者是彼此之间能看到问题和交流内容，但作为社区概念的团队，功能是明显不足的 美食顾问栏目能够提供“一对一”专属服务，但仍然没有社区的概念	否
线上渠道	App	标题栏：坚果/干果、量贩组合、肉脯/海鲜、休闲零食、潮礼 内容栏：限时抢购、领券中心、物流承诺、新人礼包、分享有礼、团购专区、转盘抽奖、每日签到 结尾栏：授业、分类、松鼠币商城、购物车、个人中心		否
线上渠道	微信公众号	有文章；有服务：松鼠招聘、松鼠App、鼠味相投、松鼠投食店、1元秒杀；食·松鼠：与三只松鼠产品品类相关的食物知识	虚拟品牌社区功能：参与各种优惠活动，在文章后面进行点评和互评	是
线下渠道	投食店	投食店范围已涉及安徽、江苏、浙江、四川等地	带来更加直观的消费感受	是
线下渠道	松鼠小镇	松鼠小镇将被打造成一体化的新型商业综合体	为主人带来全新的消费体验	是

数据来源：根据公开资料整理。

根据三只松鼠品牌线上和线下渠道的分析，在线上，微信公众号、微博等提供了品牌和用户的互动以及用户之间的交流，并且可以直接进行交易并进行评论，具有明显的全部或部分社区特征。

公司网站不具有交易功能，无法互动，且关注者较少，更多的是企业宣传、产品和服务展示作用。新浪微博只是具有宣传企业和发布公告的功能，缺乏交易功能，其关注者和粉丝大多是与品牌企业相关的员工和其他利益相关者，不是以用户为主体。三只松鼠品牌的 App 由于下载装机量较低，并且主要用于产品销售，难以提升用户对品牌的价值感知。

线下的店铺能够产生品牌和用户之间的互动功能，但对于线下渠道铺设不够深入的品牌而言，与消费者的互动主要依靠微信公众号等虚拟品牌社区。本研究主要集中于线上渠道的研究，因此，下一部分将重点考虑微信公众号给用户带来基于社区的品牌体验价值。

6.2.3　三只松鼠借助移动互联网提升品牌价值的作用过程

6.2.3.1　三只松鼠微信公众号与用户体验价值

三只松鼠企业创建有“三只松鼠”微信公众号，其栏目和内容一直在调整和变化，2018 年时共有 3 个主栏目：有文章、有服务、食·松鼠。

在“有文章”部分，2018 年 1—11 月，约有 70 篇文章。“有服务”部分，包括的子栏目有松鼠招聘、松鼠 App、鼠味相投、松鼠投食店、1 元秒杀。总体来看，这些栏目既体现了有功利体验价值，又有社交体验价值、学习体验价值。“食·松鼠”栏目，大部分能给关注者带来学习体验价值，还有极少部分有情感体验价值。除了“有服务”部分栏目比较具体，其他两个栏目的文章可以给用户带来不同的体验价值。

对于有两种以上体验价值的活动，在各种体验价值条目下都进行列示。例如，2018 年 1 月 13 日的文章《听说，三只松鼠最近新建了个“池子”……》，这一篇文章主要是宣传公司的“松鼠情义基金”，以前公司经常会帮助遇到困难的员工家庭或灾后重建的家庭等。现在把零散的帮助活动集中到这一基金下，目的是在员工、社会或他人“遇到危险、意外、灾害时，可以及时伸出援手，做有情有义的事，成为有情有义的人”。这一篇文章既能给微信公众号关注者带来情感体验，又了解了公司的企业文化和信息。所以，将其分别归入情感体验价值和学习体验价值。2018 年三只松鼠微信公众号内容与用户体验价值见表 6.2。

表 6.2　2018 年三只松鼠微信公众号内容与用户体验价值

体验价值类别	“有文章”内容归类	“食·松鼠”内容归类
功利体验价值	● 招聘｜主人，你一定 skr 人才（2018 年 8 月 12 日） ● 当当超级品牌日｜物价回到 6 年前（2018 年 7 月 16 日） ● 618 遇上松鼠周年庆｜年中大促　超级必抢（2018 年 6 月 20 日） ● 玩儿把大的｜年中触底大放价，仅此一天！（2018 年 6 月 11 日） ● 零售通　松鼠来了！（2018 年 5 月 30 日）	● 这是一篇有私心的推文，都是我爱吃的（有福利）（2017 年 12 月 26 日） ● 产品开讲啦｜山核桃、野生山核桃，怎么有这么多核桃！（2017 年 4 月 27 日）

（续）

体验价值类别	“有文章”内容归类	“食·松鼠”内容归类
功利体验价值	• 525 相约合肥｜中国国际徽商大会召开　松鼠诚意满满参与（有福利）（2018 年 5 月 21 日） • 爆款前 10 分钟半价｜5.17 开启美食の无限战争（2018 年 5 月 16 日） • 零点抢半价!! 不忍心让你错过～（2018 年 4 月 22 日） • 触底价＋半价｜听说这是四月最便宜的一天!（2018 年 4 月 16 日） • 瓜子花生八宝粥～老板，节后必备了解一下（2018 年 4 月 4 日） • 我能帮你的只有这么多了（2018 年 3 月 27 日） • 3.11 招聘会｜松鼠老爹：如果你没有做好准备，请不要来松鼠（附视频）（2018 年 3 月 13 日） • Q&A｜关于招聘　鼠喇叭如约解答（2018 年 3 月 5 日） • 3.11 松鼠专场招聘｜详细岗位介绍　拿走不谢（2018 年 3 月 4 日） • 一份属于你的小美好丨点此签收（2018 年 2 月 2 日） • 数字经济下的松鼠伙伴供给侧改革（内含视频）（2018 年 1 月 31 日） • 听说，三只松鼠最近新建了个“池子”……（2018 年 1 月 13 日） • 三只松鼠入驻拼多多　世间美味等你“拼”尝（2018 年 1 月 11 日） • 新年独家送礼指南曝光（2018 年 1 月 8 日）	
情感体验价值	• 欢乐暑假怎能错过《三只松鼠》（2018 年 7 月 14 日） • 迟到的献礼｜缅怀先烈表初心（2018 年 7 月 4 日） • 六一｜“装嫩”指南了解一下?（文末有大招）（2018 年 5 月 31 日） • 2018 国际徽商大会，松鼠馆秒变“孩子寄存中心”（2018 年 5 月 27 日） • 松鼠廉政四周年　拥抱廉政新“严”态（2018 年 5 月 22 日） • 松鼠廉政行｜一个“瞎折腾”的老板（附视频）（2018 年 5 月 20 日）	• 神农尝百草只是一人，松鼠神农堂就……（2017 年 3 月 15 日） • 坚果精神 X 产品精神｜谨以此片致敬所有产品人（2017 年 1 月 15 日）

（续）

体验价值类别	“有文章”内容归类	“食·松鼠”内容归类
情感体验价值	● 520丨解救你的“求生欲”（2018年5月18日） ● 母亲节，不要再被妈妈的“谎言”骗了（2018年5月13日） ● 对于相信松鼠，我是有强迫症的（2018年4月25日） ●《三只松鼠》同名动画　今日首登网络平台（2018年4月17日） ●《天天向上》丨大张伟自爆在家看片就爱吃这个（2018年4月14日） ● 4月9日《三只松鼠》同名动画首映，以正义的方式邀请你一起造梦！（2018年4月8日） ● 我喜欢的小哥哥结婚了　新娘不是我（很生气　要发福利）（2018年4月2日） ● 相较于“第一”，我们更看重“奋斗”（2018年3月20日） ● 美在天真　鼠味相投（2018年3月16日） ● 你需要一个从男朋友那里“骗”零食的理由（2018年3月6日） ● 元宵节快乐哟，小可爱们！（2018年3月2日） ● 开工大吉丨快来看松鼠敲开奋斗年（2018年2月24日） ● 稻盛和夫：无论如何，必须喜欢上你自己的工作，并卷起漩涡（2018年2月24日） ● 习近平向全国人民拜年：只有奋斗的人生才称得上幸福的人生（2018年2月14日） ● 大雪里的“烟火气儿”（2018年1月29日） ● 投食店损失团购订单，松鼠老爹却拍手称“好”（2018年1月22日） ● 听说，三只松鼠最近新建了个“池子”……（2018年1月13日） ● 松鼠故事丨“特殊”的客人（2018年1月10日） ● 看到这些，我忍不住扶了扶下巴！（2018年1月6日） ● 新年伊始，松鼠老爹就“摊上事儿”了（2018年1月4日） ●“听说，从昨晚到现在你是这样的”（2018年1月2日）	

（续）

体验价值类别	“有文章”内容归类	“食·松鼠”内容归类
社交体验价值	● 三只松鼠×松鼠伙伴｜77伙伴共创大会到底输出了什么?（2018年7月10日） ● 分享图片：2018三只松鼠伙伴共创大会（2018年7月6日） ● 当三只松鼠遇上世界杯（2018年6月28日） ● 我们是积极废人?（2018年5月5日） ● 今天，我被做水果罐头的“奶爸”套路了（内有福利）（2018年4月23日） ● 明天是周末，来展会与松鼠约一波?（2018年4月13日） ● 坚果炒货展｜合肥投食店倾力助阵　带给你别样惊喜（2018年4月11日） ● 松鼠女生节｜“一个值得来的地方”（2018年3月7日）	
学习体验价值	● 南方都市报：小零食引领产业升级大潮流　揭秘“三只松鼠”开拓互联网与实体经济融合的改革创新之路（2018年7月17日） ● 好果子！就是这么大！（2018年7月16日） ● 投食松鼠　再拿两城（2018年5月27日） ● 2018中国国际徽商大会，松鼠老爹说了啥?（2018年5月26日） ● 三只松鼠获天猫年度快消品最佳服务品牌奖项（2018年5月19日） ● 冻干｜一个留住食品肉体与灵魂的黑科技（2018年5月12日） ● 人民日报：三只松鼠等成“最受欢迎中国品牌”，将成国货领头羊（2018年5月11日） ●《三只松鼠》同名动画播出一个月，播放量累积破亿！（2018年5月10日） ● 松鼠投食店落户深圳　打造城市歇脚地（2018年4月27日） ● 三只松鼠重新定义“新零食”（2018年4月20日） ● 27天零食系列｜我们提倡极鲜主义（2018年4月1日） ● 你以为巴西栗就是板栗的巴西亲戚?（2018年3月26日）	● 数字松鼠｜什么样的人最爱吃辣条?（有惊喜）（2017年12月26日） ● 数字看松鼠，414万评价背后（2017年12月20日） ● 懂了这些，和食疗瘦身更近一步（2017年12月20日） ● 产品开讲啦｜草莓中的维生素C比苹果高11.7倍哟（2017年5月26日） ● 产品开讲啦｜山核桃、野生山核桃，怎么有这么多核桃！（2017年4月27日） ● 老司机不好好开车，来做产品了！（2017年3月2日） ● 300年不死不灭，皮薄肉厚味美香甜（2016年12月29日）

（续）

体验价值类别	“有文章”内容归类	“食·松鼠”内容归类
学习体验价值	● 相较于“第一”，我们更看重“奋斗”（2018年3月20日） ● 不只要瘦瘦瘦瘦瘦瘦瘦瘦，要健康康康康康康康康康康康康康康康！（2018年3月18日） ● 美在天真　鼠味相投（2018年3月16日） ● 元宵节快乐哟，小可爱们！（2018年3月2日） ● 大数据、信息化，让松鼠“得天独厚”（内附视频）（2018年2月7日） ● 2018首届新品发布会　旺旺合作款同步上线（2018年1月18日） ● 听说，三只松鼠最近新建了个“池子”……（2018年1月13日） ● 松鼠老爹新年推荐：3本好书带你学经营（2018年1月8日）	

数据来源：根据公开资料整理。

有些微信公众号的关注者可能还是公司的潜在求职者。因此，招聘信息对其具有功利体验价值。本研究没有把这一部分群体排除，而是继续让其以微信公众号关注者的身份作为研究对象。

微信公众号内容的划分，让本研究可以基于这些内容，从消费者用户感知的角度，分析虚拟品牌社区体验价值感知和消费者品牌契合、品牌价值创造及品牌价值之间的关系，以及与其他相关变量的关系。

6.2.3.2 三只松鼠微信公众号社区体验价值与消费者品牌契合

微信公众号的板块分类和栏目设置，为用户分门别类地寻找信息、获取资源提供了众多便利。三只松鼠微信公众号内容好玩、有趣、用户体验佳，使消费者从中感受到丰富的体验价值。功利体验价值是消费者最为看重的价值，微信公众号用户大多是品牌产品的消费者，因而从微信公众号中获得的体验价值对用户是否认同微信公众号影响最大。微信公众号上的优惠券、限时抢购、美食试吃、签到领松鼠币、每日摇奖等让用户得到经济实惠，板块设置和栏目内容有助于分门别类地搜寻信息与获取资源，方便购买，带来良好的功能性体验。例如，“啃坚果的科学”栏目，让消费者获得更多功利性体验价值；春季随手拍、寻找最奇葩的粽子馅等有奖活动以及与年轻偶像团体TFboys相关的活动等信息，从用户需求出发，为用户创造了众多通过参与微信公众号活动就能获得优惠券、虚拟币兑换礼品等经济价值和情感需求满足的机会，消费者用户的活动参与热度很高，因此与品牌的联系也更为紧密。

此外，通过微信公众号，用户可以认识其他的消费者，扩大社会交往圈子；对其他用户留言进行点赞、评论等互动活动，积极参加微信公众号活动成为拥有较大影响力的“部落酋长”等，满足了用户进行社会交往的社会属性要求，让用户对微信公众号产生心理归属感。对微信公众号的内容和活动点赞、转发、积极参加以及下载表情包和头像等行为，体现出微信公众号上的社交体验带给用户的满足感和价值感知，如三只松鼠微信公众号上的“松鼠树洞”电台栏目，选择主题制作每期电台节目，主题特色明显，很受用户的喜爱并积极参与；微信公众号的“ins 图片精选”栏目，鼓励用户贡献与品牌相关的美图和美文作为微信公众号栏目内容素材、制作品牌 LOGO 卡通形象的动漫短片等，微信公众号运营团队收集这些图片后分享给用户，用户下载图片作为头像、壁纸或表情包使用，反映了微信公众号上的良好体验让消费者感知到了较高的价值，体现出了用户对微信公众号的关注程度和认同状况。这不仅让消费者获得了分享、娱乐等情感体验价值，并且在消费者与品牌之间建立起了良好的情感连接，使消费者与品牌的联系更加密切，消费者积极主动进行品牌传播，表现出较高的品牌契合度。

6.2.3.3 消费者对三只松鼠微信公众号社区的认同和品牌价值创造

三只松鼠微信公众号上发起的“红鼻子特定款碧根果来袭，买一包捐一元”等活动，可以使用户以更为直接的方式认识企业所承担的社会责任，并在用户心中树立起企业积极向上、负责任的社会形象；投食店真人直播、松鼠第一届王者荣耀挑战赛等都紧跟年轻消费者的关注热点和兴趣所在，提高了品牌形象与用户自我概念形象的重叠度，强化用户的品牌认同，促进消费者与品牌的契合，实现企业运营微信公众号的价值所在。

消费者用户对微信公众号上的主题美文、漫画、视频等内容或活动点赞、留言、评论、转发给朋友或朋友圈等行为，以及参加每个月举办的插画来袭等晒照片活动，都反映了其对微信公众号的关注程度以及对相关内容的认同。消费者用户出于对微信公众号栏目内容的喜欢和支持，邮寄礼物给微信公众号运营团队成员，更是反映出消费者对微信公众号虚拟品牌社区的认同和支持。

微信公众号鼓励、引导和有力地支持消费者基于自身认知与需求，在社区分享品牌知识和使用经验，主动发起品牌产品偏好投票和自我表达，及时反馈信息、积极进行品牌推荐、提供产品创意实现产品创新和改进，以忠诚购买行为表现和口碑传播激发其他消费者对品牌的认同，带动潜在购买和重复购买，提高品牌产品销售额和品牌美誉度，成为品牌产品价值的积极创造者，为企业的营销活动作出贡献，实现品牌价值。

6.2.3.4 三只松鼠品牌价值的提升

消费者用户在三只松鼠微信公众号社区“吃货部落”中的留言，如“很喜欢三只松鼠的坚果，会一直购买的”“三只松鼠陪着我一起成长”“松鼠最打动人的地方是真诚，每一个产品上都有自己的语言，这是松鼠独有的，而且很暖心”“三只松鼠超好吃，美味无比”“三只松鼠的铁杆粉丝”等，都说明消费者对三只松鼠品牌的认同和喜爱，为品牌感到自豪骄傲和品牌消费产生的开心愉悦等积极情感，持续购买的意愿和行为，带动消费者主动向周围的人推荐该品牌。

此外，可以从消费者用户对品牌推出周边产品的接受、喜爱程度，以及社区内讨论、评价次数等，可以看出三只松鼠品牌延伸的成功。

6.3 百草味案例分析

6.3.1 百草味企业概况

2003 年，第一家百草味在浙江省杭州市下沙大学城创办。因为“神农尝百草”的故事而将品牌命名为“百草味”。初创阶段，百草味定位于大学生以及年轻人，售卖品种多样、美味的零食。精准的市场定位使得百草味迅速在下沙大学城以及全国的大学城走红。现在，百草味定位“世界任你品尝”，产品达 600 多种，涵盖坚果炒货、糕点糖果、水果干、肉干肉脯、礼盒等全品类零食系列。其目的是为吃货们提供全球精选、多样多元、食巧食美的零食产品。百草味从线下拓展到线上，也从渠道售卖拓展到产品的研发、生产、品控、仓储、物流，深度打通全链路。

百草味公司的使命是“让更多的人吃上放心健康的食品”。2010 年正式入驻淘宝商城，设立“百草味旗舰店”。2017 年，公司年销售额达 40 亿元，会员数量达到 4 000 万，员工 3 000 余人。同年，公司成立百草味食品研究院，不断探索关于零食之于人类生活的解决方案。2015 年，百草味成为中国（杭州）跨境电子商务综合实验区首批试点企业。2016 年，中国 A 股上市公司好想你枣业股份有限公司收购百草味。2017 年，百草味成功入围中国品牌日首批“CCTV 中国品牌榜”。2018 年，百草味入选消费者最喜爱中国自主品牌 TOP100。

根据好想你公司 2017 年年度报告，百草味公司 2013 年营业收入为 2.288 2 亿元，2014 年营业收入为 6.12 亿元，2015 年营业收入为 11.13 亿元。包含好想你公司在内的产品销售收入，百草味公司 2016 年和 2017 年的营业收入分别为 20.72 亿元和 40.70 亿元。由于好想你公司占比较低，因此 2016 年以来的数据大致反映了百草味的营收增长。2016 年，百草味实行超级大单品战略，成功打造了“抱抱果”“90 日鲜”每日坚果两大单品。百草味成立线下团队，运用阿里零售通等新零售方式布局商场、超市、便利店等线下终端。百草味合作的影视剧《三生三世十里桃花》是国内首部网络播放量超过 300 亿的电视剧。《我的前半生》最高收视指数破 3，热播期间，百草味植入的核心产品“抱抱果”，百度搜索指数增加了10倍以上，淘宝搜索量增长了5倍以上，并形成了不错的销售转化。2014年百草味电商销售额突破10亿元，2015年百草味电商销售额突破15亿元。

百草味的天猫旗舰店，标题栏包括吃货清单、199减100、健康坚果、新品抢鲜、果干蜜饯、肉干肉脯、糕点糖果、饼干膨化、鱿鱼海味、精品礼盒、会员中心。在会员中心，可以了解会员权益、参与会员活动、赚积分。有专门针对会员的优惠活动、专享活动，会员可以领取生日礼包，还可以查看积分和等级。但是，缺乏会员交流渠道。

6.3.2 百草味企业的互联网渠道与虚拟品牌社区概况

在关闭实体门店7年之后，百草味在2017年宣布重返线下，除了继续布局商场、超市渠道，还正式启动"一城一店"计划，同时在线上和线下渠道运营，见表6.3。

表6.3 2018年百草味线上线下渠道与虚拟品牌社区功能

	销售与沟通渠道	渠道发布的主要内容	备注	是否具有品牌社区属性
线上渠道	公司网站	主要栏目：百草味App、企业商城、新闻中心、品牌介绍、关于我们。企业商城：团购好礼、热卖单品、美味中心、礼金卡、客服帮助。百草味品牌：517吃货节、男神来了、小味公益、小味快速达、关于我们	小味公益部分主要介绍公司的公益活动，没有互动相关内容	否
	微博（新浪）	宣传企业文化、发布活动公告、与粉丝互动	没有交易功能	部分
	天猫旗舰店	吃货清单、199减100、健康坚果、新品抢鲜、果干蜜饯、肉干肉脯、糕点糖果、饼干膨化、鱿鱼海味、精品礼盒、会员中心		否
	App	推荐、周年庆、果干蜜饯、坚果炒货、肉脯海鲜、糕点糖果、豆干素食、礼盒专区。内容栏：领券中心、签到有礼、积分抽奖、会员中心。结尾栏：分类、VIP俱乐部、购物车、我的	在VIP俱乐部，用户可以发表文章，但留言和点赞的互动较少，文章主要以宣传产品为主	部分
	微信公众号	零食商城、福利专区、个人中心	福利专区有关于各种活动的介绍，有互动	是

（续）

销售与沟通渠道	渠道发布的主要内容	备注	是否具有品牌社区属性
线下渠道	2010 年，砍掉 140 多家线下店，选择转型做一家互联网企业；2017 年，又重新开始布局线下		是

数据来源：根据公开资料整理。

6.3.3 百草味借助移动互联网提升品牌价值的作用过程

6.3.3.1 百草味微信公众号与用户体验价值

百草味企业的微信公众号上有不同的板块和栏目，分类清晰，内容丰富，具体见表 6.4。

表 6.4 百草味微信公众号内容与用户体验价值

对应板块和栏目	体验内容	价值归属	价值界定
味粉中心——签到有礼、每日抽奖、有奖活动、晒单有奖	每日在社区签到赢取奖品、抽奖页面抽奖、参加活动获取奖品、晒单赢取奖品	功利体验价值	用户从微信公众号社区中体验到的经济利益、便捷、信息获取等的价值感知
微商城——分类	产品分类导购		
微商城——购物车	购物车		
百味动态	品牌动态		
微信公众号推送文章	促销活动、优惠券、品牌信息推送文章		
咩咩动态	了解品牌代言人动态以及与粉丝互动营销活动等信息		
百味剧场	平台推送的主题配文漫画、视频等，用户留言点赞互动，获得奖品	情感体验价值	让用户体会到轻松、好玩、娱乐等情感满足
咩咩动态	品牌代言人动态、与粉丝互动营销活动信息等		
味粉中心——百草味部落	在某一个时间段发起话题讨论或活动，发表留言参与话题讨论或相关活动，如“假如送我一个仓库的百草味零食，××××”有奖造句活动		

（续）

对应板块和栏目	体验内容	价值归属	价值界定
百味学堂	原创图文或合作转载的健康饮食、膳食平衡、美食搭配等知识和美食教程、美食攻略以及由产品延伸出的科学知识、人文历史知识等	学习体验价值	学习相关知识和技能的价值感知
微商城——吃乎	平台推送的美文，充满人文关怀，还有专门的知识介绍，并完美嵌入百草味产品购买链接		
味粉中心——吃货部落	发图片、文字等帖子与百草味吃货一起分享购买、享受零食的心情和事件等，评论或赞赏其他用户的帖子。通过每日签到、在部落发表帖子并获得赞赏、给认为优质的帖子打赏等方法成为部落铁粉、达人、土豪等进入部落名人堂，赢得大量粉丝	社交体验价值	社区内社会交往、互动、情感交流等活动带来的价值感知

数据来源：根据公开资料整理。

从百草味微信公众号板块分类和栏目内容可以发现，微信公众号社区创造了丰富多样的社区内容，能满足消费者获得良好的社区体验，感知到众多体验价值。例如，推送的“用户故事”，分享用户与百草味的故事；发起“你与百草味有哪些故事可以和我们分享呢?”有奖互动话题，分享百草味带给用户的快乐与感动，给参与用户带来极大的情感满足。

6.3.3.2 百草味微信公众号社区体验价值与消费者品牌契合

百草味微信公众号定期和不定期地推出618吃货狂欢、618大促等优惠活动以及情人节、父亲节等节日有奖活动信息，为消费者用户提供了众多经济实惠的购买机会；还有针对某一主题的有奖互动话题讨论等活动，兼顾消费者用户的功利体验、情感体验和社交体验需求，引导消费者与品牌关系更加密切，增强消费者对微信公众号社区的认同，培育消费者对品牌形成积极正向的情感，带动品牌购买等行为。

消费者从社区获得的体验价值推动了其与品牌关系质量的改进和提高，这通过消费者用户在百草味微信公众号中的话题讨论和各种互动环节的留言得以体现，如“很喜欢百草味的坚果，会一直购买的”“一直选择百草味的理由当然是价值和分量经济实惠，口味最好吃，现在的状态是家里不囤着百草味就会觉得缺点什么，可能没救了”“追随百草味好多年了”“特别爱百草味啊！芒果干、各种坚果，百草味是囤零食的必备!”“超爱百草味，每个星期都要买”“追随百草味好多年了”“百草味忠实粉丝”“买了那么多零食，其中百草味的品质是最令人迷恋的”“百草味的坚果，堪称一绝”等，反映出了消费者对百草味品牌的兴趣、消费百草味品牌产品享受到的开心愉悦、对品牌产品的骄傲自豪以及经常性的品牌消费行为。这说明消费者对品牌不仅产生了购买的交易性行为，而且与品牌构建起长期、深度的非交易性行为过程，表现出消费者与品牌的良好契合。

6.3.3.3 消费者对百草味微信公众号社区的认同和品牌价值创造

用户从微信公众号中获得的不同价值对社区认同的影响程度不同。百草味微信公众号上有618吃货狂欢、618大促等优惠活动信息，还有父亲节向爸爸表达爱的“我爱你，老情人”有奖活动、“春困怎么办?”有奖活动、情人节有奖活动、“如果送我一个仓库的百草味零食，×××”造句有奖活动、“如果不考虑收入、成本、地位，你最想开一家什么店?”“你有哪些属于夏天的美好或难忘的回忆”等有奖互动话题讨论以及品牌代言人与粉丝互动营销活动等信息；“￥0.01试吃”活动，如有新品上市，会员只需要花费1分钱即可申请试吃，会员积极留言点赞，参与热情很高。用户对这些内容的点赞、留言、评论、转发给朋友或朋友圈等行为反映了其对微信公众号的关注程度以及对相关内容的认同。微信公众号围绕品牌创造内容，消费者对微信公众号社区的认同会促成消费者对品牌的认同与连接。

“7天假期，你最想带着哪一款零食去旅行?”有奖互动活动，用户反响热烈，积极表达自身偏好，为品牌制订节假日的营销方案提供了具有针对性的消费者意愿信息；品牌全新包装升级后，发起“新包装升级后，你最喜欢哪款零食的包装呢?”话题讨论，征询消费者用户对新包装的意见。这些微信公众号内容为消费者特长发现和自我独特性的表现提供机会，鼓励消费者主动发起品牌产品偏好投票和自我表达，对品牌的新理念、新创意积极反馈信息，采纳消费者对产品的反馈信息，尊重消费者意见，积极挖掘消费者成为品牌产品价值创造的发起者和推动者，带动社区内消费者参与，合力创造品牌价值，促进品牌价值的提升。

6.3.3.4 百草味品牌价值的提升

用户在微信公众号社区的留言“很喜欢百草味的坚果，会一直购买的”“最喜欢百草味的零食了”“送你最爱的味道——百草味”“有我就有百草味，有百草味的日子才叫幸福人生”“一直很喜欢吃百草味的零食，我会继续支持百草味的”“百草味占据了我零食所有位置”“好期望新品，一直都是百草味的忠实吃粉”“喜欢尝试新品”等都说明消费者对百草味品牌产品的喜爱和忠诚、优先购买意愿、期待推出新产品，凸显出百草味这一品牌具有极大的价值。

6.4 小结

通过对三只松鼠和百草味两家企业的案例分析，发现消费者用户从微信公众号虚拟品牌社区上获得各种体验的价值感知，影响其对虚拟品牌社区的认同，以及对品牌的认知、情感和行为。消费者更为关注从微信公众号社区中能获得功利体验价值和社交体验价值，这两种体验价值更有力地影响着消费者对品牌的良好认知、与品牌的情感联系以及由此带来的交易性和非交易性的行为，进一步影响消费者的品牌价值创造意愿和行为，以及提升企业的品牌价值。消费者用户对微信公众号社区的认同会促进其与品牌契合的形成，有助于促进消费者的品牌价值创造，从而提升品牌的价值。

因此，依托微信公众号虚拟品牌社区，借助移动互联网的发展态势，为消费者用户提供丰富多样的微信公众号社区体验，使得用户从微信公众号社区获得更多的体验价值，是企业进行品牌建设和管理、提升品牌价值的重要路径。

7 结论与启示

7.1 研究结论

通过对顾客体验至为重要的虚拟品牌社区消费者用户行为的分析，本研究使用S-O-R理论、社会交换理论和服务主导逻辑理论等，选择经济林产品中率先实现规模化和品牌化的林产干果作为实证研究对象，对三只松鼠等3家林产干果企业微信公众号的消费者用户进行问卷调查，得到435份有效样本数据，使用AMOS 24.0进行了实证检验，并对三只松鼠和百草味两家林产干果企业进行了案例分析，有如下发现。

（1）虚拟品牌社区是经济林产品品牌价值提升的重要平台。虚拟品牌社区等移动互联网平台，是实现消费者品牌契合和提升经济林产品品牌价值的重要平台。在互联网平台上，消费者用户能从社区平台获得功利体验价值、社交体验价值和情感体验价值等，满足其功利利益、社交和情感等多方面的需求。这些体验价值感知是一种来自外部环境的刺激，能引起消费者用户的情感反应和内在心理状态。虚拟品牌社区是依托品牌开展活动的，从社区获得的体验价值感知会影响消费者的品牌心理状态和情感反应，形成对品牌的认知和情感等，如对品牌的满意、喜爱和品牌认同，甚至形成品牌承诺等。消费者与品牌建立起密切的联系，改进和增强消费者与品牌关系质量，促成消费者与品牌契合的实现。

在开放、分享的互联网平台上，消费者对品牌的认知和情感，会带来对品牌持续的心理联系和行为参与。消费者的品牌契合会带来更为积极的品牌行为决策和结果，如消费者通过购买品牌产品实现价值收益，或者向其他消费者推荐、分享和传播品牌，与其他消费者和品牌方交流互动，积极参与品牌产品设计和新产品的共同创造等活动，成为品牌价值的创造者。这些行为直接和间接地为企业带来价值收益，影响品牌的市场表现，如品牌产品的盈利能力、品牌溢价能力和品牌延伸能力等企业品牌绩效。

（2）虚拟品牌社区中经济林产品品牌价值提升的直接和间接路径。第一，虚拟品牌社区功利体验价值、情感体验价值和社交体验价值对消费者品牌契合具有显著的直接正向影响。

功利体验价值、情感体验价值和社交体验价值显著地直接正向影响着消费者品牌契合。实证检验结果发现，功利体验价值对消费者品牌契合的正向影响作用最大，标准化路径系数为 0.505；社交体验价值的影响作用次之，标准化路径系数为 0.161；情感体验价值对品牌契合的影响作用较小，标准化路径系数为 0.103。

学习体验价值对消费者品牌契合的直接影响，以及通过虚拟品牌社区认同对品牌契合的间接影响作用并不显著，这与研究假设不符。这可能与实证分析选择的林产干果这一类经济林产品的产品属性、专业知识学习的必要性及用户对微信公众号的认识有关。林产干果是一种兼具功能属性与享乐属性的休闲食品，不仅可以充饥和补充身体所需要的营养，更重要的是能满足人们吃零食的享乐需求。随着科学饮食和健康保健知识的普及，林产干果具有的健康作用和营养功能等得到较为广泛的认知。林产干果种类繁多，在日常消费中消费者需要关注摄入量和种类平衡。很多消费者并不一定具备科学搭配坚果种类和合理控制摄入量的专业知识来保证营养摄入的均衡和完善。针对均衡营养摄入的需要，目前很多林产干果品牌企业推出营养均衡的林产干果“混合装”，每天一袋就能提供每日身体所需的林产干果特有的营养。例如，百草味的“90 日鲜”、良品铺子的“一代佳仁”综合果仁等。而且，针对女性、儿童、孕妇、男士、运动人群对营养元素摄取需求的不同，推出细分人群的混合装林产干果系列产品，搭配不同种类和份额的林产干果。还有一些品牌推出主打某方面功效诉求的混合林产干果产品，如突出满足“用脑”需求的姚生记“核桃专十”混合果仁。面对各品牌推出的单品类林产干果和混合装林产干果，消费者可以随时随地享用即食美味，轻松作出选择，不用烦恼每天该吃多少和吃哪些林产干果。既能实现均衡营养，又能满足舌尖体验，使得消费者从微信公众号中学习林产干果营养健康和品种搭配等知识的意愿不够强烈。另外，微信公众号中服务号的定位是服务交互和用户业务服务与管理，再加上微信公众号是依托微信存在的，微信的社交媒体属性可能使消费者关注从微信公众号上能获得什么信息、有没有优惠活动、有什么打发时间的好玩内容等，对有关林产干果知识、技能等学习不太重视。这也与林产干果突出的享乐性属性有关，因此就有可能造成消费者用户对虚拟品牌社区上认知学习体验的感知和评价相对较弱，价值感知不突出，因而学习体验价值对消费者品牌契合和社区认同的影响也就微乎其微。

第二，功利体验价值、情感体验价值和社交体验价值通过社区认同间接促进消费者品牌契合。根据结构方程模型的检验结果以及中介效应检验结果可知，虚拟品牌社区认同在虚拟品牌社区社交体验价值、功利体验价值和情感体验价值与品牌契合之间的关系具有显著的中介作用，中介效应分别为

0.182 4、0.245 8 和 0.205 2，对应的置信区间分别为［0.120 2，0.244 2］、［0.188 4，0.307 6］和［0.143 5，0.278 4］。可知，功利体验价值、情感体验价值和社交体验价值通过虚拟品牌社区认同间接地正向影响消费者品牌契合。

从虚拟品牌社区获得的功利体验、情感体验和社交体验价值，会增强消费者用户对社区的认同，进而增强对虚拟品牌社区所依托品牌的认同，强化其与社区的交换关系。在报酬回报心理的驱使下，消费者会积极回报社区，对社区依托的品牌产生良好的认知和情感，并付之于行动，与品牌建立起契合。随着上述虚拟品牌社区体验价值的提高，消费者用户的社区认同感会得到增强，直接和间接地促进消费者品牌契合的形成和提高。这一结论符合社会交换理论的相关阐述，人类行为受到能够带来奖励和报酬的交换活动支配，社区成员间的交往、互动是基于他们从这些行为中交换到某些需要的东西。如果双方都能从相关行为活动中获得期望的报酬，彼此间的吸引就会加强，建立起稳定、亲密的交换关系，并将社会交往维持下去。从社区能获得优惠等经济利益、社会交往机会和途径、娱乐放松等报酬，基于报酬回报，消费者会更积极地参加社区活动，从浅层互动上升到深入互动，与品牌建立起较强的自我连接和正面情感，积极评论和传播品牌，主动生成社区内容以及重复性购买品牌产品等，表现出较高的品牌契合。

第三，消费者品牌契合对品牌价值具有显著的直接正向影响。实证检验结果显示，消费者品牌契合到品牌价值的标准化路径系数为 0.660，t 值为 11.103，在 0.001 的显著性水平上通过统计性显著检验。可以说明，当其他条件不变时，品牌契合潜变量提升 1 个单位，会直接提升品牌价值潜变量 0.660 个单位。这一研究结果支持了研究假设 3，说明品牌契合对品牌价值具有显著的直接正向影响作用。

消费者从认知、情感和行为等方面传递出与品牌联系和参与的深度，形成消费者品牌契合后，不仅有助于增强消费者黏性，传播品牌，形成对品牌现有产品的持续购买行为，带动销量上升和新消费者培育；而且，为品牌延伸下产品品类的扩张提供了巨大机会，能产生较高的品牌溢价，实现品牌价值的提升。

第四，消费者品牌契合通过消费者品牌价值创造对品牌价值产生间接的正向影响。根据结构方程模型的检验结果以及中介效应检验结果，可知消费者品牌价值创造在品牌契合与品牌价值之间的关系具有显著的中介作用，中介效应为 0.013 3，对应的置信区间为［0.001 5，0.034 7］，研究结果支持了研究假设 4，说明消费者品牌价值创造在品牌契合对品牌价值的交互影响中发挥中介作用。

消费者一旦与品牌形成较高契合，意味着其与品牌之间建立起密切、强烈的心理和情感连接，对品牌表现出很高的心理忠诚和行为忠诚，愿意为品牌买单。并且，消费者会使用自身所拥有的知识和经验等操作性资源，加入品牌价值创造过程中来。消费者通过传播和推荐品牌、分享品牌信息，增强其他消费者对品牌的认知，并影响其他消费者或潜在消费者，形成一定的品牌影响力，建立起品牌信任。通过为品牌产品生产提供新创意、积极生成品牌社区内容、提供个性化产品设计想法、参加品牌新产品的共同创造等，带动品牌产品销售收入的持续增长，为企业品牌延伸创造良好条件，使企业获得更多直接和潜在的品牌收益。

(3) 社区融入和社区支持感的调节作用。第一，社区融入调节了社区认同在功利体验、情感体验和社交体验价值与消费者品牌契合之间的中介效应。

研究结果发现，与社区融入度较低的消费者用户相比，社区融入度高的消费者用户其社区认同对消费者品牌契合的正向影响显著增强。随着社区融入程度的提高，功利体验、情感体验和社交体验价值通过社区认同大大提升了消费者品牌契合。

这说明具有不同社区融入程度的消费者用户，对虚拟品牌社区的认同程度及与品牌契合的程度并不相同，高融入程度的消费者用户表现出较高的品牌契合，而低融入程度的消费者用户具有较低的品牌契合。消费者用户更好地融入虚拟品牌社区，会增强其与社区、品牌的关系，对社区产生更强的依赖和情感依托，激发出更高的社区认同感，对自身与品牌间关系的感知更为紧密，表现出更高的品牌契合程度。

第二，社区支持感调节了消费者品牌价值创造在消费者品牌契合与品牌价值之间的中介作用。Bootstrap 检验结果表明，消费者品牌价值创造的确在消费者品牌契合和社区支持感对品牌价值的交互影响中发挥中介作用。可见，社区支持感显著调节了消费者品牌契合通过消费者品牌价值创造影响品牌价值的中介作用。当消费者用户的社区支持感较高时，品牌契合与品牌价值之间通过消费者品牌价值创造的间接关系较强，反之则较弱。也就是说，对于低社区支持感的消费者用户，品牌契合通过消费者品牌价值创造对品牌价值的预测作用不显著；对于高社区支持感的消费者用户，品牌契合通过消费者品牌价值创造对品牌价值的正向影响作用是显著的。

消费者作为企业推动者、产品共同生产者和组织顾问的角色，为企业作出贡献。当其感知从虚拟品牌社区获得的支持程度越高，越容易觉得自己有义务帮助社区实现目标，提高其在品牌传播、推荐、产品生成过程中的参与度，证实了社区支持感增强了品牌契合对消费者品牌价值创造具有的积极效应。

7.2 对移动互联网发展下经济林产品企业提升品牌价值的启示

2017年1月6日，由国家林业局造林绿化管理司公布了包括河北省临城县在内的43家全国首批“互联网+”经济林、竹藤花卉产品营销模式示范单位，它们通过互联网新渠道开展经济林和竹藤花卉产品的营销，带动了局部地区的农村发展和农民增收。但是，这些品牌存在于局部市场和局部区域，要想成为全国性乃至世界性的品牌，还需要进一步按照移动互联网发展下的品牌价值创造和提升的路径与要求，逐步发展，努力打造品牌知名度，提升品牌价值，发挥品牌效应。

7.2.1 选择能够最大化提升企业品牌价值的移动互联网平台

品牌价值的提升，得益于消费者与品牌关系质量的深化和强化。互联网的发展创造出来多种类型的平台和渠道，如品牌官方App、百度等搜索引擎平台、小米社区等品牌官方论坛、微信和微博等社交平台、品牌官方网站、新浪和网易等门户网站、淘宝和京东等购物平台、爱奇艺等在线音视频网站、快手和抖音等直播平台、百度品牌贴吧等。这些互联网平台类型，在内容和展示形式、主要使用群体和平台功能定位等方面都大不相同，扮演着媒体、官方网站、论坛、电商等角色，在品牌传播、品牌营销、品牌市场扩展、强化品牌与消费者关系质量等方面发挥着重要作用。例如，淘宝、天猫、京东等网上购物平台，为消费者的线上购买提供便捷服务，通过品牌产品的营销状况直接实现品牌价值；短视频网络直播平台，如快手和抖音等，定位是记录和分享生活的短视频，在品牌传播和品牌营销推广等方面具有便利条件；门户网站可以通过品牌广告投放、将品牌信息融入平台内容、制作和传播品牌相关音视频等方式，增加品牌曝光量，拓宽品牌覆盖人群等方式扩大品牌的知名度，有效传播品牌；品牌官方论坛、品牌微博和企业微信公众号内容丰富，都是依托品牌建立的虚拟社区，能为用户提供多方面的品牌体验，消费者不仅能在社区内购买品牌产品和延伸产品，还能与品牌和其他消费者进行交流互动，以及参加社区活动等来强化与品牌的关系质量，转发品牌信息或分享品牌产品使用情况进行品牌传播和推荐，为品牌产品开发设计和营销活动提供创意，多形式创造和提升品牌价值。

林产干果、水果、林产饮料、森林食品、木本食用油等经济林产品是兼具享乐属性和功能属性的产品，在某种程度上属于生活奢享品或休闲食品。主要面对的是普通消费者，其收入弹性比粮食和食盐的收入弹性大。所以，随着收入增长和消费升级，这些经济林产品的需求量会大幅度增加，消费频次较高。同时，这些产品由于易于运输、产品标准较为统一，因此其互联网特性也较强。在消费升级的推动下，这些产品的消费更为注重场景化、个性化、定制化、品质化。消费者不仅关注产品本身的品质，还关注消费包含的体验、感受、氛围营造烘托等更多维度和更深程度的附加价值，愿意进行分享购物体验，更喜欢产品有“温度”，更加注重与产品之间的情感“连接”等。消费体验也容易成为话题讨论和分享的主题，消费者与品牌之间的联系、交流互动容易建立起来。互联网平台的建设和运营，为经济林产品消费者更好地认知品牌、与品牌建立起积极的情感联系、更加认同和忠诚品牌等创造了良好条件。

互联网的便利、开放和分享特征，为品牌消费者线上关系网络的建立提供了可能，能将消费者群体汇集到线上平台，实现线上营销，还能为品牌与消费者之间的连接和互动、消费者之间的价值共创等多方面活动创造机会。经济林产品企业要充分利用移动互联网条件，根据产品属性和互联网平台特征，选择能够最大化提升企业品牌价值的移动互联网平台，投入人力、物力来开发建设。为经济林产品消费者与品牌、企业、其他消费者之间的联系提供有效途径和良好平台，为推进消费者与品牌之间关系的建立和强化、促使品牌与消费者之间的联系密切、促进品牌价值的创造和提升创造有利条件。

7.2.2 提供能够满足消费者多维度体验价值的移动互联网平台内容

移动互联网推动体验经济的发展，带来消费者需求的变化，使得商业模式发生转变，逐渐转变为以消费者需求为导向，消费者体验逐渐成为企业营销较为重视的内容。移动互联网平台的发展，创新了消费者与品牌互动的方式，为消费者实现与品牌契合、积极参与品牌价值的创造和品牌价值的提升提供了途径，尊重用户体验第一是移动互联网平台最重要的价值观。

消费者对虚拟品牌社区等移动互联网平台的体验价值感知越高，越有助于消费者与品牌的契合和品牌价值的提升，而且消费者关注的体验价值顺序依次为功利体验价值、社交体验价值和情感体验价值。

因此，经济林产品企业运营虚拟品牌社区等移动互联网平台，要以良好的消费者用户体验作为移动互联网平台运营的基石，关注品牌消费者用户的需求变化，尊重消费者的价值诉求和相对偏好，跟进和配合消费者诉求变化，从消费者思维角度去运营虚拟品牌社区等移动互联网平台。思考能为满足消费者用户的需求做什么，以及用户能从移动互联网平台体验中获得什么价值。消费者从虚拟品牌社区等移动互联网平台中获得的体验价值是形成品牌契合的关键，良好的用户体验价值感知依赖于社区内容和功能的不断开发创新。

根据消费者价值诉求、产品属性和移动互联网平台特征，持续创造与品牌高度相关且能切合用户需要的具有高体验价值的移动互联网平台内容，为消费者打造全方位、多样化的体验。首先，要重视挖掘和持续开发能满足甚至超出消费者期望的经济利益与便捷体验，使消费者用户能获得较高的功利体验价值，并吸引目标消费者加入。其次，要营造良好的社交互动氛围和情感交流环境，吸引和鼓励消费者在虚拟品牌社区等移动互联网平台上分享信息和品牌体验，持续进行互动交流和内容生成等，丰富消费者与品牌及其他消费者之间的交流与互动，确保消费者用户能从移动互联网平台上持续得到丰富的社交体验，满足他们在社交、情感方面的需求，获得较高的社交体验价值和情感体验价值，以促进消费者对品牌的认知、情感和行为表现的正向性，维系和强化他们与品牌的情感联系，增强消费黏性，打造社交货币，拓展品牌的影响力，提升品牌价值。

例如，林产干果企业的微信公众号社区运营，就为经济林产品企业提供了经验。林产干果产品兼具功能性属性和享乐性属性，是一种休闲零食，强调消费场景化。不仅可以满足消费者对于充饥、健康营养等实用诉求，还能带来休闲、轻松愉悦等情感满足，能够融入更多情绪价值。林产干果产品的同质性高、购买频次频繁，消费者购买决策的涉入度较低，消费者更可能基于态度作出消费选择。因此，企业在运营虚拟品牌社区时，挖掘用户真正需求和感兴趣的内容，为基于态度选择的消费者提供丰富的相关信息和良好的体验，形成强有力的态度定位。例如，三只松鼠、百草味和良品铺子在微信公众号上的“买一赠一”“每日秒杀”“满减”、节日抽奖活动、代金券等定期或不定期的优惠活动以及品牌产品知识推送，能让消费者感受到经济实惠，为消费者提供了丰富的功利性体验价值；百草味发起的有奖问答“如何应对 90 后中年危机”话题巧妙地将品牌产品融入话题留言讨论，百草味“味粉故事”的不同主题征集活动，让品牌粉丝留言分享故事和心情以及征集粉丝福利愿望等，鼓励和引导用户表达自我，通过互动交流发现“趣味相投”的朋友，放松心情和进行社会交往，较好地满足了消费者用户的社交需求和情感需求；三只松鼠微信公众号鼓励用户贡献与品牌相关的美图和美文作为微信公众号栏目内容素材、制作品牌 LOGO 卡通形象的动漫短片等，使消费者获得分享、娱乐等情感体验价值。从微信公众号等互联网平台获得的高体验价值，会促使消费者对虚拟品牌社区和品牌产生认同，形成良好的品牌认知、情感和行为表现。消费者才会成为微信公众号内有价值的用户，与微信公众号和品牌的情感联系才能真正密切和牢固起来，认同品牌，并对微信公众号给予正向评价，积极、深度地参与微信公众号活动，作出持续购买和支持品牌新产品上市等行为决策，主动加强与品牌的密切联系进行品牌传播等，实现消费者与品牌的高度契合，从而提升品牌价值，真正体现出微信公众号对企业具有的价值所在。

7.2.3 激发和提高消费者与品牌的契合度，促进品牌价值创造与提升

培养和提高消费者与品牌的契合是企业建设和运营移动互联网平台的关键，是移动互联网环境下品牌价值增长的推动力。

在虚拟品牌社区等移动互联网平台中，消费者的行为是基于品牌而展开的与品牌契合的过程，不仅表现为消费者的购买行为，还表现为与品牌构建起长期、深度关系的非交易行为过程。

经济林产品企业借助移动互联网平台实现品牌价值的提升，必须努力提高消费者与品牌的契合度。一方面，互联网平台运营团队要持续构思和发起平台的品牌契合活动。以不断创新的活动内容和丰富的活动形式，以及互动交流、内容生成、品牌传播等的优良资源和便利条件，引导营造良好的平台情感氛围，吸引用户高质量参与，激发其品牌价值创造活动的积极性。例如，三只松鼠微信公众号上的"创意征集"活动，围绕某一主题发起由用户贡献各种脑洞大开的品牌活动创意。这种由消费者生成内容的品牌契合活动密切了品牌与消费者的情感联系，并通过社区内的交流互动，激发出信息、资源的各种可能组合，实现品牌内容和价值的再生产，引发消费者品牌价值创造活动。另外，百草味、三只松鼠、良品铺子等微信公众号都定期或不定期地甄选新品测评师，发布免费试吃测评等活动，鼓励和吸引消费者试吃新品后发表意见和提出建议，充分发动消费者参与产品口味和品质的改进；三只松鼠微信公众号上"松鼠有话说"征集粉丝了解品牌代言人独家小秘密的愿望和与众不同的福利新玩法等，为微信公众号社区开展贴合消费者用户需求的品牌福利活动等搜寻素材及活动创意。充分挖掘消费者在社区内的主动性和创造性，使社区与消费者之间的互动交流密切，帮助消费者更好地认识品牌，形成与品牌的紧密情感联系，强化消费者购买和品牌分享传播等行为。

另一方面，企业要建立有效激励机制，引导和鼓励消费者用户在虚拟品牌社区等移动互联网平台主动发起品牌契合活动。通过对消费者自发的品牌契合行为给予物质、精神奖励等权利和权益的不同分配与激励措施，影响用户的社区行动，刺激消费者基于自身认知和需求，提供创意帮助品牌产品的持续开发。也要为消费者特长发现和自我独特性的表现提供机会，鼓励消费者主动发起品牌产品偏好投票和自我表达，提出品牌的新理念和新创意，积极反馈信息。在这一过程中，要充分发挥虚拟品牌社区等互联网平台中的关键意见领袖作用。关键意见领袖通过品牌知识和使用经验的积极分享与大力推荐，以忠诚购买行为表现和口碑传播影响其他消费者的品牌认知、态度，带动社区内消费者参与，是品牌产品价值创造的积极发起者和推动者。他们的行为表现能扩大品牌影响力，带动潜在购买和重复购买，带来品牌产品市场份额的增加和消费

者价格敏感度下降，获得品牌价值。而且，如果消费者喜爱某一品牌，就会通过推崇该品牌旗下各种产品，甚至将品牌的喜爱延伸到新产品或周边产品，形成品牌溢价，带来企业品牌价值的提升。

移动互联网的开放性、分享性、互动性等特征，为消费者参与品牌价值的创造提供了有利条件，使消费者从传统营销条件下被动的价值接受者成长为价值创造的参与者和重要力量。

当消费者与品牌之间建立起较为密切的情感联系，表现出较高的品牌契合度时，会自发地进行品牌传播和推荐、影响其他人对品牌的认知和购买决策等行为活动。消费者也会在社区内主动分享品牌产品使用经验和体会，积极响应和参与社区发起的新品测评、品牌活动创意征集、消费者需求调查等活动，以及响应和参与社区其他消费者发起的品牌相关信息知识询问、相关话题讨论与活动等。消费者以一种自发主动或被动响应的行为方式，参与到品牌价值的创造中。

消费者用户拥有产品消费经验和知识、产品和活动创意与技能等。价值的共同创造需要品牌相关主体，运用自身的知识、经验、能力等资源的汇集、交换、融合和提升来实现。经济林产品企业应该更多地关注消费者可以贡献的资源，探索契合不同利益相关者的可能，并系统利用新兴环境，为更广泛的共同创造价值提供机会。

7.2.4 培育良好的社区氛围和态度表达机制，增强消费者社区融入和支持感知

消费者对虚拟品牌社区等移动互联网平台的兴趣越浓厚、情感依托越强烈，其便越愿意留在社区并参与社区活动，与品牌的联系就越密切，从而与品牌的契合度就越有可能提高，带来品牌价值的提升。

虚拟品牌社区等移动互联网平台运营的首要任务是吸引更多的品牌消费者成为社区用户后留在社区内，使他们与品牌的联系密切，逐步形成与品牌的契合。因此，良好的用户体验就必不可少，能有效地调动消费者融入虚拟品牌社区的积极性。经济林产品企业要在虚拟品牌社区中创造良好的环境氛围，促进消费者之间的良性互动和合作。除了发送优质的微信公众号信息和能让消费者获得有经济价值的内容外，还需要根据产品属性，设计策划能跟随社会热点、季节变化、节日等开展有创意、便于参与的活动和讨论话题，以一定的场景来唤醒消费者所具有的某种心理状态和需求，发挥品牌满足心理状态和需求的作用，吸引消费者积极地参与社区活动，形成较高的社区融入度。虚拟品牌社区等移动互联网平台运营团队要重视对消费者在平台内活动记录的统计分析，通过检测和分析用户参与互联网平台的情况，对消费者与品牌的互动活跃度进行

判断，在后台对品牌消费者进行分组和甄别。根据不同类型消费者的需求和动态，适时调整移动互联网平台活动参与方式、活动参与反馈和激励机制等，采取针对性的运营策略以活跃粉丝状态，促使消费者更好地融入虚拟品牌社区等移动互联网平台，提高消费者与品牌之间的关系强度。

当消费者感受到良好的社区参与和互动的氛围环境、亲密友善的社区成员关系以及良好的态度表达机制时，能从社区获得支持的感知，这种感知会对其行为产生刺激作用。消费者认为自己的努力和付出能得到社区的充分认可和强有力的支持，就会强化与社区的关系，使自己与品牌的连接更密切，表现出消费者的角色内行为和角色外行为，增强其进行品牌口碑传播和推荐、产品新理念设想、营销新思路拓展等品牌价值创造的意愿与行动力。

经济林产品企业要根据虚拟品牌社区等移动互联网平台的特点和运营方式，建立移动互联网平台的消费者态度表达机制，制定支持性的平台或社区措施，积极对消费者进行适当的赋能授权，鼓励消费者生成内容、提供创新建议和信息反馈等，并予以积极回应和科学评估，认可并采纳成员的建议和方案，对消费者用户提供强有力的社区支持。例如，虚拟品牌社区运营团队合理设计社区功能和设置栏目板块，使消费者参与社区活动的方式更加便捷；营造良好的交流互动氛围和环境，及时与消费者进行互动和信息反馈；倾听消费者的社区活动建议或创意，充分关心、尊重消费者的诉求，对积极参与社区活动的消费者给予鼓励和认可，让消费者从社区获得更多的情感满足。这些都会让消费者觉得社区或平台能很好地考虑其需求，认为自己对社区是具有价值的。这种积极的刺激和情绪就会推动消费者自我概念的强化与自我效能感的提高，带来情感承诺、绩效等有利于平台社区组织的结果。

8 研究局限与研究展望

本研究仍然存在一定的不足和局限，需要在后续研究中进一步探讨和完善，具体如下。

（1）产品类型选择上的局限。本研究选取林产干果作为具有代表性的经济林产品进行研究。林产干果的功能属性和享乐属性都很突出，是经济林产品中具有较强互联网属性的产品，它与其他功能属性较为突出的森林药材、林产工业原料等经济林产品相比，在消费对象和使用方式等方面都有较大的差异。同时，林产干果的主要消费群体是年轻人，他们更看重产品品质、品牌和附加价值等，喜欢分享，追求个性表达等，移动互联网的参与意愿和能力都很强。因此，对三只松鼠等企业来说，移动互联网环境下通过增强消费者品牌关系质量来提升品牌价值机制的建构壁垒相对较小。因而研究结论对更广泛的经济林产品的适用性还尚未检验，研究结论的普适性有待检验。

（2）虚拟品牌社区选择上的局限性。在众多移动互联网平台类型中，只选取了微信公众号这一虚拟品牌社区进行了实证研究。相比企业微博、品牌官方线上论坛（如小米社区论坛）等虚拟品牌社区类型，微信公众号创建时间较晚。但依托微信强大的影响力，微信公众号的发展非常迅速，企业和消费者的认可度也较高，而且具有不同于微博、品牌官方线上论坛的特点。所以，本研究以微信公众号作为调研和实证分析对象。但是，微博等其他虚拟品牌社区也是不可忽视的品牌建设和管理的平台与路径。它们在企业的品牌营销活动中，可能会有着不同的各种变量之间的关系模式。在今后的研究中，可以考虑更有普适性的调查问卷，能适用于各种类型的虚拟品牌社区，进行更具有广泛样本的分析。

（3）没有区分消费者品牌契合维度。作为品牌与消费者关系质量的评价标准和品牌绩效的关键测量度量，消费者品牌契合与企业打造竞争优势息息相关。任何企业都需要重视消费者品牌契合的形成和水平提高，以实现品牌价值的提升。品牌契合包含了消费者对品牌的认知、情感和行为等，是一个相对更为丰富的概念，也是能够更好地体现消费者与品牌联系和参与强度的构念。本研究将品牌契合作为一个整体构念，没有将品牌契合进行维度和关系型阶段的区分。所以，一方面，可能难以详细了解微信公众号社区体验价值对品牌契合不同维度的影响是否存在差别；另一方面，也使得品牌契合对消费者品牌价值创造和品牌价值的影响是一个整体性评价，在更深入地认识品牌契合的积极作用时有所欠缺。未来可以针对品牌契合的不同维度或阶段进行更深入的研究，分析体验价值和微信公众号社区认同对消费者品牌契合不同维度的影响，以及考查品牌契合不同维度对消费者品牌价值创造和品牌价值的影响程度大小，为企业运营微信公众号给予针对性指导。

（4）本研究将消费者品牌价值创造作为一个构念，没有区分和检验消费者品牌价值创造不同维度与品牌价值的关系差异。未来研究可将消费者品牌价值创造划分为不同维度，考察品牌契合如何影响消费者创造的不同价值，从而有效地指导企业通过加强微信公众号运营以促进消费者品牌契合的情况下，为企业实现具体的消费者品牌价值创造行为提供指导。另外，区分消费者创造的不同价值对品牌价值影响及程度的差别，企业可以在管理选择上更有针对性地通过品牌契合鼓励消费者的不同价值创造行为来提升品牌价值。消费者可能是自发地进行品牌价值创造，也可能是被动响应社区或其他消费者而开展的品牌价值创造，消费者品牌契合如何驱动形成这两种不同的品牌价值创造行为，以及这两种不同的消费者品牌价值创造行为对品牌价值的影响是否存在差异，也是在今后的研究中需要深入探讨的。

参 考 文 献

艾尔·巴比，2009. 社会研究方法［M］. 11 版 . 北京：华夏出版社 .

北京林学院，1980. 树木学［M］. 北京：中国林业版社 .

彼得·布劳，1988. 社会生活中的交换与权力［M］. 北京：华夏出版社 .

陈瑞，郑毓煌，刘文静，2013. 中介效应分析：原理、程序、Bootstrap 方法及其应用［J］. 营销科学学报（4）：120-135.

陈顺宇，2004. 多变量分析［M］. 台北：华泰书局 .

陈威，郑军海，2015. 加快木本油料产业发展势在必行［J］. 中国林业产业（1）：64-66.

丹尼尔·夏克特，丹尼尔·吉尔伯特，丹尼尔·韦格纳，等，2016. 心理学［M］. 3 版 . 上海：华东师范大学出版社 .

董敏，赵学娇，罗明灿，等，2016. 云南农户核桃销售渠道实证研究［J］. 林业经济（6）：59-64.

杜松华，柯晓波，后锐，等，2016. 基于 HSM 的企业微信影响力研究——以 P2P 网贷平台为例［J］. 管理评论（12）：198-212.

范秀成，2000. 品牌权益及其测评体系分析［J］. 南开管理评论（1）：9-15.

范志国，柴海静，2016. 虚拟品牌社群认同对品牌忠诚影响的实证分析——基于价值共创的中介效应［J］. 商业经济研究（20）：22-24.

冯臻，赵付春，2017. 企业微信公众号关注及推广影响因素的实证研究［J］. 企业经济（4）：125-130.

符国群，1999. 关于商标资产研究的思考［J］. 武汉大学学报（哲学社会科学版）（1）：70-73.

傅粹馨，2002. 信度、Alpha 系数与相关议题之探究［J］. 教育学刊（18）：163-184.

傅慧芬，赖元薇，2016. 消费电子品品牌社交媒体内容营销策略研究——基于联想、华为、HTC 和三星微信公众号的内容分析［J］. 管理评论（10）：259-272.

龚梦，祁春节，2013. 我国经济林产品市场整合程度研究——以柑橘水果为例［J］. 华中农业大学学报（社会科学版）（3）：77-82.

管曦，杨江帆，谢向英，等，2017. 中国茶产业供求失衡的再思考——基于国内主要茶叶市场数据的分析［J］. 茶叶学报（2）：75-79.

郭爱云，杜德斌，2018a. 企业微信公众号能促进消费者品牌契合吗？——基于公众号认同和公众号融入的混合效应模型［J］. 现代财经（2）：102-113.

郭爱云，杜德斌，2018b. 品牌契合、消费者品牌价值创造与品牌价值——基于企业微信公众号的分析［J］. 江西财经大学学报（3）：40-49.

胡磊，高迎，2014. 微博社区成员参与动机实证研究［J］. 北京大学学报（自然科学版）

（5）：797-804.

胡林英，陈富桥，姜爱芹，2018. 2017 年我国茶叶产业发展特点分析［J］. 中国茶叶（4）：31-33.

胡振涛，项喜章，吴素春，2015. 武当道茶区域品牌忠诚影响因素的结构模型分析——基于消费者感知视角［J］. 中国农业资源与区划（1）：38-43.

华生，2012. 行为主义［M］. 北京：北京大学出版社 .

黄芳铭，2005. 结构方程模式：理论与应用［M］. 北京：中国税务出版社 .

黄京华，金悦，张晶，2016. 企业微博如何提升消费者忠诚度——基于社会认同理论的实证研究［J］. 南开管理评论（4）：159-168.

黄敏学，廖俊云，周南，2015. 社区体验能提升消费者的品牌忠诚吗——不同体验成分的作用与影响机制研究［J］. 南开管理评论（3）：151-160.

黄敏学，潘海利，廖俊云，2017. 社会化媒体时代的品牌沟通——品牌社区认同研究综述［J］. 经济管理（2）：195-208.

侯长红，2013. 林农木本药材供给意愿与供给决策行为研究［D］. 福州：福建农林大学 .

简兆权，令狐克睿，2018. 虚拟品牌社区顾客契合对价值共创的影响机制［J］. 管理学报（3）：326-334.

姜忠辉，王梦晓，2012. 基于价值工程理论的体验价值研究［J］. 商业研究（5）：79-85.

金立印，2007. 虚拟品牌社群的价值维度对成员社群意识、忠诚度及行为倾向的影响［J］. 管理科学（2）：36-45.

靳丹娅，2014. 云南食用木本油料市场开拓研究［J］. 林业经济（4）：94-97.

李朝辉，金永生，卜庆娟，2014. 顾客参与虚拟品牌社区价值共创对品牌资产影响研究——品牌体验的中介作用［J］. 营销科学学报（4）：109-124.

李桂华，卢宏亮，2010. 供应商品牌溢出价值、品牌关系质量与采购商重复购买意向：基于采购商视角［J］. 南开管理评论，13（4）：71-82.

李怀祖，2004. 管理研究方法论［M］. 2 版 . 西安：西安交通大学出版社 .

李先国，陈宁颉，张新圣，2017. 虚拟品牌社区感知价值对新产品购买意愿的影响机制——基于群体认同和品牌认同的双中介视角［J］. 中国流通经济（2）：93-100.

黎小林，王海忠，2010. 品牌权益影响股东价值的实证研究［J］. 管理科学（2）：60-68.

李晓明，张辉，2017. 顾客品牌契合行为的心理机制研究：自我决定理论视角［J］. 旅游学刊（7）：57-68.

李雪茄，李夕冉，2017. 在线品牌社群中体验价值与忠诚关系研究［J］. 长春大学学报（5）：28-33.

廖俊云，黄敏学，彭捷，2016. 虚拟品牌社区成员社会化策略及其影响［J］. 南开管理评论（5）：171-181.

林碧芳，邱皓政，2009. 结构方程模型的原理与应用［M］. 北京：中国轻工业出版社 .

刘洪伟，吴贵生，和金生，2009. 知识与信息：学习成本与交易成本［J］. 技术经济（9）：5-11.

刘新，杨伟文，2012. 虚拟品牌社群认同对品牌忠诚的影响［J］. 管理评论（8）：96-106.

刘运哲，1998. 基于知识与信息的企业组织模式特征探讨 [J]. 经济体制改革（4）：38-43.
绿供，2018. 世界林业发展十大热点与趋势 [J]. 中国林业产业（3）：74-80.
卢素兰，刘伟平，2013. 经济林产品消费行为研究——以福州市居民为例 [J]. 林业经济问题（2）：161-165.
马向阳，王宇龙，汪波，等，2017. 虚拟品牌社区成员的感知、态度和参与行为研究 [J]. 管理评论（6）：1-12.
马颖杰，杨德锋，2014. 服务中的人际互动对体验价值形成的影响——品牌价值观的调节作用 [J]. 经济管理（6）：86-98.
迈克尔·A·豪格，多米尼克·阿布拉姆斯，2011. 社会认同过程 [M]. 高明华，译. 北京：中国人民大学出版社.
宁连举，刘茜，2017. 互联网环境下的顾客契合及其过程与驱动机制研究 [J]. 东北大学学报（社会科学版）(3)：239-246.
彭晨明，张莎，赵红，2016. 如何让你的微信帖子更受欢迎？——基于知名品牌微信运营数据的实证研究 [J]. 管理评论（12）：176-186.
齐永智，闫瑶，2018. 品牌价值链视角的品牌权益演进与影响 [J]. 经济问题（8）：66-73.
任枫，2014. 品牌社群消费体验与品牌社群融入——基于心流体验的中介效应研究 [J]. 中南财经政法大学学报（4）：151-156.
荣泰生，2009. AMOS与研究方法 [M]. 重庆：重庆大学出版社.
邵景波，张君慧，蔺晓东，2017. 什么驱动了顾客契合行为？——形成机理分析与实证研究 [J]. 管理评论（1）：155-165.
石峰，2017. 中国林产品品牌建设的思考与举措 [J]. 林产工业（3）：3-7.
孙永波，丁沂昕，王勇，2018. 价值共创互动行为对品牌权益的作用研究 [J]. 外国经济与管理（4）：125-139.
唐玉生，曲立中，孙安龙，2013. 品牌价值构成因素的实证研究 [J]. 商业研究（9）：110-116.
王海忠，2008. 不同品牌资产测量模式的关联性 [J]. 中山大学学报（社会科学版）（1）：162-168.
王金柯，来尧静，姚山季，2015. 虚拟品牌社区消费者创新行为及营销策略 [J]. 商业经济研究（11）：58-60.
王新新，薛海波，2010. 品牌社群社会资本、价值感知与品牌忠诚 [J]. 管理科学（6）：53-63.
王秀村，牛席席，2016. 基于组织支持理论的顾客契合行为驱动因素研究 [J]. 南京理工大学学报（社会科学版），29（2）：68-72.
王秀村，饶晨，2015. 虚拟品牌社区中顾客感知支持构成与作用机制 [J]. 北京理工大学学报（社会科学版）(6)：99-105.
王雨，李忠魁，2018. 林业品牌评价方法研究 [J]. 中国质量与标准导报（3）：66-70.
温忠麟，侯杰泰，刘红云，2012. 调节效应和中介效应分析 [M]. 北京：教育科学出版社.
吴明隆，2010. 问卷统计分析实务 [M]. 重庆：重庆大学出版社.

伍振华，2003. 知识与信息的定义及其关系新探［J］. 图书情报工作（10）：44-49.
谢治春，2016. 互联网金融创新与商业银行品牌塑造模式［J］. 中国软科学（6）：159-170.
徐健，汪旭晖，李馨，2012. 企业微博价值维度及其对品牌忠诚的影响机制研究［J］. 营销科学学报，8（3）：107-109.
杨红，2015. 试析川茶文化对川茶品牌的提升与促进［J］. 中国集体经济（30）：130-131.
叶宝娟，温忠麟，2013. 有中介的调节模型检验方法：甄别和整合［J］. 心理学报（9）：1050-1060.
尹世民，牛永革，李蔚，2017. 微信公众号：消费者关注与品牌情感联系［J］. 当代财经（6）：71-79.
张翠华，岳玉霞，1999. 知识与信息［J］. 现代情报（3）：59.
张凤超，尤树洋，2010. 体验价值结构维度：基于共同制造组织模式的实证研究［J］. 武汉大学学报（哲学社会科学版）（3）：451-457.
张辉，白长虹，牛振邦，2015. 顾客契合研究前沿探析［J］. 中大管理研究（1）：138-162.
张辉，陈晔，2017. 品牌契合对品牌关系质量和重购意向的影响［J］. 旅游学刊（4）：43-53.
张婧，邓卉，2013. 品牌价值共创的关键维度及其对顾客认知与品牌绩效的影响：产业服务情境的实证研究［J］. 南开管理评论（2）：104-115.
张竹梅，吕巍，2016. 基于行为经济理论的品牌价值实证研究［J］. 经济管理（3）：90-99.
朱翊敏，于洪彦，2014. 顾客融入行为与共创价值研究述评［J］. 管理评论（5）：111-119.
朱丽叶，袁登华，郝佳，2018. 虚拟品牌社区顾客参与品牌共创对品牌承诺的影响研究［J］. 管理学报（2）：262-271.
Aaker D A，1991. Managing Brand Equity［M］. New York：The Free Press.
Afsar B，Badir Y F，2016. Person-Organization Fit，Perceived Organizational Support，and Organizational Citizenship Behavior：The Role of Job Embeddedness［J］. Journal of Human Resources in Hospitality & Tourism，15（3）：252-278.
Agarwal U A，Bhargava S，2014. The Role of Social Exchange on Work Outcomes：A Study of Indian Managers［J］. International Journal of Human Resource Management，25（10）：1484-1504.
Ahn S，2010. The Effect of Perceived Organization Support on Hospital Employees' Attitude［J］. Journal of the Korea Contents Association，11（3）：1115-1125.
Algesheimer R，Dholakia U M，Herrmann A，2005. The Social Influence of Brand Community：Evidence from European Car［J］. Journal of Marketing，69（3）：19-34.
Alvi A K，Haider R，Raffaqat Ali R，2017. Effect of Job Autonomy，Job Security and Employee Training on Perceived Organization Support［J］. Social Science Electronic Publishing（5）：576-585.
Ambler T，Styles C，1997. Brand Development Versus New Product Development：Towards A Process Model of Extension Decisions［J］. Journal of Product & Brand Management，6（4）：222-234.

Andersen P H，2005. Relationship Marketing and Brand Involvement of Professionals through Web-Enhanced Brand Communities：The Case of Coloplast [J]. Industrial Marketing Management，34 (3)：285-297.

Armstrong A，Hagel J，1999. The Real Value of Online Communities [M]. Harvard Business School Press.

Backhaus K，Steiner M，Kai L，2011. To Invest，or Not to Invest，in Brands? Drivers of Brand Relevance in B2B Markets [J]. Industrial Marketing Management，40 (7)：1082-1092.

Barksdale K，Werner J M，2001. Managerial Ratings of In-Role Behaviors，Organizational Citizenship Behaviors and Overall Performance：Testing Different Models of Their Relationship [J]. Journal of Business Research，51 (2)：145-155.

Baron R M，Kenny D A，1986. The Moderator-Mediator Variable Distinction in Social Psychological Research：Conceptual，Strategic，and Statistical Considerations [J]. Journal of Personality & Social Psychology，51 (6)：1173-1182.

Bateman P J，Gray P H，Butler B S，2011. The Impact of Community Commitment on Participation in Online Communities [J]. Information Systems Research，22 (4)：841-854.

Baumgarth C，Schmidt M，2010. How Strong Is the Business-to-Business Brand in the Workforce? An Empirically Tested Model of 'Internal Brand Equity' in A Business-to-Business Setting [J]. Industrial Marketing Management，39 (8)：1250-1260.

Bergkvist L，Bech-Larsen T，2010. Two Studies of Consequences and Actionable Antecedents of Brand Love [J]. Journal of Brand Management，17 (7)：504-518.

Bettencourt L A，1997. Customer Voluntary Performance：Customers as Partners in Service Delivery [J]. Journal of Retailing，73 (3)：383-406.

Bosset I，Bourgeois E，2015. Motivation to Transfer：Linking Perceived Organizational Support to Training to Personal Goals [J]. Zeitschrift Für Erziehungswissenschaft，18 (1)：169-199.

Bowden J L，2009. The Process of Customer Engagement：A Conceptual Framework [J]. Journal of Marketing Theory & Practice，17 (1)：63-74.

Brodie R，Holbeek L，Juric' B，et al，2011. Customer Engagement：Conceptual Domain，Fundamental Propositions and Implications for Research [J]. Journal of Service Research，14 (3)：252-271.

Carughi A，Feeney M J，Kris-Etherton P，et al，2016. Pairing Nuts and Dried Fruit for Cardio Metabolic Health [J]. Nutrition Journal，15 (1)：23.

Churchill G A，1979. A Paradigm for Developing Better Measures of Marketing Constructs [J]. Journal of Marketing Research，16 (1)：64-73.

Clark M，Black H G，Judson K，2017. Brand Community Integration and Satisfaction with Social Media Sites A Comparative Study [J]. Journal of Research in Interactive Marketing，11 (1)：39-55.

Cohen J, 1988. Statistical Power Analysis for the Behavioral Sciences [M]. 2nd Edition. New York: Academic Press.

Coyle-Shapiro J A, Conway N, 2005. Exchange Relationships: Examining Psychological Contracts and Perceived Organizational Support [J]. Journal of Applied Psychology, 90 (4): 774.

Desai S P, 2012. Research Priorities of the Marketing Science Institute 2012—2014 [J]. Marketing Science, 31 (6): 873-877.

Dholakia U M, Bagozzi R P, Pearo L K, 2004. A Social Influence Model of Consumer Participation in Network and Small-Group-Based Virtual Communities [J]. International Journal of Research in Marketing, 21 (3): 241-263.

Dwivedi A, 2015. A Higher-Order Model of Consumer Brand Engagement and Its Impact on Loyalty Intentions [J]. Journal of Retailing & Consumer Services (24): 100-109.

Eisenberger R, Armeli S, 1997. Can Salient Reward Increase Creative Performance Without Reducing Intrinsic Creative Interest? [J]. Journal of Personality & Social Psychology, 72 (3): 652.

Eisenberger R, Hungtington R, Hutchison S, et al, 1986. Perceived Organizational Support [J]. Journal of Applied Psychology, 71 (2): 500-507.

Ellemers N, Kortekaas P, Ouwerkerk J W, 1999. Self-categorisation, Commitment to the Group and Group Self-Esteem as Related but Distinct Aspects of Social Identity [J]. European Journal of Social Psychology, 29 (2-3): 371-389.

Flanagin A J, Waldeck J H, 2004. Technology Use and Organizational Newcomer Socialization [J]. Journal of Business Communication, 41 (4): 137-165.

Füller J, Matzler K, Hoppe M, 2010. Brand Community Members as a Source of Innovation [J]. Journal of Product Innovation Management, 25 (6): 608-619.

Gambetti R C, Graffigna G, Biraghi S, 2012. The Grounded Theory Approach to Consumer-Brand Engagement: the Practitioner's Standpoint [J]. International Journal of Market Research, 54 (5): 659-687.

Glynn M S, Motion J, Brodie R J, 2007. Sources of Brand Benefits in Manufacturer-reseller B2B Relationships [J]. Journal of Business & Industrial Marketing, 22 (6): 400-409.

Groth M, 2005. Customers as Good Soldiers: Examining Citizenship Behaviors in Internet Service Deliveries [J]. Journal of Management, 31 (1): 7-27.

Habibi M R, Laroche M, Richard M O, 2014. Brand Communities Based in Social Media: How Unique Are They? Evidence from Two Exemplary Brand Communities [J]. International Journal of Information Management, 34 (2): 123-132.

Hoeffler S, Keller K L, 2003. The Marketing Advantages of Strong Brands [J]. Journal of Brand Management, 10 (6): 421-445.

Hogg M A, Terry D J, 2000. Social Identity and Self-Categorization Processes in Organizational Contexts [J]. The Academy of Management Review, 25 (1): 121-140.

Holbrook M B, Hirschman E C, 1982. The Experiential Aspects of Consumption: Consumer Fantasies, Feelings, and Fun [J]. Journal of Consumer Research, 9 (2): 132-140.

Hollebeek L, 2011. Demystifying Customer Brand Engagement: Exploring the Loyalty Nexus [J]. Journal of Marketing Management, 27 (7-8): 785-807.

Hollebeek L, Glynn M S, Brodie R, 2014. Consumer Brand Engagement in Social Media: Conceptualization, Scale Development and Validation [J]. Journal of Interactive Marketing, 28 (2): 149-165.

Jara M, Cliquet G, 2012. Retail Band Equity: Conceptualization and Measurement [J]. Journal of Retailing and Consumer Services, 19 (1): 140-149.

Joshi A W, Sharma S, 2004. Customer Knowledge Development: Antecedents and Impact on New Product Performance [J]. Journal of Marketing, 68 (4): 47-59.

Kamiloglu S, Pasli A A, Ozcelik B, et al, 2014. Evaluating the Invitro Bioaccessibility of Phenolics and Antioxidant Activity During Consumption of Dried Fruits With Nuts [J]. LWT-Food Science and Technology, 56 (2): 284-289.

Keast D R, O'NeiL C E, Jones J M, et al, 2011. Dried Fruit Consumption Is Associated with Improved Diet Quality and Reduced Obesity in US Adults: National Health and Nutrition Examination Survey, 1999—2004 [J]. Nutrition Research, 31 (6): 460-467.

Keller K L, Lehmann D R, 2006. Brands and Branding: Research Findings and Future Priorities [J]. Marketing Science, 25 (6): 740-759.

Kim J W, Choi J, Qualls W, et al, 2008. It Takes A Marketplace Community to Raise Brand Commitment: The Role of Online Communities [J]. Journal of Marketing Management, 24 (3-4): 409-431.

Kozinets R V, 2014. Social Brand Engagement: A New Idea [J]. Gfk Marketing Intelligence Review, 6 (2): 8-15.

Kumar V, Aksoy L, Donkers B. et al, 2010. Undervalued or Overvalued Customers: Capturing Total Customer Engagement Value [J]. Journal of Service Research, 13 (3): 297-310.

Kuvykaite R, Piligrimiene Z, 2014. Consumer Engagement into Brand Equity Creation [J]. Procedia-Social and Behavioral Sciences (156): 479-483.

Lampe C, Johnston E, 2005. Follow the (slash) Dot: Effects of Feedback on New Members in An Online Community [C]. International ACM Siggroup Conference on Supporting Group Work.

Lassar W, Mittal B, Sharma A, 1995. Measuring Customer-based Brand Equity [J]. Journal of Consumer Marketing, 12 (4): 11-19.

Leek S, Christodoulides G, 2011. A Literature Review and Future Agenda for B2B Branding: Challenges of Branding in a B2B Context [J]. Industrial Marketing Management, 40 (6): 830-837.

Leek S, Christodoulides G, 2012. A Framework of Brand Value in B2B Markets: The Contributing Role of Functional and Emotional Components [J]. Industrial Marketing Management, 41 (1): 106-114.

Madrigal R, 2001. Social Identity Effects in A Belief-Attitude-Intentions Hierarchy: Implications for Corporate Sponsorship [J]. Psychology & Marketing, 18 (2): 145-165.

Mathwick C, Malhotra N, Rigdon E, 2001. Experiential Value: Conceptualization, Measurement and Application in the Catalog and Internet Shopping Environment [J]. Journal of Retailing, 77 (1): 39-56.

McAlexander J H, Schouten J W, Koenig H F, 2002. Building Brand Community [J]. Journal of Marketing, 66 (1): 38-54.

Michell P, King J, Reast J, 2001. Brand Values Related to Industrial Products [J]. Industrial Marketing Management, 30 (5): 415-425.

Michie S, Gooty J, 2005. Values, Emotions, and Authenticity: Will the Real Leader Please Stand Up? [J]. Leadership Quarterly, 16 (3): 441-457.

Millán Á, Díaz E, 2014. Analysis of Consumers' Response to Brand Community Integration and Brand Identification [J]. Journal of Brand Management, 21 (3): 254-272.

Muniz A M, O'Guinn T C, 2001. Brand Community [J]. Journal of Consumer Research, 27 (42): 412-432.

Netemeyer R G, Boles J S, Mckee D O, et al, 1997. An Investigation into the Antecedents of Organizational Citizenship Behaviors in a Personal Selling Context [J]. Journal of Marketing, 61 (3): 85-98.

Nunnally J C, 1978. Psychometric theory [M]. 2nd Ed. New York: McGraw-Hill.

Park C W, Macinnis D J, Priester J, 2013. Brand Attachment: Constructs, Consequences, and Causes [J]. Foundations & Trends in Marketing, 1 (3): 191-230.

Park C S, Srinivasan V, 1994. A Survey-based Method for Measuring and Understanding Brand Equity and Its Extendibility [J]. Journal of Marketing Research, 31 (2): 271-288.

Paul E P, Phua S K, 2011. Lecturers' Job Satisfaction in a Public Tertiary Institution in Singapore: Ambivalent and Non-Ambivalent Relationships between Job Satisfaction and Demographic Variables [J]. Journal of Higher Education Policy & Management, 33 (2): 141-151.

Piligrimiene Z, Dovaliene A, Virvilaite R, 2015. Consumer Engagement in Value Co-Creation: What Kind of Value it Creates for Company? [J]. Engineering Economics, 26 (4): 452-460.

Prahalad C K, Ramaswamy V, 2000. Co-opting Customer Competence [J]. Harvard Business Review (78): 79-90.

Prahalad C K, Ramaswamy V, 2003. The New Frontier of Experience Innovation [J]. Mit Sloan Management Review, 44 (4): 12-18.

Preece J, 2001. Online Communities: Designing Usability, Supporting Sociability [J]. Computers & Education, 36 (4): 366-367.

Ramani G, Kumar V, 2008. Interaction Orientation and Firm Performance [J]. Journal of Marketing, 72 (1): 27-45.

Restubog S L D, Hornsey M J, Bordia P, et al, 2010. Effects of Psychlogical Contract Breach on Organizational Citizenship Behavior: Insights from the Group Value Model [J]. Journal of Management Studies, 45 (8): 1377-1400.

Rheingold H, 2000. The Virtual Community: Homesteading on the Electronic Frontier [M]. Massachusetts: The MIT Press.

Rhoades L, Eisenberger R, Armeli S, 2001. Affective Commitment to the Organization: the Contribution of Perceived Organizational Support [J]. Journal of Applied Psychology, 86 (5): 825.

Rhoades L, Eisenberger R, 2002. Perceived Organizational Support: A Review of the Literature [J]. Journal of Applied Psychology, 87 (4): 698-714.

Richard GNetemeyer, Krishnan Baliji, Pulling Chreis, 2004. Developing and Validating Measures of Facet of Customer-based Brand Equity [J]. Journal of Business Research (57): 209-224.

Rosengren K E, 1974. Uses and Gratifications: A Paradigm Outlined [M] // Blumler J G, Katz E. The Uses of Mass Communications: Current Perspectives of Gratifications Research. Beverly Hills, CA, SAGE Publications, Inc.

Rosenthal B, Brito E P, 2017. How Virtual Brand Community Traces May Increase Fan Engagement in Brand Pages [J]. Business Horizons, 60 (3): 375-384.

Ruggiero T E, 2009. Uses & Gratifications Theory in the 21st Century [J]. Mass Communication & Society, 1 (3): 3-37.

Schau H J, Muñiz A M, Arnould E J, 2009. How Brand Community Practices Create Value [J]. Journal of Marketing, 73 (5): 30-51.

Scott S G, Bruce R A, 1994. Determinants of Innovative Behavior: A Path Model of Individual Innovation in the Workplace [J]. Academy of Management Journal, 37 (3): 580-607.

Settoon R P, Bennett N, Liden R C, 1996. Social Exchange in Organizations: Perceived Organizational Support, Leader - member Exchange, and Employee Reciprocity [J]. Social Science Electronic Publishing, 81 (3): 219-227.

Sicilia M, Palazón M, 2008. Brand Communities on the Internet [J]. Corporate Communications, 13 (3): 255-270.

Simon C J, Sullivan M W, 2011. Measurement and Determinants of Brand Equity: A Financial Approach [J]. Marketing Science, 12 (1): 28-52.

Skibsted J M, Hansen R B, 2014. Brands Aren't Dead, but Traditional Branding Tools are Dying [J]. Harvard Business Review (2): 13.

Tajfel H, 1978. Differentiation between Social Groups: Studies in the Social Psychology of Intergroup Relations [M]. New York: Academic Press.

Tiensuu S, 2014. Motivational Drivers of Customer Brand Engagement and Its Effect on Share of Wallet in a Social Media Context [D]. Jyvaskyla：University of Jyvaskyla.

Vakulov B G，Samko S G，Bruce R A，1994. Determinants of Innovative Behavior：A Path Model of Individual Innovation in the Workplace [J]. Academy of Management Journal，37 (3)：580-607.

VanDoorn J，2011. Customer Engagement：Essence，Dimensionality，and Boundaries [J]. Journal of Service Research，4 (11)：280-282.

VanDoorn J，Lemon K N，Mittal V，et al，2010. Customer Engagement Behavior：Theoretical Foundations and Research Directions [J]. Social Science Electronic Publishing，13 (3)：253-266.

Vargo S L，Lusch R F，2008. Service-Dominant Logic：Continuing the Evolution [J]. Journal of the Academy of Marketing Science，36 (1)：1-10.

Vargo S L，2011. Market Systems，Stakeholders and Value Propositions [J]. European Journal of Marketing，45 (1/2)：217-222.

Vargo S L，Lusch R F，2004. Evolving to a New Dominant Logic for Marketing [J]. Journal of Marketing，68 (1)：1-17.

Wang Y S，Tang T I，Tang J T E，2001. An Instrument for Measuring Customer Satisfaction Toward Web Sites That Market Digital Products and Services [J]. Electronic Commerce Research (2)：89-102.

Warren C J，Brownlee E A，Dwyer B，2013. Brand Community Integration in A Niche Sport：A League-Wide Examination of Online and Offline Involvement in Minor League Soccer in North America [J]. International Journal of Sport Management & Marketing，13 (3/4)：158-172.

Yoo B，Donthu N，2001. Developing and Validating a Multidimensional Consumer-Based Brand Equity Scale [J]. Journal of Business Research，52 (1)：1-14.

Zeithaml V A，1988. Consumer Perceptions of Price，Quality，and Value：A Means-End Model and Synthesis of Evidence [J]. Journal of Marketing，52 (3)：2-22.

Zhou Z，Zhang Q，Su C，et al，2012. How Do Brand Communities Generate Brand Relationships? Intermediate Mechanisms [J]. Journal of Business Research，65 (7)：890-895.

附　　录

附录 1　专家评分表 1

您好！为了进行基于微信公众号虚拟品牌社区的林产干果企业品牌价值提升研究，拟设计调查问卷对消费者用户进行企业微信公众号虚拟品牌社区体验价值的调查，请您根据相关专业知识和工作经验，对拟设的量表进行评分，以便研究者确定量表和形成预调查问卷。

感谢您的帮助和支持!

请对企业微信公众号虚拟品牌社区体验价值测量维度的重要程度作出判断，在对应的选项下面划“√”。

测量变量	测量维度	完全不重要	不太重要	一般	比较重要	非常重要
虚拟品牌社区体验价值	功利体验价值	1	2	3	4	5
	情感体验价值	1	2	3	4	5
	社交体验价值	1	2	3	4	5
	学习体验价值	1	2	3	4	5

注：1. 功利体验价值包括功能和利益两方面的价值，是最基础的价值维度，是指用户对企业微信公众号虚拟品牌社区中的产品优惠、有奖活动、功能便利、信息获取等体验产生的价值感知。

2. 情感体验价值是用户对从企业微信公众号虚拟品牌社区中获得各种情感体验的价值感知。

3. 社交体验价值是指用户通过企业微信公众号虚拟品牌社区进行社会交往、互动等体验的价值感知。

4. 学习体验价值是指用户在企业微信公众号虚拟品牌社区中学习认知有关知识、技能等体验的价值感知。

附录 2　专家评分表 2

您好！为了进行基于微信公众号虚拟品牌社区的林产干果企业品牌价值提升研究，拟设计调查问卷对消费者用户进行企业微信公众号虚拟品牌社区体验价值的调查，请您根据相关专业知识和工作经验，对拟设的问卷测量题项进行评分，以便研究者筛选问卷题项和形成预调查问卷。

感谢您的帮助和支持！

请对下列测量题项打分，分数为 1～5，用于判断测量题项内容的代表性和语句表达的清晰程度，分数越高，说明内容的代表性越强，语句表述越清晰。

变量维度	题项代码	问题	内容代表性 低—高	语句清晰度 低—高
微信公众号虚拟品牌社区体验价值	UEV1	微信公众号上的各种优惠活动帮我省了不少钱	1 2 3 4 5	1 2 3 4 5
	UEV2	微信公众号上购买很方便	1 2 3 4 5	1 2 3 4 5
	UEV3	微信公众号平台的板块分类和栏目设置方便好用	1 2 3 45	1 2 3 4 5
	UEV4	在微信公众号上，我能了解到很多品牌相关信息	1 2 3 4 5	1 2 3 4 5
	UEV5	微信公众号上其他用户分享的各种内容，让我受益匪浅	1 2 3 4 5	1 2 3 4 5
	UEV6	通过微信公众号平台，我能知道品牌代言人的动态信息	1 2 3 4 5	1 2 3 4 5
	EEV1	微信公众号上的很多活动让我很期待和兴奋	1 2 3 4 5	1 2 3 4 5
	EEV2	微信公众号的内容（文字、图片、互动参与活动、视频、微电影、MV、表情包等）很新颖，很有意思	1 2 3 4 5	1 2 3 4 5
	EEV3	微信公众平台发起的话题讨论很有趣	1 2 3 4 5	1 2 3 4 5
	EEV4	微信公众号上用户的留言或评论让人感觉很轻松	1 2 3 4 5	1 2 3 4 5

（续）

变量维度	题项代码	问题	内容代表性	语句清晰度
			低—高	低—高
微信公众号虚拟品牌社区体验价值	EEV5	在微信公众号上会员等级的提高，让我很有成就感和满足感	1 2 3 4 5	1 2 3 4 5
	EEV6	在微信公众号社区中，我的压力能得到一定程度缓解	1 2 3 4 5	1 2 3 4 5
	LEV1	微信公众号上有关产品功能属性知识、美食搭配的内容让我对产品、健康饮食等有了很深的理解	1 2 3 4 5	1 2 3 4 5
	LEV2	该品牌微信公众号上介绍了很多美食的吃法或做法	1 2 3 4 5	1 2 3 4 5
	LEV3	我能通过微信公众号掌握很多有关林产干果的知识	1 2 3 4 5	1 2 3 4 5
	LEV4	微信公众号有专门介绍林产干果产品有关知识的板块内容	1 2 3 4 5	1 2 3 4 5
	LEV5	我能从微信公众号平台上学习到很多有用知识	1 2 3 4 5	1 2 3 4 5
	LEV6	我能从微信公众号平台上学习到健康饮食的知识	1 2 3 4 5	1 2 3 4 5
	SEV1	我能在微信公众号上与其他吃货一起分享购买心情和事件	1 2 3 4 5	1 2 3 4 5
	SEV2	微信公众号让品牌消费者有了一个线上交流互动的地方	1 2 3 4 5	1 2 3 4 5
	SEV3	我通过留言、评论、赞赏其他用户的帖子来与其他成员交流心得，探讨想法	1 2 3 4 5	1 2 3 4 5
	SEV4	微信公众号扩大了我的社会交往范围	1 2 3 4 5	1 2 3 4 5
	SEV5	在微信公众号中，我能得到其他用户的支持和鼓励	1 2 3 4 5	1 2 3 4 5
	SEV6	在微信公众号中，我可以与其他用户交流想法、心得等	1 2 3 4 5	1 2 3 4 5

（续）

变量维度	题项代码	问题	内容代表性	语句清晰度
			低—高	低—高
微信公众号虚拟品牌社区认同	AI1	该微信公众号符合我的期望和要求	1 2 3 4 5	1 2 3 4 5
	AI2	微信公众号社区的气氛很好，让我很开心	1 2 3 4 5	1 2 3 4 5
	AI3	我是该品牌微信公众号的活跃粉丝	1 2 3 4 5	1 2 3 4 5
	AI4	我觉得自己与微信公众号的其他粉丝拥有较为一致的追求	1 2 3 4 5	1 2 3 4 5
	AI5	微信公众号上汇集了一群像我一样的吃货达人	1 2 3 4 5	1 2 3 4 5
	AI6	大家都关注该品牌微信公众号，说明我们有相同的选择，我们都喜欢该品牌的产品	1 2 3 4 5	1 2 3 4 5
品牌契合	BE1	该品牌产品就是我的坚果零食随身伴	1 2 3 4 5	1 2 3 4 5
	BE2	消费该品牌产品，激发了我了解该品牌的兴趣	1 2 3 4 5	1 2 3 4 5
	BE3	该品牌的产品让我很开心	1 2 3 4 5	1 2 3 4 5
	BE4	消费该品牌的林产干果产品，我感到很开心	1 2 3 4 5	1 2 3 4 5
	BE5	我为购买该品牌的林产干果而自豪	1 2 3 4 5	1 2 3 4 5
	BE6	每当购买林产干果时，我通常购买该品牌的产品	1 2 3 4 5	1 2 3 4 5
	BE7	相比其他品牌，我更愿意购买所关注品牌的产品	1 2 3 4 5	1 2 3 4 5
消费者品牌价值创造	CVC1	我会主动向周围的人推荐该品牌的产品	1 2 3 4 5	1 2 3 4 5
	CVC2	我会主动向其他社区用户分享该品牌的美食心得和攻略等	1 2 3 4 5	1 2 3 4 5
	CVC3	我会主动向周围的人发送该品牌的优惠信息	1 2 3 4 5	1 2 3 4 5
	CVC4	我在微信公众号平台向品牌提供新品开发建议	1 2 3 4 5	1 2 3 4 5
	CVC5	我在微信公众号平台向品牌提供服务提升建议	1 2 3 4 5	1 2 3 4 5
	CVC6	我积极向微信公众号提供品牌营销活动创意	1 2 3 4 5	1 2 3 4 5

（续）

变量维度	题项代码	问题	内容代表性	语句清晰度
			低—高	低—高
品牌价值	BV1	我愿意花更高的价格购买该品牌的产品	1 2 3 4 5	1 2 3 4 5
	BV2	以后我还会继续购买我所关注的林产干果品牌产品	1 2 3 4 5	1 2 3 4 5
	BV3	我乐意购买品牌推出的新产品	1 2 3 4 5	1 2 34 5
	BV4	我愿意购买品牌的周边产品	1 2 3 4 5	1 2 3 4 5
	BV5	我会在同类产品中优先选择该品牌的产品	1 2 3 4 5	1 2 3 4 5
	BV6	我更愿意向周围的人推荐该品牌的产品	1 2 3 4 5	1 2 3 4 5
	BV7	如果该品牌推出延伸产品，我愿意购买	1 2 3 4 5	1 2 3 4 5
微信公众号社区融入	PAI1	我知道该微信公众号的活动规则	1 2 3 4 5	1 2 3 4 5
	PAI2	我乐意帮助微信公众号上其他用户	1 2 3 4 5	1 2 3 4 5
	PAI3	我感觉我与微信公众号的其他用户联系很紧密	1 2 3 4 5	1 2 3 4 5
	PAI4	该品牌微信公众号是我经常浏览使用的微信公众号之一	1 2 3 4 5	1 2 3 4 5
社区支持感	CS1	微信公众号平台重视粉丝用户反馈的信息	1 2 3 4 5	1 2 3 4 5
	CS2	微信公众号发布试吃活动，鼓励用户参与美食试吃测评，发挥吃货正能量	1 2 3 4 5	1 2 3 4 5
	CS3	微信公众号经常征集粉丝建议或意见	1 2 3 4 5	1 2 3 4 5
	CS4	微信公众号上的用户能够互相鼓励和支持	1 2 3 4 5	1 2 3 4 5
	CS5	该品牌微信公众号真正关心用户的想法	1 2 3 4 5	1 2 3 4 5
	CS6	微信公众号上粉丝用户之间经常互动交流	1 2 3 4 5	1 2 3 4 5
	CS7	微信公众号让用户有机会成为品牌产品的测评师或推荐师	1 2 3 4 5	1 2 3 4 5

附录 3 预调查问卷

您好！感谢您百忙之中抽出时间填写问卷！

本问卷是为了了解林产干果消费者用户对企业微信公众号虚拟品牌社区体验价值、品牌契合和品牌价值等的认知和看法等，所有信息只供学术研究使用，请您认真填写问卷，非常感谢您的参与和支持！

注：林产干果主要包括核桃、板栗、杏仁、银杏（白果）、榛子、松子、梅干及李干、龙眼干（肉）、柿饼、红枣、葡萄干、夏威夷果、巴旦木、碧根果、开心果等。

一、以下林产干果企业（品牌）微信公众号中，您最关注、最常浏览的是__________

（1）三只松鼠　（2）百草味　（3）良品铺子

二、消费者用户对林产干果企业微信公众号及品牌价值等的认知

请根据您最关注、最常浏览的林产干果企业（品牌）微信公众号以及对该品牌的相关认知和感受，填写下面的问题。其中，1 表示完全不同意，5 表示完全同意，数字越大，表示您越同意。请在您的选项上打“√”。

（一）微信公众号虚拟品牌社区体验价值

题项代码	题项	完全不同意	基本不同意	无所谓	基本同意	完全同意
UEV1	微信公众号上的各种优惠活动帮我省了不少钱	1	2	3	4	5
UEV2	微信公众号上购买很方便	1	2	3	4	5
UEV3	微信公众号平台的板块分类和栏目设置方便好用	1	2	3	4	5
UEV4	在微信公众号上，我能了解到很多品牌相关信息	1	2	3	4	5
UEV5	微信公众号上其他用户分享的各种内容，让我受益匪浅	1	2	3	4	5
EEV1	微信公众号上的很多活动让我很期待和兴奋	1	2	3	4	5
EEV2	该品牌微信公众号上的内容丰富新颖，很有意思	1	2	3	4	5
EEV3	微信公众平台发起的很多活动都很有意思，用户的跟帖和评论也让人开心快乐	1	2	3	4	5

（续）

题项代码	题项	完全不同意	基本不同意	无所谓	基本同意	完全同意
EEV4	在微信公众号上会员等级的提高，让我很有成就感和满足感	1	2	3	4	5
EEV5	在微信公众号社区中，我的压力能得到一定程度缓解	1	2	3	4	5
LEV1	我从微信公众号上知道了很多知识（如林产干果产品搭配、健康均衡营养的知识等）	1	2	3	4	5
LEV2	该品牌微信公众号上介绍了很多美食的吃法或做法	1	2	3	4	5
LEV3	我能通过微信公众号掌握很多有关林产干果的知识	1	2	3	4	5
LEV4	微信公众号有专门介绍林产干果产品有关知识的板块内容	1	2	3	4	5
LEV5	我能从微信公众号平台上学习到很多有用知识	1	2	3	4	5
SEV1	我能在微信公众号上与其他吃货一起分享购买心情和事件	1	2	3	4	5
SEV2	微信公众号让品牌消费者有了一个线上交流互动的地方	1	2	3	4	5
SEV3	我通过留言、评论、赞赏其他用户的帖子等与其他成员交流互动	1	2	3	4	5
SEV4	微信公众号扩大了我的社会交往范围	1	2	3	4	5
SEV5	在微信公众号中，我能得到其他用户的支持和鼓励	1	2	3	4	5

（二）微信公众号虚拟品牌社区认同

题项代码	题项	完全不同意	基本不同意	无所谓	基本同意	完全同意
AI1	该微信公众号符合我的期望和要求	1	2	3	4	5
AI2	微信公众号社区的气氛很好，让我很开心	1	2	3	4	5
AI3	我是该品牌微信公众号的活跃粉丝	1	2	3	4	5
AI4	微信公众号上汇集了一群像我一样的吃货达人	1	2	3	4	5
AI5	微信公众号上集中了一批有相同爱好或选择的人	1	2	3	4	5

（三）消费者品牌契合

题项代码	题项	完全不同意	基本不同意	无所谓	基本同意	完全同意
BE1	该品牌产品就是我的坚果零食随身伴	1	2	3	4	5
BE2	消费该品牌产品，激发了我了解该品牌的兴趣	1	2	3	4	5
BE3	消费该品牌的林产干果产品，我感到很开心	1	2	3	4	5
BE4	我为购买该品牌的林产干果而自豪	1	2	3	4	5
BE5	每当购买林产干果时，我通常购买该品牌的产品	1	2	3	4	5

（四）消费者品牌价值创造

题项代码	题项	完全不同意	基本不同意	无所谓	基本同意	完全同意
CVC1	我会主动向周围的人推荐该品牌的产品	1	2	3	4	5
CVC2	我会主动向其他社区用户分享该品牌的美食心得和攻略等	1	2	3	4	5
CVC3	我会主动向周围的人发送该品牌的优惠信息	1	2	3	4	5
CVC4	我在微信公众号平台向品牌提供新品开发建议	1	2	3	4	5
CVC5	我积极向微信公众号提供品牌营销活动创意	1	2	3	4	5

（五）品牌价值

题项代码	题项	完全不同意	基本不同意	无所谓	基本同意	完全同意
BV1	我愿意花更高的价格购买该品牌的产品	1	2	3	4	5
BV2	我乐意购买品牌推出的新产品	1	2	3	4	5
BV3	我愿意购买品牌的周边产品	1	2	3	4	5
BV4	我会在同类产品中优先选择该品牌的产品	1	2	3	4	5
BV5	如果该品牌推出延伸产品，我愿意购买	1	2	3	4	5

（六）微信公众号虚拟品牌社区融入

题项代码	题项	完全不同意	基本不同意	无所谓	基本同意	完全同意
PAI1	我知道该微信公众号的活动规则	1	2	3	4	5
PAI2	我乐意帮助微信公众号上其他用户	1	2	3	4	5
PAI3	我感觉我与微信公众号的其他用户联系很紧密	1	2	3	4	5

（七）用户社区支持感知

题项代码	题项	完全不同意	基本不同意	无所谓	基本同意	完全同意
CS1	微信公众号平台重视粉丝用户反馈的信息	1	2	3	4	5
CS2	微信公众号经常发起用户试吃测评活动	1	2	3	4	5
CS3	微信公众号经常征集粉丝建议或意见	1	2	3	4	5
CS4	该品牌微信公众号真正关心用户的想法	1	2	3	4	5
CS5	微信公众号上粉丝用户之间经常互动交流	1	2	3	4	5
CS6	微信公众号让用户有机会成为品牌产品的测评师或推荐师	1	2	3	4	5

三、被调查者基本情况

1. 性别：（1）男　（2）女

2. 年龄：______岁

3. 文化程度：（1）初中及以下　（2）高中和中专　（3）大专　（4）本科及以上

4. 职业：（1）行政事业单位职工　（2）企业员工　（3）学生　（4）自由职业者　（5）其他

附录 4　调查问卷

您好！感谢您百忙之中抽出时间填写问卷！

本问卷是为了了解林产干果消费者用户对企业微信公众号虚拟品牌社区体验价值、品牌契合和品牌价值等的认知和看法等，所有信息只供学术研究使用，请您认真填写，非常感谢您的参与和支持！

注：林产干果主要包括核桃、板栗、杏仁、银杏（白果）、榛子、松子、梅干及李干、龙眼干（肉）、柿饼、红枣、葡萄干、夏威夷果、巴旦木、碧根果、开心果等。

一、以下林产干果企业（品牌）微信公众号中，您最关注、最常浏览的是__________

（1）三只松鼠　（2）百草味　（3）良品铺子

二、消费者用户对林产干果企业（品牌）微信公众号及品牌价值等的认知

请根据您最关注、最常浏览的林产干果企业（品牌）微信公众号以及对该品牌的相关认知和感受，填写下面的问题。其中，1 表示完全不同意，5 表示完全同意，数字越大，表示您越同意。请在您的选项上打“√”。

（一）微信公众号虚拟品牌社区体验价值

题项代码	题项	完全不同意	基本不同意	无所谓	基本同意	完全同意
UEV1	微信公众号上的各种优惠活动帮我省了不少钱	1	2	3	4	5
UEV2	微信公众号上购买很方便	1	2	3	4	5
UEV3	微信公众号平台的板块分类和栏目设置方便好用	1	2	3	4	5
UEV4	在微信公众号上，我能了解到很多品牌相关信息	1	2	3	4	5
EEV1	微信公众号上的很多活动让我很期待和兴奋	1	2	3	4	5
EEV2	该品牌微信公众号上的内容丰富新颖，很有意思	1	2	3	4	5
EEV3	微信公众号上用户的留言或评论让人感觉很轻松	1	2	3	4	5
EEV4	在微信公众号社区中，我的压力能得到一定程度缓解	1	2	3	4	5
LEV1	我从微信公众号上知道了很多知识（如林产干果产品搭配、健康均衡营养的知识等）	1	2	3	4	5

（续）

题项代码	题项	完全不同意	基本不同意	无所谓	基本同意	完全同意
LEV2	该品牌微信公众号上介绍了很多美食的吃法或做法	1	2	3	4	5
LEV3	我能通过微信公众号掌握很多有关林产干果的知识	1	2	3	4	5
LEV4	微信公众号有专门介绍林产干果产品有关知识的板块内容	1	2	3	4	5
LEV5	我能从微信公众号平台上学习到很多有用知识	1	2	3	4	5
SEV1	我能在微信公众号上与其他吃货一起分享购买心情和事件	1	2	3	4	5
SEV2	微信公众号让品牌消费者有了一个线上交流互动的地方	1	2	3	4	5
SEV3	我通过留言、评论、赞赏其他用户的帖子等与其他成员交流互动	1	2	3	4	5
SEV4	微信公众号扩大了我的社会交往范围	1	2	3	4	5
SEV5	在微信公众号中，我能得到其他用户的支持和鼓励	1	2	3	4	5

（二）微信公众号虚拟品牌社区认同

题项代码	题项	完全不同意	基本不同意	无所谓	基本同意	完全同意
AI1	该微信公众号符合我的期望和要求	1	2	3	4	5
AI2	我是该品牌微信公众号的活跃粉丝	1	2	3	4	5
AI3	微信公众号上汇集了一群像我一样的吃货达人	1	2	3	4	5
AI4	微信公众号上集中了一批有相同爱好或选择的人	1	2	3	4	5

（三）消费者品牌契合

题项代码	题项	完全不同意	基本不同意	无所谓	基本同意	完全同意
BE1	消费该品牌产品，激发了我了解该品牌的兴趣	1	2	3	4	5
BE2	消费该品牌的林产干果产品，我感到很开心	1	2	3	4	5
BE3	我为购买该品牌的林产干果而自豪	1	2	3	4	5
BE4	每当购买林产干果时，我通常购买该品牌的产品	1	2	3	4	5

（四）消费者品牌价值创造

题项代码	题项	完全不同意	基本不同意	无所谓	基本同意	完全同意
CVC1	我会主动向周围的人推荐该品牌的产品	1	2	3	4	5
CVC2	我会主动向其他社区用户分享该品牌的美食心得或攻略等	1	2	3	4	5
CVC3	我在微信公众号平台向品牌提供新品开发建议	1	2	3	4	5
CVC4	我积极向微信公众号提供品牌营销活动创意	1	2	3	4	5

（五）品牌价值

题项代码	题项	完全不同意	基本不同意	无所谓	基本同意	完全同意
BV1	我愿意花更高的价格购买该品牌的产品	1	2	3	4	5
BV2	我乐意购买品牌推出的新产品	1	2	3	4	5
BV3	我愿意购买品牌的周边产品	1	2	3	4	5
BV4	我会在同类产品中优先选择该品牌的产品	1	2	3	4	5
BV5	如果该品牌推出延伸产品，我愿意购买	1	2	3	4	5

（六）微信公众号虚拟品牌社区融入

题项代码	题项	完全不同意	基本不同意	无所谓	基本同意	完全同意
PAI1	我知道该微信公众号的活动规则	1	2	3	4	5
PAI2	我乐意帮助微信公众号上其他用户	1	2	3	4	5
PAI3	我感觉我与微信公众号的其他用户联系很紧密	1	2	3	4	5

（七）用户社区支持感知

题项代码	题项	完全不同意	基本不同意	无所谓	基本同意	完全同意
CS1	微信公众号平台重视粉丝用户反馈的信息	1	2	3	4	5
CS2	微信公众号经常发起用户试吃测评活动	1	2	3	4	5

（续）

题项代码	题项	完全不同意	基本不同意	无所谓	基本同意	完全同意
CS3	微信公众号经常征集粉丝建议或意见	1	2	3	4	5
CS4	该品牌微信公众号真正关心用户的想法	1	2	3	4	5
CS5	微信公众号上粉丝用户之间经常互动交流	1	2	3	4	5
CS6	微信公众号让用户有机会成为品牌产品的测评师或推荐师	1	2	3	4	5

三、被调查者基本情况

1. 性别：(1) 男　(2) 女

2. 年龄：______岁

3. 文化程度：(1) 初中及以下　(2) 高中和中专　(3) 大专　(4) 本科及以上

4. 职业：(1) 行政事业单位职工　(2) 企业员工　(3) 学生　(4) 自由职业者　(5) 其他